晏凌羊——著

我离婚了

帮你正确看待和面对离婚这件事

机械工业出版社
CHINA MACHINE PRESS

本书讲述了较有代表性的离异女性在婚姻生活中的真实遭遇，分析了导致婚姻问题的主要因素，希望帮助受离婚困扰的女性正确看待和处理离婚问题，疗愈创伤，重塑自我。

本书是一部具有现实指导意义的作品，对夫妻双方共同经营好婚姻也具有重要的借鉴作用。

图书在版编目（CIP）数据

我离婚了：帮你正确看待和面对离婚这件事 / 晏凌羊著. — 北京：机械工业出版社，2018.9（2022.7重印）
ISBN 978-7-111-60946-9

Ⅰ.①我… Ⅱ.①晏… Ⅲ.①离婚-社会心理学 Ⅳ.①C913.13

中国版本图书馆 CIP 数据核字（2018）第217371号

机械工业出版社（北京市百万庄大街22号 邮政编码100037）
策划编辑：姚越华 张清宇　责任编辑：姚越华 张清宇
封面设计：吕凤英　　　　　封面插画：锅一菌
责任校对：樊钟英　　　　　责任印制：张　博
保定市中画美凯印刷有限公司印刷
2022年7月第1版·第5次印刷
145mm×210mm·10.75印张·1插页·216千字
标准书号：ISBN 978-7-111-60946-9
定价：49.80元

凡购本书，如有缺页、倒页、脱页，由本社发行部调换
电话服务　　　　　　　　　网络服务
服务咨询热线：010-88361066　机工官网：www.cmpbook.com
读者购书热线：010-68326294　机工官博：weibo.com/cmp1952
　　　　　　　　　　　　　　金 书 网：www.golden-book.com
封面无防伪标均为盗版　　　　教育服务网：www.cmpedu.com

推荐序

婚姻不是战场,离婚不是武器

中国妇女杂志社 柳亚敏

一看到《我离婚了》这个书名,就觉得作者胆子够大,不怕被人扔砖头。中国人都说"宁拆一座庙,不毁一桩婚",大张旗鼓地告诉大家"我离婚了",有"鼓动"大家离婚之嫌。

其实,这还是因为人们对"离婚"这件事带有偏见。实际上,今天的社会越来越宽容,面对生活中的不幸,我们可以做出更多人性化的选择。虽然朝着"永不离婚"这个目标前进,是每对夫妻应该做的,但每对夫妻都要做到"永不离婚"怎么可能?所以,当离婚成为生命中绕不过去的一个坎儿时,越来越多的女性希望得到一些指点和帮助。我们可以看到，心理咨询室里，婚到底要不要离，永远是个最纠结的话题。而这本书的社会意义就在于，它帮助这些女性，正确看待和面对**离婚这件事**。

《我离婚了》这本书提倡的精神符合全国妇联"自尊、自信、自立、自强"的"四自"方针，表述方式也较为客观。在整本书中，作者要传递的是，**结婚与离婚其实是一次契约的开始和结束，成就自我才是永不停歇的发现之旅的目的**。不管爱你的人来了或者去了，有了或者没有了，永远没有跑开的那个人，就是你自己。这是每个女人应该在心里和自己签订的契约。

大多数中国式离婚，是长跑式的离婚，明明感情没了，还死守在一起。为什么？因为离婚对于有的女人来说，其实是在经历恐惧，她们害怕面对一个人的生活，所以宁愿把自己停留在纠缠不清的不幸婚姻里。曾经"嫁鸡随鸡，嫁狗随狗"的"家训"，害惨了不少女人，让她们在没有爱情的婚姻中苟延残喘。而现在，随着越来越多的女性获得经济独立和话语权，她们不再委曲求全。生命有限、时间有限、精力有限，过得不好，换个跑道重新活，所以，离婚成了她们的主动选择！

当然，《我离婚了》这本书并不是在"蛊惑"大家离婚。徘徊在离婚边缘的女性朋友们，一定要明白：**婚姻不是战场，离婚不是武器，不要把离婚作为一种惩罚手段**。一旦把离婚当成武器去攻打对方，婚姻中的两个人就注定伤痕累累。而且离婚也不是解决婚姻问题的唯一途径，婚姻问题归根结底是人（这个"人"，不仅指对方，也指你自己）的问题，如果人的问题不解决，又怎么能保证下一段婚姻就比上一段婚姻更幸福?

所以,在离与不离这个问题上,本书没有提供标准答案,因为这个问题根本没有标准答案。答案在哪里呢?很大程度上取决于每个人内心真正想要的是什么。自由并非没有代价,独立与坚强的心理指数要高,生活质量、关系网络、社会支持、赚钱就业……物质的、社会的储备也必须要足够多。

毫无疑问,"家和万事兴"的社会大环境在呼唤人性的回归、家庭伦理的回归、心的回归。经营自己是一种智慧,同样的道理,经营家更需要智慧。

前言

你配得上你想要的幸福

001 ///

对"我离婚了"这个事实,我从不讳言。

我是在2013年的夏天离婚的,当时孩子还没满一岁。

人世间几乎所有的分离,都像是做了一次或大或小的手术,离婚也一样。

手术过后,麻药劲儿没过,你是感觉不到疼痛的;过了一段时间,伤口的疼痛会全面袭来,让你无从逃脱。你开始意识到,与子偕老成了泡影,曾经的枕边人已成陌路。每晚一个人躺在大大的双人床上,眼泪就扑簌簌往下落,你会彻底地否定自己甚至怀疑整个人生,有时会觉得自己可能再也过不去人生这道坎儿了。

形式上离开一个人很容易，心理上却很难。这一点，所有经历过失恋、离婚以及失去过亲人的人，应该都会感同身受。人都是在旁观别人的人生时看似高明，真轮到自己了，才会发觉自己其实没多少过人之处。遇到事儿的时候，内心里的恐惧、忧虑和困惑一点都不比别人少。坦白讲，刚离婚时的我，活得一点都不潇洒，甚至可以说有点狼狈。最低谷、最无助的时候，我觉得自己就像童话故事《海的女儿》中的小美人鱼，别人只看到你曼妙的舞姿，但只有自己知道每走一步，脚心都有尖刀在刺痛。

五年后的今天，我讲起那些过往经历，却像是在讲另外一个人的故事，感觉五年前那个沉浸在痛苦之中不知何去何从的人，根本不是我。时间是多么强大的东西，它能化腐朽为神奇。对于单亲妈妈的生活，我有时觉得很辛苦，偶尔也有焦虑情绪，但大部分时间我能以更谦卑、平和、宽容的心态与前夫和其他人相处，能把自己和孩子的生活打理好。眼前的生活是我选择的、能承担的，我甘之如饴。

离婚前后，我有过一段漫长的蜕变期，开始时是那种"初极狭，才通人"的感觉，觉得自己好像走在一个黑暗的隧道里，看不到光，也不知道前方哪里有光。慢慢地，我走了出来，"复行数十步，豁然开朗"。在那个黑暗的隧道蜕下一层皮以后，我感觉自己进入一个无比宏大、光明而美好的世界，活得更通透，也更自由。

我想，亲情、友情和爱情之所以令人难以割舍，是因为很多时候，我们的确需要有一个人、一颗心跟我们在一起，消解被不幸或厄运击中的痛苦和孤独。对方不需要给我们普及大道理，也无须对我们的言行做出居高临下的批判，因为痛苦和哀伤毫无道理可言，它来了就是来了，也没有哪个成年人不懂那些大道理的，我们缺少的只是纵然被不幸击倒也能被接纳、理解、支持以及被无条件地爱的机会。

毋庸置疑的是，真正的亲情、友情和爱情能给予我们这些。即便对方不能完全理解你，你也能感觉到自己并不是一个人在对抗生活的洪流。我们都渴望被爱包围，大概是因为没有人不害怕孤独。然而，孤独却几乎是每个人的必修课，它并不取决于你是单身还是已婚，甚至不管你是幸福还是不幸福。

离婚后，我们首先要面对的就是孤独问题。孤独从来不是洪水猛兽，相反，它会拉近人与"大彻大悟"之间的距离。有时候，它看起来难以忍受，却也是一次认识自我、探索世界的机会。像对待痛苦一样，不要回避它，而是接纳它，你将有机会看到更宏大的世界。你只有学会承受甚至享受孤独，才不会困于人，困于事，困于情，才能坐看云起，收放自如。

003 ///

很多人的婚姻，因为各式各样的原因而面临解体。

在你纠结要不要离婚的时候，可能会有人跟你说："你看看，十全十美的人还有几个？每个人都有这样那样的缺点和问题。就是那些没出现啥问题的，也只是诱惑不够、条件不成熟或者真正的考验没有到来而已。再说了,即便你离婚了,再找一个,说不定更差,难道你还离?"

言外之意,你离了也白离,离了再找说不定只能找到更差的。反正你只能从这个火坑跳到那个火坑,还不如不折腾。

听起来是有点可怕,因为我们往后的人生,好像确实也没法排除这种可能性。那我们能怎么办呢?难道只能认命吗?当然不是。

虽说人生会有桎梏,但我们对自己的人生还是有掌控权的。别人对我们好,我们就接受;若对我们不好了,我们就离开。想明白这一点,即便将来再遇到对我们不好的人又有什么关系呢?腿长在我们自己身上。何况,经历了之前的那些,我们对分离和痛苦也有了一定的免疫力和耐受力,再遭受不好的事情也不会像先前那样痛苦了。

离婚,说简单点,不过就是失去一个不爱你的人。在他没有出现之前,我们可以过得好好的;在他消失之后,我们也一样能。

别人爱说什么就说什么,跟我们过日子的又不是他们。要不要离婚,只取决于你自己。

比起要不要做这个决定,我觉得更重要的事情是:让自己具备离得开一个人的底气。

你可以温柔似水、为爱付出,但也要有横刀立马、斩落毒瘤的勇气。时过境迁,你甚至会感谢过去那些好的或是不好的经历,因为是那些经历让你变得更睿智、更成熟,也更坚强。

有很多人离婚多年,依然放不下对方给自己的伤害。结合我自己的体验,我觉得舍弃受害者心态,用悲悯的眼光看待曾经的伴侣或许是一种可行的自我救赎之道。每个人都该对自己的命运负起全责，怨不得别人。所以，宽恕和放下，是一个让你停止自我虐待的途径。我们都该明白，造成今天这样的局面，我们自己也是有责任的，我们也是自己命运的缔造者，要对自己当初的选择、对离婚之后的未来负起全责。

婚姻的失败，双方都有过错。又或者，谈不上什么对错，只是彼此不适合。那些曾经做过我们伴侣的人，也有最想得到和最怕失去的东西，内心深处也有很多欲与惧、悲与伤。从某种程度上来讲，他们所承受的痛苦、迷惘，未必会比我们少。以平等、悲悯的眼光看待他们，我们自己也会宽怀很多。

004

离婚头几年，我写了很多文字。那些自我疗愈的心路历程，那些对自我的探索、对婚姻的反思和感悟，都被我写到了书里。书出版后，有人说我无病呻吟、贩卖苦难，也有人说从书中找到了共鸣，得到了疗愈。

别人给我怎样的差评，我并不十分介意，倒是每次收到读者表达感谢的留言，会让我激动不已。我从来没想过那些我随手随心写下的感悟，真能帮助到别人。

一个读者曾经给我写了一封长长的信，说她正是靠看我的文章，走过了离婚后最难熬的那段岁月。她说："每一次对自我和人生产生怀疑，感到万分沮丧和绝望的时候，我想到你曾说过的话，就像是得到了某种力量。我想着，跟我生活在同一个国度、同一个时代的你,遇到的糟心事儿未必比我少,但你可以活得那么强大、潇洒,我为什么不行?于是,我像是得到了某种安慰和鼓励,不再抱着受害者心态生活下去。很感恩能在茫茫人海中认识你,你曾经是我最温暖的灯塔。"

那一刻,我受宠若惊,更加相信文字真的有治愈人心的力量。

我可能不是写得最好的,但我相信自己的分享是有价值的。一个真实的故事、一段真实的成长经历,总是更具有可信度和感染力,也更容易让人产生共鸣。

共鸣之所以能治愈人心,是因为你感觉找到了同类。就像是一个得了病的人,待在健康的人群中可能感到自己很孤独,但他去医院里,看到原来这世界上还有很多人和自己一样,自己正在承受的苦痛那些人也感同身受,内心顿时会生出某种"不孤独"的感觉。

写作和阅读都是一个寻找同类的过程,我很感恩在茫茫人海中我们能遇见彼此。

005 ///

刚刚离婚的时候,我有过特别沮丧和迷茫的阶段。我觉得自己就像是一只大笨鸟,飞往一座叫作"婚姻"的山峰,刚飞不久就不小心折断了翅膀。我需要时间去疗伤,等伤口愈合,等我的翅膀变得更有力量;我需要去整理自己、认识自己、提升自己,需要时间弄明白我是一个怎样的人,到底想要怎样的生活,到底能为想要的生活付出什么。

我有这样的觉悟和勇气,却缺乏一个指南针。作为一个书呆子,我第一反应是去书里寻找答案。我翻遍图书馆和书店里与离婚疗愈有关的图书，却发现没有一本适合我。

很多与离婚有关的书籍，都不是有离婚体验的人写的，像是跟我隔了层东西；书里那些或干巴巴或虚构的案例，无法引发我的共鸣；某些专门针对离异人士的说教，高高在上，令人生畏。也正是因为如此，当有读者建议我写一本书给离异人士，讲讲他们的真实故事，帮他们说说话时，我欣然答应了。

那阵子，电视剧《我的前半生》很火，电视剧里女主角罗子君离婚后实现了华丽逆袭，但这种逆袭主角光环太盛，每一次她出现危难，不是有护花使者来救，就是有前夫相助，还有一个超级厉害的闺蜜为她保驾护航。电视剧毕竟是虚构的，与普通人的真实生活相去甚远。而我，只想写点普通人的真实故事。

我在公众号上发出征集离婚故事的通知后，读者们的离婚故事像雪花一样朝我飞来。这些故事，因为太过真实，所以触目惊心，看得你心疼，看完你甚至只会想到"众生皆苦"这四个字。这本书就是在整理这些故事的基础上形成的，它的价值或许正在于它足够真实，让你直面伤口，带你找到同类，引你走向未来。

比起虚构的电视剧情节，我觉得现实生活中那些相貌普通、指望不上谁、蜕几层皮才从离婚阴影里熬过来、最终走向康庄大道的离异女性，她们的经历才能叫"逆袭"。

生活不会因为你离婚、成了单亲妈妈而对你高抬贵手，没有人给你遮风挡雨，没有人给你搭桥铺路，该来的残酷依然会到来。而她们，愣是靠自己，一点一点地站了起来，一点一点地把自己从泥潭里拉出来，边流泪边熬过那些漫长的岁月，撑不下去的时候再撑一撑，然后，一点一点地让自己和家人的生活往好的方面发生转变。

她们或许不够幸运，但大多数足够努力。到了"上有老，下有小"的年纪，人可能都是这样的：遇到再大的不幸，最多也就难过一会儿，接下来，我们会把有限的时间、精力以及有限的金钱和资源花到最能解决问题的地方去。你开始懂得省着点儿用自己的精力，集中火力去解决主要问题，没力气闹情绪，也懒得矫情。

普通人真实的"逆袭"和"励志"就是这样，没有那么容易，但是，也没有那么难。

所谓的成长，就是学会对自己的人生负责吧。眼前的烂摊子，我来收；眼前的这副重担，我来挑；眼前的刀山火海，我来走。

如果让我以过来人的姿态对徘徊在人生十字路口的你说几句话，我想说："每个人都要经历生命中的那些跌宕起伏，每个人都有过不为人知的心酸与苦楚，每个人都有过令自己感到安慰的辉煌与成绩。虽然你可能还不够成熟和强大，虽然这幽寂的、黑漆漆的隧道对你来说长了一些，但你要相信，每个人的存在都有自己独一无二的价值。别害怕，去喜欢你自己的样子，去过你想要的生活。在往前奔跑的过程中，也许会有很多阻碍，但山穷水尽后的柳暗花明，会比想象的更精彩。"

愿这本书能陪你度过每一个难眠的夜晚；

愿你能在挫折之后收获成长；

愿你的生命中也有一颗北极星，能照亮你的来路和征途。

目 录

推荐序　婚姻不是战场，离婚不是武器
前　言　你配得上你想要的幸福

第一部分
那年，我离婚了

你不是一个人，我们是一个群体。在她们的故事中，我看到了她们曾经的眼泪，也看到了她们内心的安宁、踏实、爱和希望。

第一章　对自己负责，面对命运的波澜 / 002

小婉的故事："好男人"也会伤人 / 003
富家女的故事：婚前"无下限讨好"并不等于爱 / 009
我朋友的故事：如果你的伴侣是个"工作狂" / 016
荔枝小姐的故事：婚姻里依然要独立自强 / 020
叶子小姐的故事："我曾为了面子不敢离婚" / 031

第二章　向上生长，与自我和解 / 040

木子先生的故事：有些爱情，我们负担不起 / 041

雪兔的故事：有多少的"不珍惜"，借口都是"不合适" / 055

月季小姐的故事：百炼成钢，再不会顾影自怜 / 063

奶茶小姐的故事：我独自穿越了黑暗，相信你也可以 / 073

第三章 活出自己的精彩 / 081

连翘小姐的故事：不委屈自己，过"不将就"的人生 / 082

柚子小姐的故事：经历过山穷水尽，更珍惜柳暗花明 / 096

紫荆小姐的故事：当伤痛化身奖章，更好的你在下一站 / 105

葵花姐姐的故事：你得先成全自己，老天才会成全你 / 119

第二部分
这些年离婚教我们的事

离婚可以是一块通向自我内心的跳板，让你更真切地看清自己的内心，看清这个世界的运行规律。经过痛苦的淬炼之后，你终能听从内心，"无问西东"。

第四章 生活的磨难，人生的修行 / 130

到底要不要原谅出轨的伴侣 / 131

伴侣喜欢玩暧昧，婚姻还能走多远 / 141

婚姻已经很难，不要再"窝里斗" / 148

无性婚姻，难言之痛 / 154

第五章　不曾走过，怎会懂得 / 158

婚姻是彼此扶助，不是单方面扶贫 / 159

有多少婚姻，毁于"拒绝沟通" / 167

家庭暴力，婚姻不能承受之痛 / 176

公婆有时会成为婚姻中的最大隐痛 / 182

当孕期、产后抑郁遇上"婚姻危机" / 187

第六章　用信念面对万箭穿心的生活 / 194

女人最大的出息不该是抢男人、打小三 / 195

"没钱可以结婚，但没钱真是离不起婚" / 202

幸福诚可贵，生命价更高 / 207

好歹爱过一场，离婚更该好聚好散 / 212

让你破茧成蝶的，是你自己 / 219

第三部分
遇见更好的自己

面对无穷无尽的孤独，面对失败的过去，面对一地鸡毛的现在以及不可预知的未来，我们终将要独自穿越黑暗，独自面对痛苦，独自实现蜕变和成长。

第七章　离婚并不可怕 / 228

我们为什么会那么害怕离婚 / 229

如何处理伴侣出轨带来的离婚创伤 / 234
该不该"为了孩子不离婚" / 241
伤痛是强者的垫脚石 / 245

第八章　做内心强大的自己 / 252

离婚不是丑事，不该被歧视 / 253
离异单身并不意味着不幸 / 260
再婚后又离婚，很丢人吗 / 267
几多风流，几多折堕 / 272
放下，便是世间自在人 / 281

第九章　离婚，拼的是格局和眼界 / 286

离婚后如何处理与孩子爸爸的关系 / 287
单亲妈妈怎么跟孩子谈"爸爸问题" / 294
夫妻散了，亲子关系不能断 / 302
听说你复婚是"为了孩子" / 308
再婚家庭里，如何与对方的孩子相处 / 315

后记　往事如风，自在人间 / 322

第一部分　那年，我离婚了

你不是一个人，我们是一个群体。在她们的故事中，我看到了她们曾经的眼泪，也看到了她们内心的安宁、踏实、爱和希望。

第一章

对自己负责,面对命运的波澜

小婉的故事：
"好男人"也会伤人

001 ///

认识多年的朋友小婉，最近向我集中吐槽了她老公的各种"不可理喻"的行为，并且已经向法院提起诉讼，准备把他变成"前夫"。

在外人的眼里，她老公为人亲切、温和、热情、仗义，愿意为朋友赴汤蹈火，几乎是人见人夸。可只有她知道，跟他过日子是什么滋味。

两个人办婚礼的当天，他的电话就响个不停，来电话的全是他的朋友，都是打来问路的。哪怕他跟她举行仪式的时候，也还在接他朋友的问路电话。

小婉看他一边接电话一边切婚礼蛋糕，心里非常不悦。她想："我自己也有朋友，她们也不熟悉婚礼地点，但我的朋友都知道我今天在办婚礼，肯定会特别忙，所以都是通过询问路人、打酒店的电话、用手机导航等方式找到了婚礼地点。但是他的朋友，怎么一个个都是'伸手党'呢？明知道新郎官今天会很忙，这电话还是络绎不绝，这到底是谁惯出来的？"

婚礼结束后,她老公就忙着送朋友去了,把残局留给她一个人收拾。听到他说"那些朋友都那么大老远赶来参加我的婚礼,我不去送一下,心里很是过意不去"之后,她也就没多计较,只是看着婚礼过后的一地狼藉叹了口气,自言自语:"为什么来参加婚礼的我的朋友,没有一个需要我送的?即便我提出来要去送,她们也绝对不会让我去。就连我的亲妹妹,都是参加完婚礼自己去车站的。他的朋友何以心安理得享受这种待遇?又是谁惯的?"

在外人眼里,小婉的老公是一个千里挑一、义薄云天的好哥们儿。他的朋友若是遇到什么难题,都喜欢找他,他也很乐意为朋友排忧解难。

有一回,他的一个朋友从外地出差回来,半夜一点半才到机场。那个朋友在微信里跟他吐槽了一句"地铁停了,大巴车也没了,只剩下出租车,好多人在等,不知道要排到什么时候",他当即抛下怀孕六个月的她跑去机场接人,等回到家已经是半夜三点。

每次小婉出差回来,能搭地铁、大巴就不劳烦他去接,初衷只是觉得这样做更经济,也不想让他太过劳累,结果呢?她替他省下来的时间、精力和金钱,都被他拿去送给别人了。

这样的情形,不止一次。小婉也会为这些事情跟她老公吵架,但他从来都是一句"我也需要朋友啊,多个朋友多条路啊"。

002

和所有人一样,小婉的老公每天也只有二十四小时的时间,但他不是忙着工作就是忙着在外头当好人,每天在家里待的时间不足十小时。这十小时里，他睡觉用去八小时，陪伴家人的时间只有不到两小时。

有时候，小婉也会跟亲戚朋友抱怨他的种种行为，结果对方一听，第一反应便是："他对外人都那么好，怎么可能对你很差呢？你是不是太唠叨、太强势或者哪里没做好，不然那么好一个人怎么单单就对你不好呢？"

小婉听了，心塞至极。遭遇这样一个"好男人"，她连抱怨几句，都没人肯信她。

小婉和他结婚两年，两个人之间除了"他对外人比对家人好"之外，几乎找不到什么矛盾点，但这一点，就足以令她不堪重负。

她说："他追求我那段时间倒是挺好的，一切以我为中心，但自从结婚后，他几乎就没给过我多少高质量的陪伴。一个星期他在家里吃饭不超过三次。哪怕到了周末，我也找不着他的人影。我也曾经无数次向他提出，两个人出去旅游一趟，去一个无人打扰的地方好好谈谈，但是他总有事情做、总有事情忙，似乎觉得跟我没什么好谈的。结婚之前，他倒是愿意抽出点时间，花点小心思打造我们的'二人世界'。结婚之后，他大概是觉得，既然我们已经结婚，就算是完成了任务，夫妻之间再也不需要沟通、不需要彼此陪伴，也不需要培养感情、弥补裂痕了。"

小婉叹了一口气："对我而言，身处这样的婚姻里，还有什么意思呢？他只把家当成睡觉的地方，我对他的感情，也早就在那些细节中被消磨得一干二净了。"

003 ////

观察身边，我发现像小婉老公一样的人可真不少。他们脾气温和，对朋友热情大方、有求必应。他们信奉"牺牲我一个，幸福所有人"的原则，热衷于"你好我好大家好"。人们都喜欢他们，都喜欢跟他们来往，都喜欢把鲜花、掌声、大拇指送给他们。

这一类人，特别适合做朋友，因为他绝对不会坑你、出卖你。他会照顾你、帮助你，为你两肋插刀。只是，如果找这类人做老公的话，你需要有充足的心理准备，有足够强的承受能力。

你是外人的时候，有这么一个朋友关心你、照顾你，你当然觉得开心；但当你成为他的"自己人"，发现他的关心、照顾原来只是给"外人"时，吃亏的便是你这个"自己人"了。他对谁都很好，没有人说他不好，但只有你，作为他的家人、妻子，才知道和这类人生活在一起到底是什么滋味。

剖析下这类"好男人"的心理，可能是这样：

他们舍己为人地帮助外人，一方面是因为贪恋被外人夸奖的感觉，另一方面是因为害怕。害怕伤害外人，不敢拒绝外人的请求。

和一般人相比，他们过度自卑。一旦他们认为自己的做法令别人失望，或是伤害到其他人，便陷入恐惧之中。他们害怕外界否定自己，在人际关系上追求完美。

他们有求必应，却不敢麻烦别人哪怕做一件小事；他们永远把别人的事情看得比自己的重要，用"好人"的光环来证明自己的价值；他们不敢表达愤怒又缺乏底线，因此被人一再侵犯，却又甘之如饴。他们内心深处也存在执念，那就是：周围人必须说我是好人,认为我善良,否则,便是我的失败。

可问题是,他们这么好,真的讨人喜欢、受人尊敬吗?

不一定。

他们乐于助人的品质,只有懂得感恩的人才会将其视为美德。在另外一些人眼里,一个自尊过低的人往往是被人看不起的,他们难以赢得真正的欣赏和尊重;他们也很容易被利用,"精明"的人如果能够洞悉他们的这种心理,就会无限地麻烦他们而毫无愧疚之心。

人的时间、精力、热情、耐心都是有限的,给外人的多了,给家人的就少了。

对家人,他们的态度是这样:既然你已经成了我的家人,就应该无条件地体谅我、包容我。不管我怎么对待你,我相信你都不会真的生气,也不会真的离开我。而且,跟你相处的日子还长着呢,以后还有大把的机会可以弥补。而得罪了外人,这份缘分就再也找不回来了。

从根本上来说,这样的心理实在是显得太过天真和幼稚,理由有五点:

第一,我们跟一个人结婚,并不理所当然就获得了不离不弃的关系。这种关系是需要时时维护、保持活力的,否则它也会枯萎、凋零。

第二,一个人不可能讨所有人喜欢,每个人都要接受这一点。

第三,健康的人情关系讲究你来我往、双向流动,无底线讨好别人未必就能赢得喜欢和尊重,很多时候你无原则地为别人付出越多，别人越觉得你的付出不值钱。

第四，关注自己和家人的需求是人之常情，它并不会让人变得自私。一个懂得尊重自己和家人的人，才懂得如何真正地尊重外人。

第五，家人比外人对你来说更重要，所以应该把更多的时间、精力、热情、耐心花在家人身上。

事实上，但凡心智稍微成熟一点的人，都不会热衷于做这种"外人面前的老好人"和"家人面前的大恶人"。我们和家人之间也存在一个情感银行，我们和家人的关系都是这个情感银行里面的一个账户。当我们增加这个账户存款的时候，好的感觉随之提升，让我们与对方的关系更加亲密。当我们取款的时候，坏的感觉随之产生，你和对方的情感会疏离甚至恶化。

攒够了失望，谁都会离开。跟你有血缘关系的人尚且如此，何况是伴侣。

过分取悦外人，实在没什么必要。真正爱我们、尊重我们、体谅我们的人，不会随意、无度地向我们索取，因为他懂你的软弱，懂你的难处，懂你的无能为力。

越是重要的关系，越需要、越值得我们花时间、精力去浇灌。

赢得外人的尊敬的确重要，但家庭也是幸福感的源泉，赢得家人的尊敬不该被放在次要的位置上。

富家女的故事：
婚前"无下限讨好"并不等于爱

001 ///

　　这个真实故事的女主人公出生于中产家庭，父亲是一家公司的董事长，母亲是高校老师。她还有个姐姐，两姐妹从小就是学校里著名的"姐妹花"，是很多男生心目中的"女神"级人物。

　　她的姐姐在高考前夕得了抑郁症跳楼自杀，从此，她更是被父母捧在掌心，各种溺爱。

　　上大学时，她背着父母谈恋爱。追求她的男生很多，她每一次选择的都是对她非常好的男生。假设有两个男生追她，一个是长得一般但其他各方面条件都很不错的学生会主席，一个是长得帅、为了讨好她无所不用其极但家庭条件一般的男生，她会觉得前者不好驾驭，后者比较好把控，而毫不犹豫地选择后者。

　　她在上大学时谈过好几场恋爱，最终都无疾而终。每一次，都是她提出的分手，原因是男方和她在一起之后，不像追求她的时候那般对她好了。

　　与她谈过恋爱的男生都有一个共同点：长得帅，对她唯命是从。

大学毕业后,她顺利地进入一家银行工作。过了24岁,很多人开始给她张罗对象,其中最着急的是她的爸爸。

为了女儿的幸福,他打算就在自己的公司物色一个知根知底的"金龟婿",于是,他调来了新招聘的大学生的档案,并一眼看中了男主人公小林。名校毕业,社会活动能力较强,虽家境一般,但有发展潜力。

他观察了一段时间,越发觉得这小伙子不错,人长得帅气,身材魁梧,做事很勤快,嘴也甜,在公司里人缘不错,于是就开始帮他跟自己的女儿搭桥牵线。

002 ///

小林开始正大光明地追求她。

追求阶段,他对她好得几乎到了百依百顺、唯命是从的地步。她往东,他不敢往西。她说一,他绝对不说二。

大中午的,她说想吃蛋糕,而且必须是某家店的。那家店离他足足有二十多公里,那时快递业也不像现在这般发达,他说:"宝贝,等晚上下班我买来给你吃吧,现在外面那么晒,而且我下午还得赶回来上班呢。"她不依,开始撒娇,说什么都要现在吃,让他证明他是爱她的。最后,他不得不倒几趟公交车去买蛋糕,并给她送到单位,然后满头大汗地回来接着上班。

和朋友相约一起出去旅游,他们坐在一起,为了让她睡得舒服一点,他能让她靠在自己肩膀上三个小时一动也不动。大家一起吃饭的时候,他把所有好吃的都夹给她。

当然了,这种"好",总体而言有点怪怪的,因为有时候是以损害别人的利益为代价的"好"。比如,一桌子人吃饭,一上菜,他就把最好吃、最精华的菜夹到她碗里。又比如,坐缆车、电瓶车座位紧张的时候,他会给她占两个位置,其中一个拿来给她放包,只是为了让她能坐得宽松一点。还有更夸张的:有些景点人很多,女厕所需要排很长的队。她跺着脚说自己等不了那么久,他就跑去男厕所清场,让她一个人占据一个男厕所,引得其他想上厕所的男士很不满,他则站在厕所门口点头哈腰、各种赔罪。

那时的她,沉浸在爱情的幻觉之中,只觉得眼前这个男人对自己实在是太好了,她这辈子再也找不到比他对自己更好的人了。于是,两个人终于走进了婚姻殿堂,婚礼办得非常盛大。

结婚之后,他辞职去创业,仰仗着岳父提供的资源,事业做得风生水起。

003 ///

两个人虽然顺利结婚生子,但几年间性生活非常不和谐。

她后来说,是因为她老公偶然得知她之前流过几次产,心理上觉得膈应。

好了,俗套剧情来了!

或许是因为对她实在没"性趣",又或许是因为她在家里一直以"皇太后"自居,总是对他颐指气使,让他觉得没什么尊严,他终于出轨了。

他的身边莺莺燕燕不断，而她一直蒙在鼓里。当然，他只是想玩玩，没想过要和她离婚。而且，或许是内疚心理作祟，他对她比以前更好了，虽然依旧跟她无性。

某一日，当得知老公出轨之后，她勃然大怒。一个从小被当成公主养的人，如何能容忍这种事情在自己眼皮子底下发生，她打定主意离婚，并把这件事捅到了父亲那里。

董事长修理这个背叛自己女儿的女婿也就是分分钟的事儿。听到风声后，小林着急了，在丈母娘家门口长跪不起，请求妻子的原谅。为了能换得她的回心转意，他甚至找来碎玻璃碴，把自己的膝盖跪得血肉模糊。

看到他这样，她心软了，又搬回去跟他过日子。

起初，他的确像是归林的倦鸟一样，忽然变得顾家起来。

日子久了，这种关系再次失衡。她觉得他是一个有罪、有污点的人，而她是那个高高在上、掌握了豁免权的人，所以不自觉地姿态很高。他依旧对她百依百顺，但暗中开始转移财产，并将公司的一些业务慢慢转移到了岳父的势力范围之外。只是，拓展外地市场并没有那么容易，而且他也不敢在岳父的眼皮子底下做大动作，所以，公司百分之九十的业务依然留在当地。

她再一次发现他出轨的时候，几欲崩溃。他还是痛哭流涕地下跪求她，而她不为所动，请了当地最好的律师帮她打离婚官司。他一看再无回旋余地，突然就换了一副嘴脸，第一天拿到法院的离婚判决，第二天就搬去了小三家里住，从此以后对她和孩子不闻不问。

离婚时，她分得大部分财产，几乎是让男方净身出户。他大概也是被逼急了，花了整整半年的时间找她爸爸贪污受贿的证据，然后向有关部门举报。

之后的事情，大家都猜到了。她爸爸被查办，等待她爸爸的将是法律的审判。

004 ///

那是她人生中最灰暗的一年。

她的妈妈一病不起，并被诊断为癌症晚期。没过多久，她的儿子又被查出来患有白血病。

前夫对孩子不管不顾，她每天要面对高额的医疗费。这个从小娇生惯养、从来没有吃过任何苦头的娇小姐，一下子变成了全家的"顶梁柱"，她的狼狈可想而知。

没过多久，她在医院里认识了一个医生。那个医生离过婚，知道她也离异后，开始追求她。

一开始，医生对她也是百依百顺、唯命是从。她的妈妈半夜呕吐，她哭着给他打电话，他几乎是连滚带爬地跑来医院帮着她处理。

最孤独无助的时候，出现这样一个"白衣天使"，她觉得自己真是中了头彩。

她本身并不怎么喜欢那个医生，因为他长得实在太过普通，身材偏胖，个子也不高，言行举止在她看来非常"土气"，但当她看到他给她的儿子买的礼物时，心理防线还是被攻破了。

为了给孩子找个爸爸，也为了让自己的后半生有个依靠，她跟医生结婚了。

婚后，她发现医生的性情非常暴躁，动不动就打人，所以她准备再一次提出离婚。婚还没离成的时候，她又看上了孩子同学的爸爸，对方也是离异，但长得足够帅气……所以，她的故事到现在还没有完结，而她马上就到了五十岁的年纪。

005 ///

我一直以为，像她这个年纪的中年女人，经历过那么多事情，多多少少会活得比较明白了，可遗憾的是，她似乎一次又一次地犯着同样的错误，并且以为这一次一定不一样。

喜欢帅哥没什么问题，在容貌上，她也有可与帅哥相匹敌的资本，有这样的审美标准无可厚非。更何况，并不是所有的帅哥都"花心"，也有很多长得帅且对感情专一、对家庭负责的男人。

我不解的是，为何她只喜欢那些卑躬屈膝追求自己的男人？难道别人非要这样做，她才能确认自己被爱着？

对那种动不动就抛掉自尊追求心仪的女性、动不动就向女人下跪认错的男人，你不会心存畏惧吗？要知道，一个起初在感情关系中愿意放低姿态的男人，若是其自尊受挫，事后报复起来往往会很凶狠。

真正的爱，是平等的，是互相吸引的，而不是单方面讨好、迎合另一方。

如果一个人在追求你的阶段无下限地讨好你，那么，他会认为这个方法对你很管用，以后不管发生什么问题，他只需要做出很低的姿态去讨好你，问题就能得到解决。

可事实上呢？他因为低姿态讨好而放弃的自尊，拿什么去补足？除却少数斯德哥尔摩综合征患者，没有人愿意长期对另外一个人卑躬屈膝。

无下限地讨好、迎合、跪求，其实也是一种胁迫。

曲意迎合或违心下跪，本身就有"逼宫"的性质，给你传达的是这样一种信息：我都对你卑躬屈膝成这样，你还不肯嫁给我，你还有良心吗？我都朝你下跪了，你还不原谅，你还有没有人性？

他们搏的，是你的心软，是你不易觉察的虚荣心。

如果你顺从了，那么对方拿更极端的手段来威胁你，你估计也会顺从，接下来，就是"顺从无止境"了。你看着像是位置高的、处于强势地位的一方，实际上早已沦为被胁迫的一方。

有什么问题是两个人平等站着、坐着不能沟通的呢？非得下跪？非得曲意逢迎？

如果你因为心软，因为虚荣心，而接受了这样一个人，可能就给自己埋下一颗会随时引爆的炸弹。

电视剧《人民的名义》里，祁同伟那惊天一跪，跪出了一个繁花似锦的未来，却也将梁璐推进了一场令人窒息的婚姻里。他们这类人拿婚姻当跳板时，往往只关注自己能不能达成某个目标，比如说"把你追到手"，至于对你的真心有几分，那就只有他们自己清楚了。

两个人在一起，到最后都是和对方的本性在相处。如果一个人为达成某种目的，不惜压抑自己的本性，那这种佯装的生活能维持多久呢？或许，到时候只会爆发得更惊人罢了。

任何不是发自内心的行为都会带来一系列的蝴蝶效应，也许是在明天，也许是在很多年之后，但大概率迟早会来。

我朋友的故事：
如果你的伴侣是个"工作狂"

001 ///

大部分女人择偶之前，除了考察男人的性格、人品、嗜好、价值观等之外，往往还要考察他的上进心和事业心。

上进心，是一种"成长力"。有了上进心，你不用担心他会变成一个人渣，而且在两个人感情出问题的时候，在大概率上他也会愿意配合你，让事情往好的方向发展。

事业心，则是男人在社会上、职场上的核心竞争力。现代社会竞争压力那么大，没几个女人愿意嫁给一个只会吃软饭的男人。

很多女人把事业心列为择偶的第一指标，因为对这些女人来讲，嫁给一个有事业心的男人，意味着给未来的生活增加了一份保障。

物质基础是一对夫妻、一个家庭生活幸福的重要基础。而男性在家庭中往往承担着更大的养家糊口的压力，这就使得女性在择偶时会将"事业心"列为一个非常重要的标准，于是，事业做得比较差的男性群体的择偶处境就变得比较艰难，担负着养家糊口重担的男性面临的竞争压力也会越来越大。

事业是男人的安身立命之本，男人有事业心是好事，但如果一个男人事业心非常之重，以至于变成"工作狂"呢？这对其伴侣和家庭来说，却是一种困扰。

002 ///

有人在论坛上问过一个问题："遇到一个'工作狂'老公是怎样的体验？"点赞数最高的回答是："明明有老公，却过得比寡妇还不如。"

一个朋友，最近也给我讲述了她和"工作狂"老公的故事。

追求她的时候，她的老公倒是没有表现出很"工作狂"的状态，只是对工作很积极用心，她觉得男人有上进心是一种非常美好的品质，所以在他两个月"温柔的强攻"下，跟他闪婚了。

结婚之后，她发现事情有点不对劲了。她老公的重心开始从她身上转移到了工作上，几乎把所有的时间、精力都花费在了工作上。

一开始，她想着男人事业心强一点终究不是坏事，何况他现在这么努力是为了两个人的未来打基础。所以她以"贤内助"的标准来要求自己，努力要做他身后的女人。

后来，丈夫忙到没有时间睡觉，甚至变成了性冷淡，她开始有了怨言。再后来，她怀孕了，他依旧没空陪她，哪怕只是下楼散散步都抽不出时间。大概他是觉得，老婆已经是自己的人了，不需要再花精力去维护跟她之间的关系了。

看到别的孕妇都有老公陪着去产检、逛公园,她也很羡慕,但只能深深叹一口气。

快到预产期的时候,她把母亲接过来照顾自己。孩子呱呱落地,他只跟公司请了三天假,陪了她三天就跑回去上班了。更令她生气的是,哪怕在这三天时间里,他也是抱着电脑不停地收发邮件,很少有空陪她说说话或者抱抱孩子。

孩子出生后,他觉得肩上的担子更重了,整日奔波在外,应酬、谈判、出差,很难得有一个周末在家休息。即使有,他不是蒙头大睡,就是在接各种电话、回复各种邮件。

家里的一摊子事,全是她一个人在操持。家里来亲戚朋友看宝宝,他在加班;宝宝生病了,他在出差;公婆病了,他在谈判。而她一边忙工作一边忙着照顾孩子,还要赶着去照顾公婆。

他的努力让她和孩子过得比较富足,但孩子和爸爸不亲,他也觉得心里空落落的。夜深人静时,她躺在鼾声大作的他身边,心头满是委屈和压抑。她泪流不止,却不敢哭出声音,怕打扰他休息。

她无数次为这个事情跟他吵过,但他也觉得委屈:"我已经为了这个家辛苦成这样,你怎么还不满意?"

她真是"哑巴吃黄连,有苦说不出"。抱怨他吧,显得自己矫情、任性、不懂事,毕竟他是在为了工作、为了家庭而累死累活。但要她心里没有怨气,又几乎是不可能的,因为她想把他当成知冷知热的老公,而不是提款机。

她说:"我改变不了他,甚至连影响都影响不了,我用了不知道多少办法,试图让他明白家庭同样重要,让他学会关爱自己的身体，但毫无效果，他真的是停不下来，一天不工作就会狂躁。"

她渐渐找不到这种婚姻存在的意义，只跟我说："丧偶式婚姻和育儿，说的就是我的处境。我有一个名义上的家庭，但没有实质上的老公，孩子没有实质上的父亲。我觉得他似乎也更适合找一个只把他当提款机的女人，这样的婚姻才叫各取所需。"

她的故事只讲到了这里，但我们不难想象：往后，他们的婚姻一定会有故事甚至事故发生，因为这个家庭已经没法维持一种动态平衡，她内心的缺失只会随着时间的流逝越来越多。

不管是男人还是女人，有事业心是一件好事，但有个词叫作"过犹不及"。

一个人若是事业心太重，重到成为"工作狂"的程度，那这种"过度"也会反噬自己。

有事业心的人很多，但很多人懂得平衡事业和家庭之间的关系，把握好工作和休闲的时间比例。他们会认为，家庭和事业一样重要，会工作的人也要会休息。钱是永远都赚不完的，而家庭散了、身体垮了却永远无法挽回。不管多忙，他们都会腾出时间来陪伴家人，并且由衷地享受陪伴家人的时光。这样的人，才更懂生命的意义吧。

荔枝小姐的故事：
婚姻里依然要独立自强

001 ///

荔枝小姐是家里的老二，她还有个哥哥。

她生下来以后，便被父母送回老家由外婆照顾。因为父母超生，她从小就不在父母身边，对此，父母对她有歉疚，她自己对父母也有怨言。

荔枝小姐从小学习成绩不太好，只读了中专，后来又辍学，去了位于S市的一个加油站上班。

在加油站上班没多久，她遇到了现在的丈夫芒果先生。芒果先生是外地人，大她十岁。他是家里的老么，还有两个单身的姐姐，她们都在S市工作。

芒果先生当时是加油站的电工，荔枝小姐则是加油站的会计。会计要上夜班，而电工相对悠闲一点，加油站电路出现问题就去看看，没问题就休息。

芒果先生追求荔枝小姐，荔枝小姐一开始担心父母不同意，但后来看他态度诚恳，就接受了他的追求。

荔枝小姐的父母反对这段恋情,他们觉得芒果先生年纪太大、条件不好,没房没车没积蓄,收入也不高。

结果戏剧性的事情来了。

有一次,公司组织员工出去旅游。回程的时候大巴车翻车,导致 1 死 36 伤。在那次事故中,荔枝小姐腿伤严重,芒果先生受了轻伤。

得知荔枝小姐出车祸的消息后,荔枝小姐的爸爸去医院看望她,她的妈妈则因为身体不好待在家里等消息。

荔枝小姐的爸爸心特别大,去医院看了她一眼就走了,甚至都没给她买点吃的。在医院探望期间,也只顾着和朋友聊天。

受伤的荔枝小姐就一直由芒果先生悉心照顾着。从来没感受过什么家庭温暖的荔枝小姐出院以后,突然就说她一定要和芒果先生结婚。

荔枝小姐态度非常坚决,家里人只好赶紧给他们筹备婚礼。两个人的婚礼办得非常潦草甚至是简陋,接新娘环节乱得一塌糊涂。给新娘家下聘礼时,也只是公司老板出面,男方父母都没出现。就这样,荔枝小姐穿着不合身的龙凤褂,匆匆忙忙地嫁给了芒果先生。

后来,大家才知道,荔枝小姐之所以那么快结婚,把自己的人生和芒果先生捆绑在一起,是有原因的。

原来,荔枝小姐和芒果先生在一起没多久之后,荔枝小姐便发现了芒果先生脚踏两条船。

他和前女友分手后,就和荔枝小姐谈起了恋爱,实现了"无缝对接"。可是，这期间，他又和前女友藕断丝连，甚至还和前女友有了孩子。

公司组织员工一起去旅游的时候，两个人正是冷战期，准备分手。没想到一场车祸，反而让他们俩冰释前嫌。

在医院，芒果先生求荔枝小姐原谅他，并保证下次不会再犯。

荔枝小姐说，我不相信。

芒果先生便说："那我们结婚吧，我把你娶了，你总该相信了吧。"

也许是因为想把另外一个女人比下去，也许是因为荔枝小姐确实不甘心两个人就这样结束，荔枝小姐答应了求婚。

两个人结婚后，芒果先生的前女友找上门来大吵大闹，这时候芒果先生选择了沉默。

荔枝小姐对芒果先生的表现有点失望，但还是告诉自己：既然现在我已经跟芒果先生结婚了，就只想好好地跟他过日子。他现在也对我挺好的，以前的事情我不想再计较了，我更看重将来。

荔枝小姐后来说："如果不是因为从小得不到父母的关爱，我或许不会选择这个人，把自己的一辈子都搭进去。"

002 ////

故事到这里，或许应该往一个好的方向发展，然而并没有。

荔枝小姐婚后的生活，并不像她想象中的那么美满。

家里长辈出于好心，介绍了一份新工作给她，比目前的工作更加稳定，发展空间更好，收入也更高，美中不足是在离S市车程两小时的G市。

随后，荔枝小姐放弃了加油站的工作去了G市。

也不知道芒果先生是觉得两夫妻不应该两地分居，还是担心自己老婆去了新环境会被别的人追走。三个月后，芒果先生也跟着她去了G市。

他们在一个筒子楼里租了一套一室一厅的房子，就算是自己的窝了。只是，两个人收入都不高，除去房租和生活开销外，所剩无几。

这时候芒果先生就开始埋怨起荔枝小姐来，问她当初为什么非得来G市。

没过多久，荔枝小姐怀孕了。这突如其来的消息，打破了以往的平静，她本以为芒果先生会像"别人的老公"一样尽量多抽点时间来陪自己，然而，等待她的，却是他无穷无尽的应酬。

十个月后，孩子生下来了，是个儿子。荔枝小姐的娘家人提出来要过去照顾她，但芒果先生硬是要她回婆家坐月子。娘家人见状，也不好说什么，只嘱咐他开车小心，不要在路上让她吹到风，而且多休息。

等出了月子后，荔枝小姐回到G市，发现公司早已没有了她的位置。

无奈之下，她和芒果先生又回了S市。为了节约生活成本，夫妻俩住进了芒果先生的两个姐姐合住的房子里。

在荔枝小姐娘家人的帮助下，芒果先生找到了一份月薪五千元的工作，荔枝小姐则当起了全职主妇。

孩子总是生病，而且夜里总是惊醒、哭闹。芒果先生被吵醒以后，就埋怨荔枝小姐："你怎么在家里全职照顾孩子都照顾不好，我明天还要上班的。我要是上不了班，谁来养活你们？"

久而久之，两个人的关系越来越僵，在家里基本上是零交流。后来，荔枝小姐找了份网络兼职的工作，挣点买菜钱。

跟芒果先生的两个姐姐住在一起，总有诸多不方便之处。不管发生什么事，无论对错，两个姐姐都只向着芒果先生，这让荔枝小姐非常委屈。

孩子渐渐大了，在孩子的教育方面两个人也出现了重大的分歧。芒果先生家里三代单传，这个男孩自然是"含在嘴里怕化了，捧在手里怕摔了"，什么事都顺着孩子，而荔枝小姐则认为：孩子对就是对，错就是错，该教育就得教育。就这样，孩子不知道该听谁的，趋利避害的本能让他选择了站在顺着他的长辈那一边，结果就是越长越"熊"。

孩子慢慢长大，家庭矛盾也在一点点累积。荔枝小姐跟旁人絮絮叨叨地说："都怪我的父母，小时候不给我足够的关爱，我才会贪恋他那点好，把自己的一辈子都搭进去。"

S市一到春天，空气很潮湿。有一天，孩子的衣服一直晒不干，荔枝小姐便把孩子的衣服摊开，想用电吹风吹干，完全没顾得上做饭。

这时，芒果先生回来了，一见这副情形就大声埋怨："衣服你也不叠，饭也不煮，孩子就在那边哭，你一天天的在家干吗？除了玩手机，你都做了什么？"

长期埋在心中的委屈终于爆发了,荔枝小姐说:"如果你有钱,能让我在家高枕无忧的,我当然能把孩子带好啊,问题是现在不是。一个月五千块钱,孩子要吃,还要存钱给孩子读书,我自己没有收入,你一个月也就给我五百块钱,怎么够?孩子有时候要打疫苗什么的也要用钱,我用手机就是想干点在线客服之类的活儿来补贴家用,怎么就变成我天天只会玩手机了?"

　　芒果先生的火气一下就上来了,说:"现在你是没饭吃了吗?你花着我的钱,有什么资格生气?"

　　听到这话,荔枝小姐顿时像泄了气的皮球,脑子里回荡的一直是那句"你有什么资格生气"。是啊,现在自己没有收入,想买点东西都没有钱,想给母亲买件衣服尽点孝心也没有钱……有什么资格生气?

　　又愤又恨的荔枝小姐一气之下回了娘家。

　　到了娘家,见到了亲人,荔枝小姐便把心中的委屈对着家人说了出来,说出来觉得心里舒服多了。可是,生活依旧得继续,这次或许会过去,那以后呢?

003 ///

　　正因为这是个真实的故事,所以故事到这里并没有结局,暂时没有出现出轨等"狗血剧情",也没有出现离婚后走出光芒万丈未来的励志情节。

　　谁也不知道以后荔枝小姐的命运会怎样,包括她自己。

　　谈几点感想吧。

第一，我们择偶失误，不该让原生家庭来"背锅"。

这几年来，"原生家庭论"越来越流行。简单来说，这些理论说的是：原生家庭对一个人的影响非常重要，你的"三观"、为人处世的方式、择偶观等，都可以在原生家庭里找到原因。

只是，过度解读这个概念，有"逃避自己应该承担的责任"之嫌。

荔枝小姐小时候的经历固然值得同情，但一个成年人，应该能为自己做的决定负责。我们成长的环境，都有可能会对个人造成影响。你长在高寒山区，就注定要承受风霜雨雪；你长在温室里，也要承担"若温室拆了，你有可能经不住风吹雨打"的后果。没有任何一个人的原生家庭是完美的，真要诉苦，每个人都能讲出一万个不同的悲惨遭遇来。

从另外一个层面来讲，只有原生家庭才会影响和伤害一个人吗？学校、朋友甚至路上遇到的一条疯狗，都可能会影响到你。

进一步讲，只有童年的经历才会影响一个人吗？成年以后，老了以后，我们就不会受到环境的影响？不会再遭受伤害？

没有人能拥有事事如意的人生。仔细想想，活到现在，我们也曾经历过很多美好的事情，这些美好的事情也会对你产生影响。整天抱着"受害者"的心态过日子，让原生家庭为我们的人生失败"背锅"，实际上也是一种"婴孩"心态。

除去那些穷凶极恶的父母，绝大多数父母都是普通人。有时候，站在他们的角度想一想、看一看，竟会觉得心疼，因为他们的生存环境比我们更恶劣，他们吃过更多的苦、受过更大的难……他们的父母说不定已经入土，他们的人生也曾过得那么艰难，他们又该找谁去负责呢?

不停控诉"原生家庭"只会让自己戾气更重,而透过父母的局限去认识和疗愈自己,并且以更宽厚的爱和更科学的方式去滋养下一代,这才是一个更值得期待的美好过程。

在这一点上,荔枝小姐估计还有很长的路需要走。

第二,想"赢"和想"爱"是两回事。

现实生活中,只要一出现"二女争夫"或"二男争妻"的情节,就难免变得很狗血。

在我们不懂事的年纪,难免会好胜心切。

所谓"瘦田无人耕,耕开有人争",一件东西、一个人,你"食之无味"本想放弃,但若是另外一个人冒出来说:你不想要了就给我。你立刻又会觉得"弃之可惜",起码不能便宜了别人。

反映在爱情上,也是这种心理。

我们总想以某种方式跟另外一个同性一决高下,仿佛在这场战役中,你获得了"所争之人"的青睐,你就是更有魅力的一方。

争的双方,看似很主动,但实际上都把自己视为一种"客体"。你的价值,并不是你自己说了算,而是跟另外一个人比较出来的,是由"被争的人"投票选出来的。

生活中百分之九十以上的"二女争夫"或"二男争妻",最终都会落个一拍三散的结局。真正的爱情,是不会让人犹豫的。

站在中间被争的人会犹豫,往往是因为对两个都不够爱,又或者是他太贪婪,而贪婪,会成为杀死感情的最大元凶。

站在两端努力争取的人呢，最想要的结果便是"赢"，"爱"反而被放到其次考量。到后来，往往是赢了"人"而输了"爱"。

第三，在爱情与面包之间，我先选后者。

曾经有这样一道测试题：

L 代表 LOVE（爱），

S 代表 SEX（性），

B 代表 BUSSINESS（事业），

H 代表 HOME（家庭），

M 代表 MONEY（金钱）。

这几个字母在你心里的排序是怎样的？

年轻的时候，我可能会把 L 排在前面。在那种"有情饮水饱"的年纪，我也是一个不爱会死的人。只是，如今，见识过现实的残酷以及人性的诸多脆弱之后，我会把 H、B 排前面。

也许是长大了，也许是变老了，也许是更现实了，我觉得爱情就是荷尔蒙的作用，是一种盲目又冲动的情绪。我当然需要爱情，但不再把它视为生活的全部。

很多人遭遇感情失败，依然可以活得光鲜亮丽，而荔枝小姐承受无尽委屈却不敢走出离婚这一步，说到底，差别正在于：你手里有没有余粮，有没承受和修复糟糕后果的能力。

在电影《喜剧之王》里，男主角尹天仇对着柳飘飘喊："我养你！"

这话让坐在车里的柳飘飘哭成泪人，我们看了也觉得感动，因为它是一句实实在在的情话，比"我爱你"更动人。可那毕竟只是电影，现实生活中当丈夫对妻子说出"你也不看看是谁养着你"时，妻子听了就未必好受了。

这种"养"，是建立在男权话语的基础上的。

在一些男人那里，女人生儿育女、家务劳作创造的价值是不被承认的。一个家庭，若想请个保姆、家教，无论古今中外，都得付费。但是，妻子在家里做着同样的事儿却没有人给钱，不仅不给钱，一些丈夫觉得连估值的必要也没有。他们认为：你花的钱是我给的，是我养着你的。

在中国，家庭主妇是风险最大的职业。运气好的，你的价值得到承认，与丈夫过着花好月圆的日子。运气不好的，便如同故事中的荔枝小姐一样，处处被看不起。若有一天老公出轨了，你离也不是，不离也不是。

在这里，我们不是在鼓吹"只要婚姻出了问题，就应该以离婚解决"。生活的主动权永远在你手里，只有你才知道什么样的生活最适合自己，只有你才是自己生活的专家，只有你才知道你可以为了婚姻牺牲、妥协与付出什么。

在离婚与否的问题上，你做的任何选择，都应该得到尊重。只是，拥有婚姻之外的财产权、兴趣爱好和交际圈，确实很重要。

把自己的幸福建立在他人身上，总归是不大靠谱的一件事。有时候，人生像是伊甸园、风和日丽、岁月静好。可有的时候，人生如战场，剑拔弩张、哀鸿遍野，你要上阵杀敌，也得先看看自己端的枪里是不是有子弹。

是这种安身立命的本事，让我们不害怕失去。这里的"不怕失去"，说的不是不愿珍惜所以"作威作福"，而是"底气"：因为我不怕失去你，所以我可以跟你平等相处。只有不害怕失去，你才能更好地珍惜。

你得先谋生，再谋爱。有了面包，有了一技之长，有了安身立命的本事，你才可以理直气壮地对那个人说：面包我自己有，你给我爱情就好。

如果那个人不愿意再给你爱情了，你也可以潇洒地转身。没了他，你至多痛苦一顿，不至于会饿死。离婚后，你还有更多的自由与空间修炼更好的自己，也有机会发现一个更加宽广的天地。

叶子小姐的故事：
"我曾为了面子不敢离婚"

001 ///

叶子小姐是在微信里，断断续续地给我讲完她的故事。

她开门见山地介绍自己："我是一个拿台湾身份证的S市女人，离婚有十五年了。"

二十岁那年，叶子通过朋友的介绍，认识了在中医学院读书的麦子先生。当这个高个子台湾人开始追求她时，她觉得既新鲜又开心。

那时，他们每天都见面，麦子先生会坐一小时的出租车把早餐送给叶子小姐，每天下班会接她共进晚餐，然后两个人一起逛街、看电影、散步……八个月之后，麦子先生向她求婚，她答应了，因为她觉得不会有人再像他那样对她。

叶子小姐的父母对麦子先生颇有微词，因为麦子先生当时还没有工作，而且又是台湾人。可叶子小姐不在乎，执拗要嫁，她觉得对方只要是爱自己的就好。

叶子小姐的父母虽然不乐意女儿嫁那么远，但最终还是点头同意了这门婚事。麦子先生就用父亲给他的钱办了一场婚宴,麦子先生的父母说太忙了,走不开,没出席婚礼。

两个人婚后过了一段比较甜蜜的日子。两年后,叶子小姐怀孕,麦子先生毕业,麦子先生的父母希望叶子小姐能去台湾生小孩,叶子小姐就跟着丈夫去了台湾。

踏入麦子先生家门的第一天开始,从来没做过家务的叶子小姐就当起了"二十四孝好媳妇",开始负责全家的早中晚三餐和所有的家务。三层楼的地板,她经常要跪在地上擦。对此,叶子小姐也没有太多怨言。

那时,她孕吐很厉害,每天做完家务、煮完饭菜后,就完全吃不下任何东西,瘦了整整十斤。叶子小姐怕这样下去会流产,就回大陆S市父母家保胎,怀孕八个月时才回了台湾,生下了大女儿。

叶子小姐生下孩子三天后就出院了,接着就开始了独自在家带孩子的日子。大陆人都讲究"坐月子",可在婆家,叶子小姐没享受到这种待遇。产后,她独自给宝宝洗澡、洗衣服,什么都要自己来。她常常坐着给孩子喂奶,喂到自己的腰像针扎一样痛,也没人帮把手。

两代人在育儿方面存在很多观念差异。叶子小姐产后奶水不足,但丈夫和公婆不让买奶粉,说只要宝宝肯吮吸,她就会有奶水,可因为奶水不足,宝宝一直哭闹不止。就这样过了十天,麦子先生受不了了,偷偷出去买了奶粉,宝宝吃饱喝足了才不再哭闹。

后来,麦子先生出去工作了,留叶子小姐单独在家里带孩子,和公婆相处。叶子小姐常常背着宝宝做家务,每天都需要做好一家五口人的三餐,要跪着擦地板。叶子小姐说:"那段时间,他们吃的饭菜都是我用眼泪煮的。"

宝宝快满月那天,叶子小姐身体实在不适,就没有下楼煮饭。公公看到她后,十分不满,骂骂咧咧地出门找吃的去了,留她一个人愣在原地,看着冷锅冷灶流泪、发呆。

麦子先生受不了叶子小姐的哭哭啼啼,也听够了自己父母对这个大陆媳妇的闲言闲语,下班后也不按时回家,叶子小姐感觉他可能是有外遇了。

叶子小姐想离婚,打了个电话回S市父母家。她爸爸跟她说:"你嫁到台湾,身份证都没拿到就离婚,我们家丢不起这个脸。你想要回S市可以,先拿到台湾身份证,或者有本事在S市买房买车再回来,否则不要回来。"

叶子小姐的妈妈开导她说:"你再忍忍吧,再过几年就可以入台湾户籍了,你拿到台湾身份证再离吧!小孩你都带回S市,我帮你带,你可以安心出去工作赚钱。"

那年叶子小姐才二十五岁,她想:"我一个没钱没工作的女人,面对这一切能怎样?为了这个婚姻,我放弃了S市三级甲等医院药剂师的工作,在周围人艳羡的眼光中远嫁台湾,现在真的没脸回去。"

抓到麦子先生外遇的证据后,麦子先生也曾跪下来求叶子小姐原谅他,说他再也不会了。叶子小姐相信了,甚至开始自责没能为身为长子的麦子先生生个儿子。

在公婆施加的压力下,叶子小姐和麦子先生决定再生一个,结果又是女儿。

产女后住院的三天时间里,叶子小姐痛得下不了床,公婆也没来医院看她一眼,麦子先生每天买外卖给她吃,但从不陪她过夜。

出院那天,叶子小姐打电话回家,想叫麦子先生来接她们母女出院。电话是公公接的,第一句便是"你老公不在"。叶子小姐很愕然,公公说:"他不是每天都在医院陪你过夜吗?晚上都没回来睡过。"

叶子小姐那会儿才知道,原来麦子先生就没停止过外遇。

002 ////

小女儿两岁的时候,叶子小姐在家里当保姆也当够了,就把两个女儿都送回S市让自己的爸妈照顾,她则到一家百货公司当导购员,休假日就帮别人代班。她情愿每天工作二十四小时,也不想回到那个家。

叶子小姐上班后,公婆各种不乐意,每天在麦子先生耳边说"你老婆每天穿得花枝招展出门,定是外面有男人""这种女人就是欠打"之类的话。

有时候,叶子小姐晚下班半小时,回到家里就会被公婆骂。有一回,叶子小姐忍无可忍,跟公婆大声说:"你们想要的不是一个儿媳妇,只是一个免费的佣人!"

这是叶子小姐第一次与公婆大吵。公公气坏了,一等儿子回到家,就说儿媳妇大逆不道,要儿媳跪下求他原谅。叶子小姐的犟脾气也上来了,说什么也不肯道歉,没想到麦子先生拽着她,硬要逼她下跪道歉。

叶子小姐说："我没错，为什么要道歉，为什么要我下跪？！"

麦子先生一个耳光打过来，问她："跪吗？"

叶子小姐说："不跪。"

公公说："再打，打到她跪！"

麦子先生人高马大，身形差不多是叶子小姐的两倍，他每一个耳光打过来，叶子小姐眼前就一片黑。被扇了十几个耳光后，叶子小姐屈服了，她想着"好汉不吃眼前亏"，朝着公公跪下了。

公公问她："我们家对你好吗？"

叶子小姐木然地回答："好。"

公公说："那你记住我们对你的好。"

叶子小姐说："我会的。"

从那一刻开始，叶子小姐的心就死透了。

从那以后，她在家里变得很安静，不吵不闹，从不问不回家的麦子先生在哪里、做什么。

这期间，她还要承受麦子先生对她实施的性虐待。她静静地忍受着，努力地赚钱。公婆骂她，老公打她，她就笑一笑说"好的，我会改"。

入台湾户籍的那一天，终于被她等到了，耗时整整十一年。办手续的时候，工作人员恭喜她，问她开心吗，叶子小姐平静地说："我已经等到没有感觉了。"

拿到台湾身份证后，她问麦子先生："你还要跟我继续生活下去吗？如果要，你就跟外面的女人断了。我们搬走，离开公婆，自己努力买房子,把两个孩子从S市接回来,我们一家四口在一起住。"

麦子先生大概是不舍得放开这么一个对自己百依百顺、为自己做牛做马的女人,答应了。两个人都看好房子,准备要签约了,公公又说不同意了,原因无非是:家里的房子哪间都比你们自己要买的好,更何况,麦子先生是家里的长子,长子一定要跟父母住,否则以后遗产就不留给他了。

麦子先生一听,立刻就打了退堂鼓。

某天晚上,麦子先生照例没有回家,叶子小姐跟踪了他,发现他其实一直没跟情人断了联系。他下班后并没有加班、应酬,而是直接去了情人家里,半夜一两点钟才回家。

那天,麦子先生回家后,叶子小姐跟他说:"我们离婚吧!我感谢你让我入了台湾户籍。我嫁你时没有要过你家的钱,我走也不要你的钱,孩子一人一个,老大我自己养,不要你一毛钱的赡养费,只要你还我自由。"

离婚之后,麦子先生死缠烂打地纠缠了叶子小姐一段时间,叶子小姐能躲多远就躲多远,她实在不想再跟他有任何交集了。

离婚后十年的时光里,叶子小姐真正独立起来了。她努力做生意赚钱,在台湾买房买车,过上了她想过的生活。她说:"我现在一个人过得很开心,只是不敢再结婚。一转眼,我都离婚十年了,女儿今年都要读大学了。那段经历已经过去了太久,久到很多细节我都要忘记了。你看,很多伤痛都是可以淡忘的,我也希望自己只记得些开心的事。我很感谢那段经历,是它让我真正地长大了。"

003 ///

当你对别人有所求,你也就有了任人拿捏的软肋。叶子小姐的软肋,就是孩子、户籍、面子,所以当公婆、丈夫肆无忌惮地伤害她时,她选择一忍再忍。只是,当这些身外之物成为一个人的软肋之时,我们就会投鼠忌器,让自己的人生变得无比被动,错过解决问题的最佳时机。

我问叶子小姐:"你遇到的这些事,换我一件都忍不了,可你忍了整整有十一年。为了面子、孩子、户籍,你觉得这种忍耐值得吗?"

叶子小姐回复:"那时候还是太年轻,以为忍耐和退让能等来幸福。现在回想起来,我都觉得自己脑子进水了。"

仔细想想,不管是面子、金钱、权势、地位、户籍,都只是身外之物。"为了孩子"看起来是一个很伟大的借口,可实际上你若是连自己都保全不了,自己都过得很痛苦,又如何能给孩子幸福?

从某种意义上来说,叶子小姐的公婆和丈夫那么对她,也是她默许的。

很多女性在婚姻中往往会有这样一种想法:"降低底线,我或许可以得到更多。"其实不是这样的。底线是一条分界线,它能决定我们拥有什么。

面对一个不合适的人,百忍成不了钢,反而会让你成为任人搓扁揉圆的橡皮泥。**底线一降再降,别人就会得寸进尺;底线寸步不让,别人就会适可而止。**当对方做出一些严重伤害到你的不当行为时,你需要立即亮明和捍卫自己的底线,让对方明白自己的行为会带来怎样的后果,否则,你的一忍再忍,只会换来对方的变本加厉。

004 ///

在叶子小姐的这个案例中,令我不解的还有她父母的态度。如果真的爱女儿,怎么会建议女儿在不幸的婚姻里苦苦挣扎,只是为了成全自己的"面子"呢?

为了所谓的面子,让子女忍受一段不幸福的婚姻,这不是在积德,而是在造孽。君不见有多少劝女儿忍受女婿家暴的父母,最后只能等到女儿被女婿活活打死的悲剧?

这样的父母在现实生活中比比皆是。他们认为儿女没有过上令人艳羡的物质生活,就是折损了自己的面子。他们大多有一个特点:把自己的价值观建立在儿女身上,儿女出息了自己就长脸,儿女没出息就觉得自己被打脸。他们只把儿女当成出人头地、光宗耀祖的"工具",却忽视了儿女是一个独立的个体,有他们自己的悲欢喜乐。

在一些长辈的观念里,儿女离婚是一件很丢人的事,会让他们也跟着蒙羞。他们认同"好女不配二夫"的观念,认为女人就得"嫁鸡随鸡,嫁狗随狗",即使无法容忍男人的缺点与错误,也要从一而终。恕我直言,我觉得这是对女性权利的束缚和人格的羞辱,是封建思想。

离婚不是一件光荣的事,但离婚也不丢人。事实上,离婚是重新选择一种生活的契机，是法律文明、社会文明的体现。

两个人相爱的时候，总以为可以携手走一生，但人会变，人和人之间的关系也会变。婚姻就像人的肌体一样，不是静态的、固化的，而是动态、变化的。夫妻关系走向恶化，就像一个叫作"婚姻"的肌体长了恶性肿瘤，若不及时切除、治疗，婚姻将饱受病痛折磨，身处其中的人也会深受其害。

有的婚姻是保险箱，但有的婚姻搞不好是一个烤箱。你真的忍心为了面子，让自己或自己的亲人在烤箱里备受煎熬吗？

真的很庆幸叶子小姐勇敢地从那段不幸的婚姻大坑里爬了出来，并且活出了自我。

离婚不仅仅是一个法律过程，还是一个心理过程。俗话说"一朝被蛇咬，十年怕井绳"，很多离婚者难免会落下阴影，对婚姻会产生恐惧心理。这种害怕的感觉是正常的，也不是全然没好处的，至少，它能让我们对危险保持警惕，保护我们自己不再受同类事情的伤害。

真心希望叶子小姐能再次相信自己，相信爱情。因为下一份爱情，你是在和不一样的人相处，你自己也变成熟了，学会保护自己了，别人即便再想来伤害你，你也不会让他们轻易得逞了。那么，如果真的有爱情来敲门，勇敢接受就好。

第二章

向上生长，与自我和解

木子先生的故事：
有些爱情，我们负担不起

001 ////

我是在闺蜜那里断断续续听到了木子先生的故事。

木子先生不是老师，而是一家公司的老总，因为在大学搞了个"客座教授"的头衔，所以大家都习惯叫他"木子老师"，而不是"木总"。

闺蜜是木子先生的下属，在公司做行政工作。木子先生经常会让她出面去处理一些家事，比如让她帮忙去4S店修车，让她帮忙去办理煤气过户手续，让她去车站接他老婆，等等。

闺蜜每次处理得很烦，就找我来抱怨："我就是公司的大保姆和他们家的大管家，你说这是不是小公司的通病啊？"

抱怨归抱怨，这些事情闺蜜还是完成得有条不紊，有时候还会把男友抓上一起去办。她说："我老板人挺好的，就是公私不分。"

木子先生的确是个好人，热心、仗义，工作能力不错，人品和人缘都是有口皆碑。还在上大学的时候，木子先生就谈了一个女朋友，我们暂且叫她古月小姐。

木子先生和古月小姐是大学里声名远扬的学霸，包揽了学校多项奖学金。如果要让他们两个人较量一下的话，古月小姐应该要比木子先生更厉害一些。两个人一起去参加考试，木子先生偶尔会败北，而古月小姐从来没失过手。两个人刚在一起的时候，应该还是有很多美好回忆的。智商相匹配的两个人，聊起各种学术、哲学问题来，简直就是棋逢对手。

大学毕业后，木子先生选择参加工作，地点在深圳。工作两年后，他辞职，跑到G市自主创业。古月小姐则选择了去国内一流的大学里读研。

在古月小姐读研二这一年，两个人领了证，找来几个亲戚朋友吃喝了一顿，就算是结婚了。古月小姐不是那种虚荣的女人，穿戴跟高中女生一样朴素，对婚礼这种繁文缛节也不甚在意。她是"学究型"女人，特别喜欢跟书籍、数据、理论等打交道，唯独不喜欢跟人打交道。你甚至可以说她毫无"女人味儿"，只有"学究味儿"。她不会做饭，不会做家务，不会打扮，因为她对这些事情毫无兴趣。

研究生毕业后，古月小姐到S市一家五百强企业工作。木子先生当初是希望她也来G市的，但还是选择了尊重她的意愿。

为了让她在S市有家的感觉，木子先生还在S市买了套房子给她住，可古月小姐干了没几天，觉得自己无法忍受朝九晚五的坐班生活，就把工作给辞了。

一次偶然的机会，古月小姐得到了一次出国深造的机会。她非常喜欢做研究、搞学术，这样的机会自然不容错过。木子先生也只好尊重她的选择，由她去了。

002 ///

古月小姐在国外留学期间，过得挺充实的。她每天忙着做研究、写论文，木子先生则忙着创业、拓展业务。两个人各忙各的，偶尔打打电话。

古月小姐一放假，木子先生就给她买好机票，让她回国来看他。难得的是，离得这么远，两个人一年大概也就见两三次面，却都没有因为"空虚寂寞冷"而出轨。

古月小姐很喜欢在美国大学里搞研究的生活。那里人际关系相对比较简单，她天天泡在实验室里，跟各种仪器、数据打交道，过得"乐不思蜀"。

木子先生的事业发展得也挺顺风顺水的，逐渐在业内有了些名气，行业内最权威的杂志采访他，还聊到了他的感情。他没有正面回应，只是说了一段特别有哲理的话。

有一天，闺蜜把那段采访发来给我看。我一看，有点摸不着头脑。按理说，我的文学素养还不错，但我愣是看不明白那段话的意思，因为太绕了，说得云里雾里的，几乎完全回避了记者提出的问题。

我跟闺蜜说："我感觉这两人感情不大好，木子先生好像在努力地说服自己从一而终呢。他为古月小姐付出太多了，估计也不想这些付出打了水漂吧。"

事实上，古月小姐真的曾动过不愿意再回来的心思，但一想到这样做，就很对不起只想留在国内发展的木子先生，加之以她的条件要拿美国绿卡存在相当大的难度，所以留学生涯结束后，她还是选择了回国。

回国之后,两个人的问题就来了。古月小姐去高校找工作,但无法适应国内高校复杂的人际关系以及各式各样的课题、任务,干了不到一年就甩手不干了,随后赋闲在家。

闺蜜跟古月小姐打过几次照面,她对古月小姐的评价是这样:"感觉她真的不大会待人接物。有一回,他们两个人吵架,木子先生可能想赔罪,就叫我给她送一箱子荔枝过去,结果你知道怎么样吗?我到了他们家门口,打电话给她,说我已经在楼下了,那边不好停车,让她下楼来拿一下。结果,她直接冲我发飙:谁让你送来的?他呢?他怎么不来?死了吗?你回去吧,我不要。"

闺蜜说到这件事时,一脸委屈:"他们俩吵架,那是他们俩之间的事儿。我只是负责送个荔枝,我得罪谁了?你说,如果换作是你,你对老公有气,会撒到帮他搬运东西的人身上吗?"

古月小姐其实对闺蜜没什么恶意,但就是性子很直,中国人在沟通时常用到的迂回战术,她一概不会。

没过多久,古月小姐来办公室找木子先生,说家里有蟑螂,她不敢回去住。木子先生当时刚好出差了,就让她去住酒店,但她说一个人住酒店很害怕,于是,木子先生只好求闺蜜把古月小姐先带回家。

古月小姐到闺蜜家,也很不客气,完全把她家当成自己家,但她很少跟闺蜜有交流,几乎完全活在自己的世界中。住了两天,闺蜜受不了了,打电话叫木子先生赶紧回来,把她接走。

那一次事情过后,闺蜜又来找我吐槽说:"我老觉得古月小姐怪怪的，说不上哪儿怪，但就是觉得她不像个正常人，我估计这俩人真会离。"

003 ////

没过多久，闺蜜跑来跟我八卦："古月小姐抑郁了。"

我问："抑郁？严重吗？"

闺蜜说："很严重，医生诊断说是精神分裂，需要住院治疗，但是古月小姐自己不这么认为。所有给她看病的医生，都被她骂是傻子。她讲的那些心理学概念以及对心理医生的反驳，逻辑无懈可击，直接把心理医生怼得哑口无言。"

我疑惑不解："那或许不是精神分裂吧？她只是跟普通人不大一样。"

闺蜜也一脸困惑："在住院之前，她每天都怀疑自己家地板下有蟑螂，然后把地板都撬了起来。上次我去她家见到她，真的被吓了一跳，她家里乱得根本落不下去脚，撬起来的木地板堆了一地。她衣衫不整地站在房子中间，看到我们也不跟我们做任何交流，视我们为空气。"

闺蜜分析说："两个人的感情出现问题，应该是她得精神分裂症的导火索。她刚从美国回来时不是这样的。"

古月小姐被父母接回了老家，送进了医院。她坚持称自己没病，跟家人大吵大闹。随后，家人受不了了，又把她送回木子先生身边。

木子先生掌管着整个公司的生死存亡，公司上上下下几十号人都需要靠公司的业务糊口，他根本走不开，也没什么时间亲自去照看古月小姐,就给她请了护工。

岂料,护工请了一个又一个,但都被古月小姐骂走了。没办法,木子先生让自己的姐姐辞了工作过来照顾古月小姐,他按月给姐姐开工资。

他姐姐照顾烦了,也很生气,对着木子先生抱怨:"她每天都在骂这骂那,说国内这里不好那里不行,每天都吵着嚷着要回美国。真不知道你怎么受得了她的,你们俩干脆离了得了。"

木子先生说:"现在她病了,我不能离。这件事儿等她病好再说吧。"

004 ////

没人知道古月小姐为什么会精神分裂。

是因为太看重这段关系,所以一旦两个人之间出现点什么问题,就无法承受?还是仅仅因为她一直活在自己的"美国梦"中不愿醒来?又或者,她仅仅是病了。

她的精神状况时而正常,时而疯癫。一到晚上,病情就加重。

她开始出现"幻听",时常对着空气说话、发怒,还出现了被害幻想症:路人看她一眼,她就认为是在挑衅她;看到小孩子吹泡泡,她就认为别人想毒死她;医院的医生和护士一走近,她就认为他们是要来取她的器官……

到最后,木子先生的姐姐也受不了她了,提出要把古月小姐送去她父母家。

闺蜜说:"有时候觉得她也挺可怜的,像个皮球一样被两边踢来踢去。不过,我这也只是'站着说话不腰疼',照顾一个患有精神分裂的病人的滋味,估计只有照顾过的人能体会。"

对木子先生而言,那可能是他人生中最黑暗的一段时期。没过多久,他被确诊脊髓炎。这个病被称为"不死的癌症",严重的时候无法站立、行走。

这一次,木子先生自身都难保,古月小姐的父母不得不接收自己的女儿了。于是,古月小姐又被送回自己父母家,接着住院治疗。

木子先生的病情刚刚好转一点,就马上回到了工作岗位上。他不是富二代,一切只能靠自己,治疗他这个病以及古月小姐精神分裂症的医疗费实在太天价了,他不得不拼命。

那段时间,闺蜜又跑来跟我吐槽:"你说我们这木子先生是不是也精神分裂了?他有一天居然跟我说,公司的目标是要在'新三板'上市。比我们公司规模大很多倍、实力强很多倍的公司都不敢提这样的目标,这二三十个人的小公司也能上市?真是要笑死我了。"

我说:"可能他真的很缺钱吧?"

闺蜜说:"缺钱可以卖房子啊。"

木子先生的房子在S市,不到万不得已他并不想卖。在G市,他也有一套房子,不过那套房子是某大学聘请他为"客座教授",给他免费住的。木子先生只有居住权、使用权,但没有产权。木子先生跟古月小姐感情僵化以后,他就搬了出来,所以那套房子一直由古月小姐住着。古月小姐住回父母家以后,那套地板、墙皮被撬得七零八落的房子就一直空着了。

木子先生和古月小姐的婚姻走到了这步田地，已经名存实亡了。对木子先生而言，他现在自身难保，也只是尽自己最大的能力履行对妻子的扶助义务。

两个人谁也没有提离婚，陷入了僵局。

005 ////

就这样僵持了一年左右的时间，古月小姐终于主动提出来说要离婚。

提出离婚的时候，她表现得特别冷静、理性，像是精神分裂症全好了一样。

她起草了一份离婚协议书，发给木子先生签字。木子先生一看就傻眼了。协议书上写明：木子先生名下所有的财产，全部归她所有。这是她同意离婚的条件。

协议书写得条理清晰，木子先生名下所有的财产也列得一清二楚。

古月小姐提出来：S市的房子归她所有，几月几日前必须完成过户手续；木子先生的股票、公积金、银行卡账户里所有的钱归她所有，余额精确到了元角分；木子先生在公司的股权折合成人民币给她，如果现在给不了，就让木子先生写个借条，几年内慢慢还，还清为止；就连大学里那套房子出租的租金，也要归古月小姐所有。

闺蜜把那份协议拍了照片发给我，我看了看说："这写得够专业的啊。木子先生怎么想？"

闺蜜回答:"他苦笑了一下,然后拿这份协议给我们看。说是只要能离成婚,这些都给她吧,她现在也可怜。"

我学过一点法律,这中间的曲直我还是懂点的。如果木子先生不同意,他还是可以起诉离婚,而且如果起诉的话,古月小姐绝对拿不到这么多财产,能拿现在的一半就算不错了。当然,这样做的后果便是:两个人要对簿公堂,而且这件事儿要拖上很久才能了断。

木子先生不是不懂法,或许他是真心愿意净身出户,又或许是没有耐心继续耗下去,这些条件他全盘同意了。

离完婚那天,木子先生如释重负,但又显得狼狈不堪。

他请闺蜜和她男友出来吃饭,然后在饭桌上哭丧着脸说:"我现在什么都没有了,没房子,没钱,只有难治好的病,还有一屁股债。她真的够狠,明知道我有病,连治病钱都不肯留给我一分。"

按照他和古月小姐的协议,离婚五年内他要将全部收入交给古月小姐,才能抵扣掉他离婚时"自愿赠送给她"的公司的股权。

这相当于是签了五年卖身协议。

006 ////

木子先生离婚后,我就很少再听闺蜜讲古月小姐的八卦。

闺蜜只说,古月小姐回到了父母家,离婚时财产分割上又占尽了便宜,所以没有再来找木子先生的麻烦。

我忍不住"心理阴暗"地问了一句:"她精神分裂是不是真的?会不会是离婚争财产的一个策略?"

闺蜜回答:"那不会,她不会有这种心机。我估摸着可能是她家人的主意,又或者,她自己也意识到,以后估计很难再找到像木子先生一样肯对她的人生负责的男人了。"

离婚后的木子先生,每天努力工作,时不时跑去医院治疗"脊髓炎"。也是老天眷顾,那几年公司业务飞速发展,木子先生花三年时间就提前还完了欠古月小姐的钱。

从此,他跟她再无瓜葛。

我和闺蜜偶尔也会聊起他的八卦,闺蜜说:"最近木子先生老说他年纪大了,想要个孩子。一见到孩子,他就父爱爆棚。你想啊,他都四十岁了。"

我说:"离婚男人还是挺好找对象,何况他和古月小姐没有孩子。他人品还算过得去,对前妻够仗义,挣钱能力也还不错。"

闺蜜说:"也是。换我,也宁愿找一个离婚时对前妻大方点所以自己不剩啥钱的男人,也不愿意找那种腰缠万贯但对前妻赶尽杀绝的离异男。"

没过多久,闺蜜又跑来跟我八卦:"你知道吗?木子先生谈恋爱了。对方人在S市,条件还蛮好的,二十八九岁,研究生毕业,没结过婚,还在S市有套房子。"

我问:"以后做异地夫妻?"

闺蜜回答:"不是,女方愿意卖了房子跟他来G市。关键是,两个人马上就要办婚礼了。"

我有点惊讶:"这么快啊?"

闺蜜继续回答:"据说女方都怀孕了。你说木子先生怎么运气这么好啊?女方也不嫌他身上有病、经济基础差。"

"这下好了,木子先生又啥都有了。欠前妻的钱还完了,公司是他自己的了。女方卖了S市的房子来G市买,他也跟着有房子住了。现在,人家有事业、有房有车、有老婆、有孩子……该有的都有了。"

我追问:"那古月小姐呢?"

闺蜜说:"不知道。没有人再听到她的消息,木子先生也没说。人各有命,随它去吧。"

007 ///

这算是一个完整的故事吗?

严格意义上来说不算,它只是一段我道听途说来的真实的人生片段。

讲真实故事和写小说不同,小说可以设置很多戏剧冲突,结局也可以随心设定,作者可以有上帝视角,而真实故事不行,真实故事大多没有结局,情节却很逼真。而且,真实故事的记录者所能见到的,只是当事人生活的一个横切面,并不是全部的真相。

这个故事的基本脉络是这样:一对校园恋人,毕业后渐行渐远。两个人都曾为这段感情努力过,但最终在现实的考验面前双双败下阵来,最后看起来更弱势的一方选择了兵刃相见。随后,两个人都有了各自的生活,此后再无交集。

在这个故事中,更具体的细节外人无从得知。在旁人眼里,这不过是万千离婚故事中最普通的一个:一对曾经的校园恋人毕业后遭受到了命运的考验。考验双方的并不是寻常的东西，而是普通人避之不及的"精神分裂症"以及"不死的癌症"。

我们每个人都希望：自己遇到病痛、磨难的时候，身边那个人还能对自己保有最大的包容，并且对自己不离不弃。

只是，没多少人希望自己去做"对伴侣不离不弃"的那个人，因为每个人都知道承受这一切有多难。

008 ////

西方婚礼上，牧师总喜欢问新人一句话：你是否愿意这个人成为你的伴侣并与他缔结婚约？无论疾病还是健康，无论贫穷还是富有，或任何其他理由，都爱他，照顾他，尊重他，接纳他，永远对他忠贞不渝直至生命尽头？

很多人只把这句话视为是一种仪式性的说辞，而不是"承诺"甚至是"合同"。

当我们满怀欣喜地说出"我愿意"时，心里想的可能只是："此时此刻，我愿意和对方在一起。"那些"永远"因为遵守、实现起来太难，注定只能成为一种美好愿望。

有这样一个伦理题：船要翻了，船上只有一块浮板。你和伴侣都在船上，都不会游泳，而浮板只能承载一个人的重量。得不到浮板的人，必死。你会怎么办？

抢来浮板，选择自己逃生的，这是求生本能。

不顾自己的性命，要保爱人周全的，这是爱。

不管选哪个答案，都只是一种选择。我们都希望自己遇到的爱人是第二种，但也没法保证事到临头自己不是第一种。

大难临头时，有的夫妻选择各自分开，有的选择一起面对。

在选择一起面对的夫妻中，没有遭难的那一方注定是要付出更多的，但也正因为这样，才显得他很难得。

想要别人跟你"共患难"太难了，它需要两个先决要件：第一，对方人品好、靠得住；第二，你对对方也足够好。

前者考验我们的眼光，后者验证我们的日常积累。

如果伴侣人品立不住，那你对他再好也没用，说不定事到临头他还会落井下石插你一刀。如果伴侣人品够好，但你平时待对方不够好，那等你遭难时，对方能给你点人道主义关怀已是仁至义尽。

就像《丈夫得了抑郁症》那部电影里的女主角一样：女主角的丈夫曾经对她好过，她才能在丈夫得了抑郁症时产生了跟他并肩对抗病魔的勇气。丈夫抑郁期间，得到过妻子那样不离不弃的关怀，日后倘若妻子得了重病，相信他也不会临阵逃脱的。

我们对伴侣的好，是会镌刻到伴侣的生命中去的。这些好，积累到一定程度以后，关键时刻能给你宽慰，免你受更多的苦，甚至能救你一命。不信，你可以去医院里看看，你会发现：那些在病房里悉心伺候伴侣的老人，大多是年轻时被躺在病床上的伴侣善待过的。

在我们讲的这个故事中，木子先生人品够好、够靠得住，所以他才会在得知古月小姐得了精神分裂症以后，不遗余力地花钱给她治病，所以才能在净身出户后还能遇到愿意爱他的姑娘。

相比之下，古月小姐为他做的，似乎显得少很多。在她没有生病之前,她几乎每做一个决定都只想着自己,木子先生只有"尊重她选择"的份。如果当初古月小姐也能像木子先生爱她一样爱木子先生,那么,木子先生最后会不会像《丈夫得了抑郁症》的女主角一样,专心陪她治好精神分裂症也未可知。

真正的爱,应该是双向流动的。真正"不计回报的爱",我相信在这世界上是很少的。**夫妻作为一个命运共同体,不管是否遭遇人生变故,都理应风雨同舟、祸福同当、相互扶持、共渡难关、携手到老,直至生命终结那一刻,这才是夫妻关系的真谛。**

人生无常,福祸无眼,而我们所要做的,便是在大难没来之前,在人生变故没有发生之前,在生命没有终结之前,好好地对待身边那个人。

雪兔的故事：
有多少的"不珍惜"，借口都是"不合适"

001 ///

我是在微博上认识"雪兔"的，应该是她先关注的我。

那会儿，我还没有加V。有人转了我写在微博上的话但没注明来源，她跑过去给人家留言："这是我师姐写的，怎么就变成你自己的了？"

再后来，我结了婚并在微博上秀过几次恩爱，她通过我的微博顺手关注了我的前夫，还跟他有过几次互动。

那会儿的雪兔跟她的老公刚认识没多久，幸福得不得了，她老公也通过她的微博关注了我。几年过去，我们这一对已经散了，而他们那一对却越过越幸福。有时候，看他们在微博上互动，我又是感慨又是欣慰：有的人，是注定要分开的；而有的人，是注定要在一起的。

002 ///

前段婚姻过得最痛苦的时候，我夜夜失眠，半夜三四点钟还在发微博。某天早上五点多,她忽然给我发了一条私信,第一句话便是:"我劝你离婚。"

随后,她给我讲了她的故事,说她其实也离过婚。

这个故事开始于十年前。

她和他是大学同学。他比她小一岁多,是他先向她表白的。那一年,她二十五岁,却是第一次谈恋爱。

谈恋爱期间,两个人都很享受那段关系。她和他相恋三年多的时候,她家里发生了一点债务纠纷。她爸爸希望她和他能结婚,跟她说:"咱家这套在北京的房子惹上了官司,如果你们结婚了住进去,将来法院强制执行时,咱也有理由不搬出去。"虽然她并不认同父亲这样做,但还是选择了和父亲站在一起。他也觉得这也不算是个坏事,所以两个人就登记结婚了。

她后来说:"其实我觉得当时自己确实很冲动,我真的不应该因为父亲的一句话就跟他去领这个结婚证,但后来想想,好像我自己也没什么错,当时我们已经谈了三年恋爱,感情基础是有的,早结晚结不都是结嘛。"

进入柴米油盐的婚姻生活后,两个人也会时有争吵,可他们最终爆发矛盾,是因为她家的房产官司打输了。她说:

"其实官司输了,我们家也就是赔出去一套房子,钱还是能拿回来的,只是比预想中的要少一些,并不是说这日子就过不下去了。可他似乎很介意,并且说我跟他结婚是因为我父亲的主意,是因为房子,而不是真心爱他。

"当他在短信里跟我提出来要离婚的时候,我崩溃了。我当时很伤心地哭了,痛哭。我不明白他为什么一定要跟我离婚,让我变成一个离婚的女人。现在回想起来,觉得自己也挺可笑的,那时候我怎么会那么害怕自己会成为一个离异女人。

"我清晰地记得,他走的那天是11月9日,什么都没拿。我给他打电话,他不接,我给他发短信,十条就回我一条。

"我父母带着我去过他们家,看看离婚的事还有没有回旋的余地。回来以后,我就收到了他给我快递的东西,全是我给他买的礼物,钱包、腰带、衬衫……他一样都没留。

"分别了五个月之后,我们再见面了。他瘦了,胡子拉碴。我那时状态很不好,也很憔悴。他什么都没说,只是把离婚协议递给我。我故作潇洒地把协议拿了过来,说了一句'好吧,离吧'。

"我们去民政局两次才办成了离婚,第一次是因为资料没带齐。第一次去的时候,民政局工作人员还劝我们回来好好想想。其实我当时很难过,因为我并不想离婚。

"我觉得夫妻之间如果没有太大的问题,根本没有必要走到这一步。我也觉得房子官司打输了,根本就不能算是什么事儿。两个人既然打定主意在一起,就要一起去面对生活的惊涛骇浪,这么点事儿算什么呢?

"但是,每个人都有自尊心,我也不想让自己变得那么不堪。既然他义无反顾要跟我离婚,我也不想耽搁他,就爽快地跟他办了离婚手续。

"离婚后半年,我状态不大好。我不是那种能单身过一辈子的人，所以我希望能付出爱，得到爱。之后，也去见过七八个男人，但都不是特别理想。

"相亲真是一件让人觉得很耻辱的事情，我感觉自己就是一个商品，被人任意挑选。他们会嫌我个子矮，嫌我长得不够白，嫌我离过婚……后来我想，与其像菜市场的烂菜一样被人挑来挑去，我不如先单身下去吧。"

003 ////

后来，她还是遇见了现在的丈夫。

两个人是在网络上认识的。在那个虚拟社区里，每逢成员过生日，他几乎都能及时送上生日祝福。一开始，她也没注意到他，只是觉得这人好细心。

再后来，一次偶然的机会，她加了他的QQ，然后刚巧在他的QQ空间里看到一篇文章。文章写的是他想找一个怎样的女友，写得非常详细，包括脸型、身高、性格、哪里人、戴眼镜、长头发……

她读完以后哈哈大笑，心想："这人可真逗啊！把条件写得这么细，就是这世界上有一百万人能符合你的要求，人家又看得上你吗？"

看着看着，她忽然愣住了：咦？除了戴眼镜这一条外，其他好像我都挺符合啊。

反正闲着也是闲着，她带着调侃的心态给他留言："兄弟，你这说的不正是我吗？"

她当时真的只是开玩笑，却不曾想他真的很认真地向她发出邀约，约她在线下见面。

当时她刚换了工作，新的工作环境，新的同事，她想：一切都是新的开始，那我也去认识一个新朋友吧。

两个人一见如故，共同的爱好让他们互生好感。他很幽默，经常逗得她哈哈大笑。在认识一个星期的时候，她跟他坦白，她离过婚，而且也不打算要孩子。

她十几岁的时候确诊了糖尿病，亲生母亲也是因为这个病去世的，后来父亲娶了她现在的继母。她曾跟医生咨询过，医生说也可以要孩子，但她不想让孩子有患上这种病的可能，所以从那时候开始就打定主意不要孩子。

没想到，他说他根本不介意这些。这些情况，在后来见到准婆婆的时候，她也如实说了。

她说："我不想隐瞒这些，也不想做一个不诚实的人。对方能接受得了，我们就在一起；接受不了，就分开，也没什么大不了的。"

令她没想到的是，准婆婆跟她说："我自己也是离过婚的，在儿子还很小的时候就跟他亲生父亲离婚了。离婚真的没什么，生不了孩子也没什么，只要你们两个互亲互爱就好了，我不会因为你离过婚或者不能生孩子而对你不好的。"

我离婚的这一年，他们俩领了结婚证。虽然两个人没有婚房，婚后一直住在父母家，但他们一直过得很开心，与彼此的父母也相处和睦。

004

2015年3月,她的继母突发脑溢血,医院下了病危通知书。

知道这件事情的时候,她挺难过的,因为母亲去世后,继母一直待她很好。

此时,他站了出来,跟她说:"一定要把你妈妈给抢救回来,毕竟你爸爸这辈子太不容易了。"

彼时,他们的婚礼即将举行,她却完全没了办婚礼的心情,但因为请柬都已经发出去了,不得不办。

婚礼当天,她站在台上,看着台下觥筹交错的场景,却只想哭。

那段时间,她心情很差,担心继母会因病去世,也担心父亲从此以后孤独一人,所以常常会在半夜里哭醒。

令她感到温暖的是,她老公不停强调:"不管发生什么,我都跟你站在一起。"

她说:"继母住院期间,我老公对我特别好。我当时就在想,如果当时我是跟前夫在一起,我完全没法想象他会怎么对我。遇到这种事情,他大概也会离我而去吧。

"再后来,又发生了一件事情,让我觉得我真的是找对了人。2016年3月,因为身体的原因,我动了很大的手术,住院两个月。护士把我从手术室推出来的时候,我就看到老公守候在门外。

"当时我父亲顾不上我,因为我继母的病情也很严重。我公婆当时也生病了,没法抽出时间过来。那时候只有他在我身边。"

说到这里,她忽然哽咽了起来,然后抱歉地跟我说:

"不好意思,一讲到这里,我还是有点激动。

"我老公当时在医院里照顾了我五天五夜,寸步不离。是的,五天五夜。我当时就在想,父母也不能一直陪着我,后半生,在这个大大的城市里,我就和这个人相依为命了。"

005 ////

有一天,她发他们俩的照片给我看。照片里,两个人的脸贴得很近,所有的照片都是"画中画"的形式。

她说她和他相约每一年都要拍这样一组照片:把前一年的合影放在镜头里,以此类推。她还在QQ空间建了一个相册,取名为"每年的我们",至今已经存了很多张合影了。

她感慨:

"我觉得人生就像《哆啦A梦》里的时光隧道一样,一瞬间就过去了,但在这一瞬间中,你能藏下很多值得回忆的片段。就像电影一样,每一个镜头都是不一样的,但组合起来,就构成了你的一生。

"我觉得'日久见人心'这话是挺有道理的。不经历一些考验,我们可能永远没机会看明白枕边人是怎样一个人,对你的感情又是怎样。遇到对的人,好像做什么都会很顺。即便遇到坎坷艰难,两个人也能携手渡过。而遇到不对的人,你怎么做都是错的,做什么事都能感受到阻力,最终难免迎来一拍两散的结局。"

006 ////

这世界上哪有一帆风顺的人生呢?

既然人生充满磨难和坎坷，那么，两个人在一起，也难免会迎来各种各样的考验。能不能经受住这些考验，其实也在于当事人的态度，在于你心里对这段感情的排序。

有一些人，在出现考验和诱惑的时候，迅速将感情、家庭排在了次要的位置，只把自己放在了第一位，甚至想立即甩开伴侣的手。他们思量的永远是：这考验来了，我如何让自己少吃点苦；这诱惑来了，我如何让自己多拿多占。至于这么做会给伴侣带来怎样的打击，会如何加速一段关系的终结，他们似乎并不在意。

我们只能说人各有志，各自"求仁得仁"便好。

有人说两个人结合要性格互补，有人则说要性格相似；有人说要门当户对，有人说"朱门对寒户"也有幸福的；有人说妻子要温柔这个家庭才幸福，也有人说妻子强势一点的家庭反而更加稳固……

我倒觉得，这世界上原本就没有两片相同的树叶，婚姻也有无数种组合，没有哪一对夫妻的相处方式可以成为可供他人效仿的典范。

人们都在说，谁谁谁是适合我们的人，谁谁谁又不是。可说到底，这本质上不过是：你懂得珍惜，就合适；不想珍惜，便不合适。

这世界上哪有什么"合适不合适"，有的，或许只是"珍惜不珍惜"罢了。

月季小姐的故事：
百炼成钢，再不会顾影自怜

001 ///

月季小姐和篱笆先生从恋爱到结婚，一直一帆风顺。

在旁人眼里，两人是"天设一对，地造一双"。两个人家世匹配，双方家庭都没什么经济负担，双方父母都很赞同这门婚事；两个人是从同学关系发展成恋人关系的，有共同的朋友圈、爱好和话题，知根知底；两个人的工作，性质类似，工作范围有交叉，不会"鸡同鸭讲"聊不到一块。

婚姻幸福需要具备的所有外在因素，月季小姐和篱笆先生都具备了。所有人都看好这份门当户对的婚姻，当然也包括他们自己。

结婚后，两个人过着按部就班的日子。月季小姐觉得一切已"尘埃落定"，遂守着这一份匹配的、稳定的婚姻，过着自己的小日子，全然没有想到危险已经悄然来临。

恋爱时，两个人各有朋友，下班后聚会、玩耍、去KTV何其自由，成了家就意味着失去了这份自由，每天下班后必须早早地归家，买菜、做饭、看剧，然后上床睡觉。

月季小姐和篱笆先生婚前也有过性关系，但同样是性生活，婚前婚后迥然不同。婚前多少有点"偷尝禁果"的味道，婚后则完全是"例行公事"，恋爱时的激情在稳定的婚姻关系中渐渐消退。

婚后的生活已了无新意，想得到新鲜的刺激或激情只能在婚外寻找，于是，有人开始心有不甘，觉得自己就这样按部就班地过一辈子实在是太亏了。这个心不甘的人，便是篱笆先生。

月季小姐觉察到篱笆先生对自己越来越不耐烦，在性事上也越来越敷衍。她追问他到底怎么了，他只回答说，结婚后养家糊口的压力太大了。

一开始，月季小姐也信；然而，过了一阵子，她还是觉得不对劲，或许是因为她太了解他，又或许是女人的第六感，她觉得两个人之间的问题不在于养家糊口的压力。

月季小姐问篱笆先生，是不是我们还没有生小孩所以你有压力，还是你已经有喜欢的人了？篱笆先生摇头否认，轻拍她脑袋说，"怎么会呢？"

月季小姐还是有些狐疑，因为篱笆先生对她的"感情浓度"严重下降，她自己是能清清楚楚地感知到的。她不停追问，他不断逃避。篱笆先生被问烦了，就回月季小姐一句"夫妻之间，不需要事事都讲出来吧？"

月季小姐却觉得，夫妻之间有了问题，就是要沟通的。很多事你对伴侣都不讲了，那还跟谁讲呢？

这种状态大概持续了三个月，月季小姐也猜疑了丈夫三个月。终于在某一天，机缘巧合下，月季小姐在篱笆先生的手机短信里发现了他的秘密：他居然跟别的女人说"我很爱你"。

002 ////

和所有发现丈夫有外遇的女人一样，月季小姐也有过号啕大哭。

她哭着给闺蜜打了个电话，第一句话便是"他爱上别人了"。

月季小姐的闺蜜听完，就问了她一句话："他不爱你了，你会不会寻死？"

月季小姐啜泣着说"不会"。闺蜜回答："那我就放心了，你先哭，哭够了之后来找我。"

月季小姐哭了一顿以后，慢慢冷静了下来。她发短信让篱笆先生晚上早点回家，跟她说清楚那句"我很爱你"是怎么回事。

两个人一见面，却是好一顿吵闹，月季小姐第二天就跑回了娘家。

大概过了半个月，她还是想修复这段感情，就又找回了篱笆先生。

这次，两个人的对话很简单。

"你想离婚吗？"

"不想。"

"那我们回到过去？"

"好。"

"那你跟她怎么办？"

"断。"

月季小姐只是不习惯离开篱笆先生的生活，只是害怕离婚，她那时并没有意识到，自己并没有办法原谅这个背叛过自己的男人，她有太多一厢情愿的"我以为"：我以为他们没有上过床，我以为我们会跟以前一样好。

月季小姐的闺蜜问她："你还能继续信任他吗？你做得到不看他的手机吗？换作我，我是一定做不到的。"月季小姐信誓旦旦地回答："我可以。"

事实证明，她实在是太高估自己，也太高估篱笆先生了。

作家王朔讲出轨，讲得特别透。他说："就像童话中两个贪心人挖地下的财宝，结果挖出一个人的骸骨，虽然迅速埋上了，甚至在上面种了树，栽了花，但两个人心里都清楚地知道底下埋的是什么。看见树，看见花，想的却是地下的那具骸骨。"

月季小姐和篱笆先生再次住到一起后，总会想起那具"骸骨"，两人关系变得无比尴尬。月季小姐不愿跟篱笆先生多说话、多碰触，也没办法再信任篱笆先生。

他只要多看别的女人一眼，她就觉得他可能又对人家有意思了。他手机响一下，她就开始怀疑是不是那个女人又给他发短信了。他出差，晚上没回家，她就开始胡思乱想，揣测他是不是跟哪个女人睡在一起……

像是福尔摩斯附体，月季小姐居然顺藤摸瓜，找到了篱笆先生的消费记录，找到那个女人的姓名、电话、住址和身份证号码，却不敢去打扰。她开始有点鄙视篱笆先生，觉得他变脏了，有了人生污点和道德瑕疵，再没有办法和过去一样平等地看待他。

嫉妒、猜忌、鄙夷、气愤、自卑、忍不住想方设法找证据，便是月季小姐"原谅"篱笆先生后的心理状态。

某天，月季小姐看着镜子中的自己，忽然觉得有些陌生。她愕然地想：这人是谁？为什么会变成这副鬼样子？

信任是爱情与婚姻最重要的基础，这个基础都没有了，两个人在一起也没什么意思了。月季小姐开始想到用离婚来解决问题，可篱笆先生的某些言行又让她感觉他们还能走下去。她自欺欺人地想，自己再坚持和忍耐一下，这段婚姻关系是不是就会向好的方向发展了？

只可惜，后来她还是找到了篱笆先生再次出轨的证据，还是和那个女人。

这一次，月季小姐竟然觉得有点解脱。

月季小姐说："那种感觉，就像是我特别喜欢的一只饭碗忽然有一天缺了个口，因为我习惯了用它吃饭，也对它产生了感情，所以不舍得扔。可是，那个缺口时不时会刺疼我，我一吃饭就把我的嘴唇弄得鲜血淋漓，终于有一天我实在受不了了，就把它摔碎了。随着一声脆响和陶瓷碎片的飞溅，我的心情反而一下子轻松了。"

"再买一只饭碗我也买得起，为什么我非得用那只饭碗吃饭？最关键的是，对着那只有缺口的饭碗，我变成了另外一个人，一个连我自己都不喜欢的人。"月季小姐说。

003 ///

月季小姐和篱笆先生的离婚谈判进行得不是很顺利，双方都只想着自己的利益,用月季小姐的话说,便是"双方自私自利的嘴脸暴露无遗"。

几经博弈,两个人终于协商完毕,办成了离婚。月季小姐迫不及待就从家里搬了出去,去朋友租的宿舍里打了几个月的地铺。

之后,她换了一份心仪的工作,买了一套属于自己的房子。因为没有孩子,她和篱笆先生从此再没有联系过,两个人相识相知相伴十年,如今形同陌路。

离婚就像剥皮拆骨,把那个陪伴了自己十年的男人从生命中剥离,肯定是需要时间来修复的。离婚伊始,月季小姐要忙新房子的事情,没有时间胡思乱想,接下来她的工作开始忙起来,加之她兴趣爱好比较广泛,反倒越过越充实,越过越自由。

"没错,就是自由。我的婚姻很像是一场理所当然,我自己的生活也一直是按部就班的。上完小学上中学,上完中学上大学,上完大学去工作,然后跟那个知根知底的人结婚,像是一直有根绳子在牵着我,指引着我往前走。现在好了,绳子断了,我虽然一时没有了方向,可与此同时,我却感到无比自由舒畅。我的人生忽然豁然开朗,前面有更多的可能性,我也期待会发生更精彩的故事。"提及自己离婚之后的心态,月季小姐这么说。

她说:"时间真的是个良药。不知过了多久,我已经记不起前夫的手机,记不得那个女人的名字,记不得我当时是如何心情沉痛、情绪消极、心理阴暗。我很想把自己的故事和感悟讲给别人听,是因为我当时真的很想有个人教我该如何做,但真的没人教我,也无法教。每个人的故事不一样、成长环境不一样、性格不一样、做事风格不一样,所有的这些不一样都会导向不一样的结局,但我真的希望自己的感悟能帮助那些在婚姻里迷茫的人。"

对前段婚姻,月季小姐反思良多:

"不想离婚的话,也不要急于原谅。修复关系需要时间,需要两个人的共同努力,并不是说说就可以的。如果真的打定主意要原谅,就彻底地放下对方过去给你的伤害,把他当成一个全新的人来平等相待,剩下的事情交给时间。这一点,我没做到。按理说,前夫不可能跟那个女人有结局的,因为她也有婚姻,据说她不会离婚。如果我再成熟一些、沉稳一些,或许我跟前夫会有不一样的结局。

"我把事情告诉了我父母,他们没有干涉我,只是给了我很多的支持与建议。对于我来说,父母的心理支持真的很重要,虽然前夫会觉得我让他在我父母面前没面子了,也许这也是让他无法再面对我、无法再回头的原因之一,但即使时光倒流,我似乎也没有两全其美的选择。

"我有工作、没孩子、没负债,离婚起来很简单。计划离婚时我问过自己很多问题,我能否一个人过,我怕不怕孤独,我担不担心以后再也遇不到爱情……我的答案是,我都不怕。最重要的是,我问我自己会不会后悔,我回答自己不会,所以才走到了离婚这一步。

"我觉得夫妻俩还是要多沟通,如果我能在婚姻出现危机之前就跟前夫建立良性的、无障碍的沟通,或许我们的结局会不一样。我其实很想知道前夫在离婚前究竟想的是什么，想知道如果他俩是真爱，为什么双方都不先跟各自的伴侣离婚后再清清爽爽地在一起，想知道我究竟在婚姻里做错了什么事情，想知道我们的婚姻是什么时候有了裂缝……当然，这些我是永远不会知道了。以他的性格，他是绝对不会跟我讲这些的，那就永远不知道好了。

"做好情绪管理很重要。我和前夫婚姻出问题之前，我有一阵子压力很大，那时候我可能带给了他一些负面情绪而我不自知。我觉得在婚姻中向对方传递负能量是个很要命的事情，谁都不喜欢絮絮叨叨的人。

"事情发生以后，我没有见过那个女人，也没有打骂过前夫。我不是不生气、不难过，我只是觉得这样做不会让我过得更好。不管是结婚还是离婚，目的都是为了让自己过得更好，不是吗？婚外恋或婚外性真的很难说清楚所以然。做好自己，有错就改，让自己越来越好，也就不枉离婚一场了。

"夫妻双方需要同步成长，如果一方赶不上另外一方的脚步了，婚姻也容易出问题。结婚之后，我从来没放弃过提升自己，而前夫却沉迷于打游戏，可能他有时候也会觉得我的进步给了他压力，但我绝不会为了迎合男人的这种自尊而不思进取。离婚后，我有时候也会想起他说过我的一些很伤我自尊的话，但我是以'有则改之，无则加勉'的态度来面对这些负面评价的。我的价值只能由我自己来定义，别人说的不算。

"在跟前夫的这段感情中，我知道什么是心动的一刹那，也体会到什么是心碎的一瞬间，这也是一种很完整的爱情体验吧？未来,我依旧期待我的爱情降临,没有的话也没关系,我很享受目前这样的生活,我感到自己待人接物更温柔了,心态更豁达开朗了。我对现状很满意,每天都轻轻松松、开开心心的,可能是年纪大了的缘故吧,哈哈……"

月季小姐大概是说完了,以一串爽朗的笑声结束了这场倾诉,却让我对她欣赏不已。

她身上有一种非常可贵的品质:会反省。当外界发生的变化不合自己意愿的时候,她也会感受到不开心甚至痛苦,偶尔可能也会责备别人,但会停下来反省自己。遇到失败,她通常会想到:是不是自己哪里做得不够好,才会走到今天?

也许你会觉得这类人时不时怀疑自己、否定自己,显得非常懦弱,但其实他们才是最可爱的人,因为他们更容易宽容别人,更容易原谅生活。

这种反省力,在我看来其实也是一种自我觉知能力和觉察真相的能力。他们懂得跳出自我的框框,以更客观、更全面的眼光看待某件事情、某个人甚至是自己。他们看待世界的角度,不是单一的、直线型的,而是多维度的、分散型的。

也正因为如此,他们能主动颠覆自己的固有认知,承认自己的局限性,进而能发现自己的不足和错误,然后才有进步的空间。

举个例子,没有反省力的人,就是一小杯满满的水,他们认为自己是完美的,无须再改进。而有反省力的人,会尝试着把小杯子换成大杯子,发现自己"未满",才有动力去追求"满"。

反省力越强的人，越能在"换杯"升级的过程中，实现成长。

懂得反省自己的人，因为敢于面对自己的缺点，所以反而能坦然地面对一切风雨，接受自己做出的每一个决定，即使这个过程充满艰难。

离婚是一件不幸的事，但也是一个认识自己的过程，一次成长涅槃的机会。恋爱、结婚都不该成为女人的终极追求，不断认识自我、提升自我、丰富自己的阅历和精神疆界才是。

说到底，夫妻关系也只是众多人际关系中的一种，只不过比其他人际关系显得重要一些。这段关系的破裂，会让我们感到很遗憾，但也没那么可怕。在一个真正独立、成熟的人那里，离婚不过就像跳水，跳之前害怕，跳下来以后也不过如此。待得学会游泳，你会觉得多掌握了一门技能的自己，原来可以活得这么舒服爽快。

离婚不可怕，可怕的是不成长。离婚后我们更该关注的，不是别人怎么伤害了我们，而是我们怎么看待自己以及获得何种程度的成长。

愿你也能和月季小姐一样羽化成蝶、百炼成钢，而不是沉沦于不幸中顾影自怜。

奶茶小姐的故事：
我独自穿越了黑暗，相信你也可以

001 ///

生活在南方一个小县城的奶茶小姐说她离婚前后的日子，是一部血泪史。

奶茶小姐的前夫是啤酒先生，比她小八个月，自由职业，家境一般，但时髦帅气、能说会道，对外人特别热情、仗义。

奶茶小姐承认自己当初有点"外貌协会"，再加上啤酒先生追求女人很有一套，她经不起他的甜言蜜语和大献殷勤，很快就沦陷了。

恋爱中的女人智商为零，那时的奶茶小姐并不觉得啤酒先生女人缘好以及喜欢约上哥们儿去KTV、酒吧、大排档喝酒算是什么问题。

和啤酒先生结婚后不久，奶茶小姐就怀孕了。奶茶小姐怀孕后，啤酒先生总是回家很晚，每次回家都是一身酒气，说是工作有应酬。

一开始晚回家，啤酒先生会表现得特别内疚，他会把身上所有的钱都交出来给奶茶小姐，会在笔记本上写下他的保证与承诺。

每次奶茶小姐看到这些，立刻就心软了，她努力说服自己原谅他、相信他，总觉得他一定不会有下一次了。

再后来，啤酒先生开始夜不归宿，并跟奶茶小姐解释说自己喝醉了，不敢回家，怕酒味熏到她和肚子里的孩子，引起她孕吐，也不敢劳烦她的照顾，很多时候他是在车里睡的。

对这套说辞，奶茶小姐自然是不信的，可是也懒得过多盘问。她想着：孩子都有了，只要没有发现什么实质性的证据，她想睁只眼闭只眼把日子过下去算了。

很快，奶茶小姐临盆了，儿子比预产期提前了二十多天到来。生下儿子的当天晚上，奶茶小姐的婆婆在外地工作没能赶回家，是啤酒先生负责在医院陪床。

啤酒先生觉得病房里比较热，要求护士开空调，结果一言不合就跟护士吵起来了。奶茶小姐说了他两句，他立刻走了，召集一帮哥们儿出去喝酒，庆祝自己生了个儿子，直到半夜才回来看了看。这期间没有任何家属陪护着奶茶小姐母子俩。

孩子出生后的第二天晚上，啤酒先生又出去打麻将，整晚都没来医院。第三天，委屈至极的奶茶小姐出院了，一回家就忍不住痛哭。啤酒先生见状，连声道歉，鞍前马后任她差遣，一副迷途知返的模样。

没过多久，啤酒先生又开始吆五喝六去夜场玩，要么就是很晚才回家，要不就是彻夜不归。孩子满月后到一岁期间，奶茶小姐多次为他夜不归宿的事情和他吵架，她对他也慢慢地从失望变成绝望。

孩子一岁时,奶茶小姐出去上班,孩子由婆婆带。她多次跟啤酒先生提出离婚,他都不同意,说他虽然爱玩、贪玩,但心里还是爱着她、爱着孩子的,希望她再给一次改过自新的机会。

002 ///

那年冬天的一个晚上,啤酒先生又没回家吃饭,奶茶小姐晚饭后想一个人出去走走,却非常巧合地看见啤酒先生和一个打扮得青春靓丽的女人(我们姑且叫她香槟小姐)手拉手在路边走着。

那一刻,奶茶小姐浑身颤抖,偷拍了一张他们俩的照片就跌跌撞撞地回家了,拍照时她险些连手机都拿不稳。回家后,奶茶小姐蜷缩在被窝里大哭了一场。随后,她发微信问啤酒先生在哪里,啤酒先生回答说他在外地办事,要晚点回家。奶茶小姐气得发抖,当晚就把这件事告诉了公婆,并说自己要离婚。哭了太多次、失望了太多次的奶茶小姐对这个男人再无半点留恋,离婚的心意已决。

当晚啤酒先生回到家,对他拉着香槟小姐的手逛街这回事不做任何解释也不否认,只是不同意离婚。

想到年纪尚小的儿子,奶茶小姐眼泪都快流干了。那几天,她不吃不喝,做什么事都没心情。她觉得自己没法再跟啤酒先生住在同一个屋檐下,就在外面租了个很小的房子,带着儿子搬出去住了。

奶茶小姐想搬出去住,是希望能够跟啤酒先生撇清关系,等时机成熟就起诉离婚。这期间,奶茶小姐屡次提出协议离婚,但啤酒先生就是不同意。有时候，本来两人谈定了某月某日去办理离婚手续，到了那天啤酒先生又开始反悔，还甩出一句"除非你起诉我，不然我是不会主动跟你离婚的"。

奶茶小姐要上班还要带孩子，离婚的事情也一直没办妥，搞得她心力交瘁。快过年的时候，奶茶小姐再次提出离婚，她说："我什么都可以不要，房子、儿子都不要了，只要你能同意离婚。"

尽管如此，一开始啤酒先生依然不同意，奶茶小姐苦苦哀求了很多遍，啤酒先生才勉强同意。啤酒先生说自己没能耐带好、教好孩子，也不确定能不能每月给孩子抚养费，所以房子、孩子都给她。奶茶小姐听了啤酒先生开出的条件，忙不迭地同意了，当时她只有一个想法：只要能离成婚，什么条件她都能答应。

那年过完年后，奶茶小姐和啤酒先生终于在民政局办了离婚手续。

从民政局出来，奶茶小姐就大哭了一场，因为失落和难过，也因为庆幸和解脱。她说："我终于离开了这个让我痛苦了几年的男人，终于再也不用猜想他今晚没回家又在哪里，不用猜测他不接电话又是和谁在一起了。"

从民政局回来，奶茶小姐去朋友家接回了儿子。抱着儿子的时候，她又哭了，儿子才两岁半，长得很乖很帅气，并不知道她在哭什么。她感到自己内心虚弱不堪，实在没办法带好儿子，就暂时把儿子送回了娘家。她则在床上躺了整整两天，茫茫然地思考着未来。

003 ///

离婚后的奶茶小姐很迷茫,不知道该怎么过好以后的生活,她甚至都不知道她一个人要怎么带好儿子,因为娘家人是没办法帮她的。

那时,奶茶小姐的工资每个月只有六七千块钱,房贷花去了两千块钱,而且房子还没有装修,孩子需要上幼儿园,娘儿俩还得生活……她觉得自己像是一只被放生的笼中鸟,忽然不知道何去何从。

法律上的离婚几分钟就办好了,但心理上的"离婚"需要一个漫长的过程。奶茶小姐一边带孩子一边工作,一边安抚自己受伤的、破碎的心,同时还要在儿子面前努力扮演着坚强母亲的角色。每天晚上,儿子熟睡后,奶茶小姐都躲在被窝里哭,第二天还要装着什么事都没有的样子去上班……

奶茶小姐用了两个月的时间来调适心情,后来,她觉得自己慢慢地痊愈了,开始把精力投入到工作上。由于在工作中有非常出色的表现,奶茶小姐升职了,月工资上万元,经济状况好转了一些,她的心情也好了很多。

为了儿子的生活环境能好一点,那一年她带着儿子搬了三次家。每一次,她都没有找人帮忙,收拾东西、押送行李全部靠自己,很多次都累到话都不想说。

奶茶小姐最后一次搬家,是搬到离公司最近的一个小区,房子在顶楼。有几次,儿子在外面睡着了,奶茶小姐为了能让儿子多睡一会儿,就拿上儿子的小书包和自己的东西,扛着儿子爬上七楼,每上楼一次就累瘫一次。

奶茶小姐想着,老这么租房子住也不是个事儿,所以她准备装修房子。对装修,她一点都不懂,她问了很多朋友、同事,再上网查询装修注意事项,自己找装修队开始动工。

那时,她手头只有几万块钱的积蓄,想着就简单装修一下,能住人就行了,可三个月装修下来,她花出去了十五万元,只好到处去借钱。

房子装修好后,奶茶小姐精心布置了一番,带着儿子搬进了新房住。一切收拾妥当后,她又是一场大哭,她说:"我们终于不用再租房子住,终于有属于我们自己的家了。"

说起那一年的经历,奶茶小姐说:"那一年我真的过得太难了。我做的是销售工作,经常要去培训、学习,每次都要去好几天。那几天时间里,儿子要么放同事家,要么放朋友家,我出差回来第一件事就是去接孩子。接到他的那一刻,我鼻子特别酸,每一次我都紧紧搂着他的小身体,觉得他那几天活得像个小孤儿。没人知道那段时间我是怎么过来的,工作压力超大,生活压力也不小,孩子没人带,所有的事情都是我一个人扛着,也不知道找谁说,说了别人也不能感同身受,最多说几句安慰的话。"

在那座小县城里,奶茶小姐举目无亲,没多少人给过她实质上的帮助。她说:"虽然和前夫一家生活在同城,但他和他的家人没有帮我带过一天孩子,大概是觉得孩子既然给了我,就是我一个人的了。工作上,销售的压力非常大,每天都被客户各种催,有时候连喝水、上厕所的时间都腾不出来,我真的是抹干眼泪一路跌跌撞撞地走过来的。"

如今的奶茶小姐，依然很努力地工作，依然每天微笑着面对每一个人。每天，她用心做美食给儿子吃，在阳台上养花种草。她身边的很多人都看不出来她曾经过得有多不好，也不知道她经历过怎样的痛苦和蜕变。

她不无哀怨地说："他们都说羡慕我，说我很坚强，一个人又要带孩子还能把工作干好，而且还把自己收拾得那么漂亮，把儿子打扮得那么飒爽，把家拾掇得那么干净整洁，简直太能干了。我只想说，他们看到的都是光鲜，没看过我的心酸。"

啤酒先生的故事还有后续。跟奶茶小姐离婚后，香槟小姐带着自己的儿子搬进了啤酒先生的家，可是没过多久，他们还是分手了，原因未知。

啤酒先生曾跟奶茶小姐表达过自己后悔跟她离婚之意，奶茶小姐苦笑着说："伤害是无法挽回的，人生也是。我早就不是当初的我了，又如何能回得去？"

我忍不住嘀咕："他倒是挺奇怪，为什么不是后悔出轨，而是后悔离婚？"

奶茶小姐笑了笑："他可能只是后悔被抓住吧。信任这东西，破坏容易重建难。"

电影《飘》里面有这样一句对白："思嘉，我从来不是那样的人，不能耐心地拾起一片碎片，把它们凑合在一起，然后对自己说这个修补好了的东西跟新的完全一样。一样东西破碎了就是破碎了——

我宁愿记住它最好时的模样,而不想把它修补好,然后终生看着那些碎了的地方。"

这世上没有不可原谅的出轨,但一些伤痕却永远无法缝合。

只是,我们总为"啤酒先生们"感到有点遗憾。

所有的出轨,其实都是在逃避自己在一段关系中的失败,想通过第三者来找寻某种满足感。他们大多没有解决问题的能力,却有不断惹火烧身的本事。因为永远向外求,因为太过贪婪,什么都想要,所以他们永远用制造新问题的方式解决旧问题,最后把自己的生活搞得一团糟。

对于被伤害的那一方来说,走出离婚阴影并不是一件容易的事。你会经历很多的挫折与痛苦,会感受到绝望、黑暗、煎熬。只要你挺过来了,就会变得更加成熟和坚强。

有句话说的是"忍受不了茧里的黑暗,就别想羽化成蝶"。蛹在黑暗的茧壳中默默承受,最终完成了生命本质的飞跃,为自己迎来一片自由的天空。离婚后的某段路,我们都像是在黑暗的隧道里行进,你不知道什么时候尽头的亮光才会倾泻下来,但只要坚持下去,总能看到光明。

愿你在独自穿行隧道的过程中也能得到历练和成长,迎来光明的未来。

第三章

活出自己的精彩

连翘小姐的故事：
不委屈自己，过"不将就"的人生

001 ///

这是一个关于复婚的故事，故事的主角是连翘小姐和当归先生。

他们两个人的故事，总结起来很简单：四年前她第一次知道了第三者的存在，遮遮掩掩、拉拉扯扯半年以后，亲眼见到他与别人苟且偷欢的铁证。于是，她掰扯清楚一切离了婚，打算从此"桥归桥，路归路"。后来，两个人尝试着复合。一家三口在境外旅游时，她发现自己怀孕了，然后她与他复婚，现在二宝都快半岁了，如今儿女双全，岁月静好。

连翘小姐跟当归先生在大学老乡会上认识并一见钟情。两个人曾有过在北方的冰天雪地山盟海誓的浪漫，也曾有过他节衣缩食吃一个星期的包子省钱给她报考研班的相濡以沫，经历过前女友的考验，也熬过了油盐酱醋的磨合，辗转几个城市之后最终修成正果。

结婚八年，孩子七岁，忽有一日她发现影视剧里别人家的"狗血"也泼了自家一床。

某天，当归先生误拨了家里的电话，连翘小姐听到话筒里传来当归先生和一个女人无比亲昵的对话。

当归先生回来后向连翘小姐解释说，那个女人是他的一个学妹，因为不能生育而离婚，她身体不好，工作、感情都不如意，很可怜。这次学妹出差来到他们所在的城市，因为打车不能报销，所以他好心去接她。

连翘小姐自然是不信的。当她看到当归先生说到那个学妹的时候，嘴角掩饰不住的笑、脸上浮现出来的表情，和当年他轻抚着她的头发说"我就一辈子拿你当女儿养"的表情一模一样时，她心里"咯噔"一下，脑子里闪过一个念头：我们的婚姻快要完蛋了。

当归先生见连翘小姐不高兴，马上解释说他知道和学妹的交往已经超出了普通朋友的界限，以后自己不会再和她联系。

连翘小姐后来回想起来，才发现他的说辞漏洞百出，可是那时她只是震惊于他居然会对别的女人产生怜惜之心，心里完全接受不了他对另一个女人产生感情，竟然丝毫没有想到要去追究他和她到底发生了什么。

随后，当归先生开始以孩子夜里睡觉太闹腾为由，一个人跑去书房睡。进浴室洗澡的时候，他都不忘带上手机。当他加班越来越多、应酬越来越多的时候，连翘小姐还拿着杂志上写的"男人出轨的十大特征"跟他开玩笑说："怎么每一条你都符合啊？"

和所有感觉丈夫不对劲可是又说不出为什么的女人一样，连翘小姐也曾一遍又一遍地问当归先生："是不是我做错什么了，你还爱我吗？"当然，她得到的永远是沉默。

每次，当归先生以加班、应酬、朋友聚会为由半夜才回家时，连翘小姐都逼着他问"是不是又和她联系了"，然后两个人闹腾到深夜。她越闹腾，他就越晚归；他越晚归，她就越闹腾……陷入恶性循环。当归先生什么都不承认，只是给她扣了一顶"歇斯底里"的帽子。连翘小姐百思不得其解，只能在一个又一个的深夜里暗自啜泣。

002 ////

就这样耗了半年，连翘小姐也曾努力试图修复和当归先生的关系，约他一起出门旅游，其间还意外怀孕，然后又不幸流产。那时，当归先生的新店装修，连翘小姐拖着刚刚小产的身体陪他跑上跑下。他的新店开张，她带着女儿穿着火红的亲子装，站在风里迎来送往。

幸福的外衣是穿给别人看的，只有当事人知道内里的千疮百孔。连翘小姐和当归先生不停吵架，吵得遍体鳞伤，想在亲戚朋友面前装恩爱都装不下去了。为了逃避亲人，他们一家三口去B市过年。连翘小姐无意间发现，女儿拿爸爸的手机玩游戏时获悉了他的手机密码，结果两分钟以后他立马拿回手机改了密码。

当归先生这些反常的反应，不由得连翘小姐不怀疑。

某天，当归先生没带手机去卫生间洗澡，连翘小姐拿起他的手机开始试密码。试了几次，她成功了，然后就看到了他和学妹的聊天记录。

如五雷轰顶，连翘小姐脑子里乱成一团：原来，他们已经在一起一年多；原来，他们从来没有分开过。他问她："你爱我吗？"她说："我爱你，如果你离婚了我一定跟你。"原来，他的手机不小心拨通家里电话的时候，他们已经在一起好几个月了，那次他答应她以后不会再跟那个女人联系了，结果她才小产一个月，他又和那个女人在一起了。一家三口在B市过年期间，他还背着妻儿与她互诉衷肠。

真相大白，连翘小姐却如释重负。她坚决要求离婚，而他依然是一次又一次地承诺说自己会改，只要不离婚，怎样都可以。

对于自己的出轨，当归先生给的说辞是：

连翘小姐最近几年总是加班、出差，对他的关心不够。他和学妹只认识了一年多，之前主要是网上交流。事情发生质变，源于某年春节他向连翘小姐诉说工作上的不如意，结果在事业上春风得意的连翘小姐回答他："从你毕业到现在十几年了，你在哪里开心过？是金子在哪里都会闪光，工作上的不如意是你个人的能力问题。"

当归先生说连翘小姐那一刻的回答，让他心都凉了。后来春节后连翘小姐又出差，他们就见面了，然后就发生了不该发生的一切。

当归先生这样的说辞，连翘小姐自然是不买账的：因为我对你关心不够，你就要出轨？两夫妻之间出现问题，你就瞒着我去找第三者来解决？用制造新问题的方式来解决旧问题，这就是你对待婚姻的态度？你说我对你的关心不够，那你对我呢？

当归先生抱怨自己的工作时，连翘小姐刚从外地出差回来。

在出差地，她如鱼得水地解决了别人不能解决的问题，回到家又自得又疲惫，所以当他向自己抱怨工作烦恼时，她就那么随口一答，真没想到这会成为他出轨的导火索。

连翘小姐之所以说这只是"导火索"，是因为她明白"冰冻三尺非一日之寒"，他和她的问题早就存在了，第三者不过就是一根引线而已。

从看到聊天记录到最后正式办理离婚手续，连翘小姐和当归先生深谈过数次，聊他们的婚姻是怎样走向破裂，他和第三者之间是怎样的感情。在离与不离之间，连翘小姐也纠结了许久，但最后让她下决心离婚是最后一次谈话时，当归先生说："她确实比你温柔、宽容、善解人意，但是我们走到今天不容易，为了孩子我请求你不要离婚，我承诺以后不会再和她有任何形式的联系。"

这句话，彻底让连翘小姐的心凉了。原来他不想离婚的缘由不是因为还爱她，而是"为了孩子"；原来在他的心目中，第三者比自己要好，那么，纵然他和第三者不联系了又怎样呢？即使不联系了，第三者也会变成他胸口的朱砂痣，变成两个人的双人床前永远照着的明月光，而自己在他眼里永远是唾手可得、不被珍视的白饭粒和面目可憎的蚊子血。这样味同嚼蜡的婚姻，自己要来何用？既然他最爱的便是"求不得"，自己又何苦"放不下"？

想明白这一点以后，连翘小姐坚持要求结束这段看不到生机和希望的婚姻。

003 ///

连翘小姐原以为,离婚以后的一切可以像设定好的程序一样:两个人财产分割完毕,当归先生的东西全部搬走,双方离婚后除了周末交接女儿时见两面再也没有任何关系。毕竟,大多数离异夫妻们都是这么过的。

当归先生搬走以后第一周,孩子某晚睡觉时忽然想爸爸,哭着说"以前都是妈妈出差,从来没有试过爸爸不在家"。连翘小姐抱着孩子一起哇哇哭,心里充满了怨念,心想为什么我的孩子小小年纪要受这种生离之苦。

实在没办法,她只好答应孩子给爸爸打电话。听到孩子在电话里哭着喊"爸爸",当归先生心疼得不得了,都晚上九点钟了依然开着车冲了过来,九点半进门哄孩子睡觉,十点钟把孩子哄睡着以后,才红着眼圈离开。

就这样,一个星期、两个星期过去了,孩子逐渐知道了爸爸和妈妈已经不是一家人,也习惯了周末由爸爸带着出去玩一天的日子。

有时,当归先生送孩子回来,孩子舍不得爸爸的时候就会央求说:"爸爸,你就在我们家坐会儿再回去嘛,再陪我一会儿嘛。"

当归先生租好房子后,周末会接孩子去住一个晚上,孩子回来以后兴高采烈地跟连翘小姐讲:"爸爸家里有两层楼,爸爸住二楼,隔壁邻居养了好大一只狗……"

连翘小姐觉得眼前这样的生活才是自己想要的:每次跟当归先生见面,两个人都客客气气地打招呼,没有了"你到底去哪里鬼混了，怎么又这么晚回来"的质问，也再没有了歇斯底里的争吵。对孩子来说，不在一起但不吵架的爸爸妈妈比在一起吵架的爸爸妈妈要好。

004 ////

时间一转眼就到了孩子放暑假，孩子照旧去爷爷奶奶家过暑假，这也是连翘小姐和当归先生之前就协商好的。连翘小姐认为，虽然法律上孩子的抚养权归自己，但她和爷爷奶奶的血脉亲情是永远无法隔断的。

孩子走后，连翘小姐也慢慢习惯了一个人的日子，她再也不需要惦记那个人去了哪里，在干什么，吃好了没，穿暖了没。她一个人跑步，一个人看书，一个人喝酒，一个人哭，一个人开车到东湖边转悠，坐在湖边看对岸灯火辉煌。实在憋屈了就在无人的路上把新车开到很快，车里放着音乐任由自己泪流满面，哭完了就回到家里喝半杯红酒睡觉，就这样熬过了离婚后最难熬的前几个月。

在这个难得的一个人的假期里，连翘小姐对前一段婚姻反思良多。

她说："我们之间的问题肯定不是一朝一夕产生的。遇到他的时候，我只有十七岁，我所有的习惯都是和他一起养成的，我的路都是他指引的，他总是笑称自己养了一个女儿。后来，我们离开象牙塔进入社会，他逐渐成长为一个男人，而我的内心却始终是一个孩子，把他当成和父母一样永远爱我的存在，认为我们永远是一个不可分割的整体,很多时候我忽略了他内心的真实需求。如果说有怨念,应该首先是他对我有了怨念,所以才会让第三者乘虚而入。我对他无视我的感受向外寻求解决之道的方式很不满、不屑,但我也有我的问题。实际上,在前段婚姻里,我应该要独立一些的。我们每一个人都应该是独立的个体,从出生就陪伴我们的父母都有离开我们的一天,更何况是夫妻。只有自己,才是自己最好的陪伴。现在,我们再没有谁欠谁了,离婚就是最好的一笔勾销。"

一个月后,连翘小姐去爷爷奶奶家接孩子。半年未见的孩子奶奶看到她,立马就红了眼圈,等连翘小姐牵着孩子要走的时候,孩子奶奶终于还是绷不住了,不管不顾地抱着连翘小姐哭,口里喊着:"孩子啊,怎么会闹成这样啊,当妈的心痛啊!"

连翘小姐抱着这个自己叫了很多年"妈妈"的人,也哭成泪人,但是心里并没有为离婚感到后悔。离婚前的那些岁月,真正让她感到绝望的并不是第三者的存在,而是她觉得自己在当归先生那里再也感受不到丝毫的温情,两个人在一起只剩下相互折磨,家里冷冰冰的空气不足以支撑她度过以后漫长的人生。

想明白这些以后,连翘小姐的心变敞亮了许多,对待当归先生也不再像之前那样怨恨。她想,毕竟我们做了十几年家人,现在离婚后就当他是一个朋友吧。

孩子从公婆家回来以后,连翘小姐考虑到孩子很久没有见到爸爸妈妈,就主动提出来周末三个人一起吃顿饭,也让孩子享受一下天伦之乐。

吃饭时孩子很兴奋,像发现新大陆一样特别高兴地说:"爸爸穿的是黑衣服,拿的黑包,开黑色的车;妈妈穿的白衣服,背的白包,开白色的车。"连翘小姐心想,这正好啊,黑白分明。没想到孩子紧跟着说出一句:"原来你们是天生一对。"连翘小姐和当归先生被逗得哈哈大笑,餐桌上的气氛也顿时轻松了许多。

吃完饭以后,连翘小姐和当归先生又一起带孩子去买衣服、参观蜡像馆。门票买的是家庭套票,连翘小姐看着手里的套票,悄悄地叹了口气。她心想,两个大人牵着一个孩子,一个是孩子的爸爸,一个是孩子的妈妈,孩子有着和爸爸一样的小眼睛和妈妈一样的白皮肤,可是三个人却不是一家人,也不知是幸运还是不幸。

005 ////

慢慢地,当归先生周末带孩子出去玩的时候,也会问问连翘小姐有没有时间一起去。有时,他也会给她发几张新房子装修的照片,让她帮忙选哪个窗帘好看,有时会来接她和女儿陪他一起去选餐桌,有时送孩子回来赶上饭点就让她在家做好饭,他也回来一起吃……每每此时,连翘小姐总会神思恍惚,似乎过去什么都没有发生过,只不过丈夫带孩子出去玩了一趟,一会儿就回来吃饭。

转眼到了冬天,也许是因为家里的保姆做饭不合孩子口味,也许是因为连翘小姐工作太忙没有顾得上特别关注孩子的身体状况,那段时间孩子的身体抵抗力特别差,感冒、咳嗽不断,吃药也没有效果,去医院一检查,医生说是肺炎,必须马上住院。

连翘小姐顿时六神无主,下意识地给当归先生打了个电话问他怎么办。当归先生很镇定地安慰她,然后马上开车过来和她一起给孩子办住院手续。孩子住院期间,他们轮流请假照顾孩子。孩子打针的时候,会撒娇地要爸爸握着她的左手,妈妈握着她的右手,然后悄悄地,一点一点地,把爸爸妈妈的两只手移到一起。那一刻,连翘小姐鼻酸到不行,别人家七岁的孩子还很懵懂幼稚,而他们的孩子却如此懂事,真是叫人心疼、心碎。

孩子出院以后,身体还需要调理,因为不放心孩子,连翘小姐出差时会给当归先生打电话,让他住到家里来,和保姆一起照顾孩子。

再后来,连翘小姐不出差的时候,当归先生有时也会打电话说要过来看看孩子。

终于有一天,连翘小姐终于绷不住了。在他再一次打来电话时,她冲他吼道:"要回来就收拾你的东西给我回来,要不然就再也不要回来了!"

当归先生受宠若惊,从此以后每天下班后都来找连翘小姐母女。

那以后,他们和别的一家三口没有什么区别,除了他和她之间没有再领结婚证。平时,一家三口住在连翘小姐这边,周末和假期就一起去新房子住。再之后的故事,大家都知道了,连翘小姐又怀孕了,这次她决定把孩子生下来,所以跟当归先生复了婚。

说起两个人现在的生活,连翘小姐引用了女儿的一篇作文:

"昨天是爸爸的生日,我和妈妈准备了一个大惊喜送给爸爸。晚上妈妈下班回到家后,就赶紧穿上围裙开始做饭。她做了香喷喷的白萝卜炖牛肉,鲜嫩的葱爆羊肉和又香又脆的花生米,还有水灵灵的小白菜,看得我的口水像瀑布一样流下来了。可妈妈说,现在不能吃,要等爸爸回来才能吃。咚咚咚,爸爸回来了。我拿起筷子夹起菜准备吃,妈妈斜着眼看了看我,我赶紧把筷子上的菜放进爸爸碗里,妈妈满意地笑了。爸爸开心地说:'我们的孩子长大了,知道心疼爸爸了。'"

连翘小姐说,一切都是值得的。

006 ///

说起复合的原因,连翘小姐感慨良多:

"我们彻底分开后,他并没有和她在一起。他到底是被我发现之后就跟她分开了,还是跟她进一步接触才发现不合适,对我而言已经不重要。重要的是,在他完全自由,有千百种选择的时候,他依然选择了我和孩子,我相信这是一个成熟男人负责任的选择,至少我不用担心床前照着别人的月光,可以在这个男人身边安稳入睡。当年我选择离婚,是因为在那段婚姻里继续待下去我会抑郁、发疯,只有离婚才能让我过得更好;后来我选择复合,是因为我和孩子已经过得挺好,他的回归让我们三个人都更快乐,何乐而不为?

"十六年的甘苦与共,其实我们早已融进彼此的生命里,就像有首词里说的:'把一块泥,捻一个你,塑一个我。将咱两个一齐打破,用水调和。再捻一个你,再塑一个我。我泥中有你,你泥中有我。与你生同一个衾,死同一个椁。'我们对彼此而言,可能就如同空气一般，拥有的时候感觉不到彼此的存在，失去了却会感到窒息。

"我们像两个新人一样重新磨合，现在我们的相处比结婚后任何时候都融洽。回想起以前的相处，我总是以某一个标准在要求他，觉得他应该这样应该那样，他没有做到的时候就不高兴，却没有考虑过他本身是什么样的人，他喜欢什么需要什么。那时我觉得他作为我的老公就应该接纳我的一切，包括我的长期频繁出差和加班，可是我有没有接纳他的全部呢，包括他的志向、他的失意、他的得意？因为他比我大，说过要拿我当女儿养，我就肆意挥霍他对我的宠爱，忘了自己已经为人妻为人母，应当要独立、要成熟，应该要成为他背后坚定的支撑。

"曾经的我们，过于美化我们的一见钟情和多年深情，肆意地挥霍着我们的青春和爱情，不懂得宽容和迁就，不懂得给彼此空间，不懂得婚姻也需要经营，其实我们的婚姻不是败给了第三者，而是败给了自己。两个人，即使是夫妻，也是两个独立的个体，任何时候都要尊重对方的个性，而不是一味地要求对方怎样；两个人，即使是夫妻，也要容许对方保留一定的个人空间。对方有没有问题，作为妻子应该靠感觉来判断、靠智慧来决策，而不是整天疑神疑鬼、无端盘问；两个人，即使是夫妻，也要互相尊重，这种尊重体现在你愿意倾听对方的诉说，愿意和对方一起面对外界的压力；两个人，即使是夫妻，也可以试着视对方为儿女，多宠爱一点，而不是任何时候都视对方为坚不可摧的依靠。"

连翘小姐对自己这段故事的总结已经非常深刻，我们再说什么都像是画蛇添足。而她最令我赞赏的一点是，她从来没有想过"为了孩子"不离婚，或是"为了孩子"复婚。不管是离婚还是复婚，她只关注一点：这个决定是不是能让我们发自内心地感到比眼前更幸福。

与其简单地说他们是复婚，不如说两个人是经历了一个"重新相爱"的过程。

一些离异女性看了连翘小姐的故事，也蠢蠢欲动想跟前夫"为了孩子复婚"，可是，并不是每个人的情况都适合复婚。也有很多人复婚后，只不过把当初的错误又重复了一遍。婚姻光靠忍耐和将就，是很难进行下去的。爱情在婚姻中非常重要，如果两个人都不再爱对方却还在一起生活，就会伤人伤己。

不可否认，有的人经历过离婚这一场波折之后，可能会有所改变。如果你慢慢意识到自己在前段婚姻里的过错，意识到因为自己年轻时的轻率和不成熟而错过了一个非常美好、值得自己疼惜和真爱的人，并且愿意为曾经的过错而付出弥补的行动，那么，和前任复婚未尝不可。

复婚能否圆满，要看双方性格和价值观是否匹配，感情基础是否足够深厚，是否懂得反思自己，是否能做到不计前嫌，等等。如果双方都已经对过去的婚姻成败进行认真的反省，而且通过自己的努力让对方看到自己的改变，那么，这样的复婚抉择是趋向乐观的。

连翘小姐与当归先生的婚姻，除了出现过"第三者"插曲，几乎没有其他严重的问题。两个人经济独立，生活相对优渥，无婆媳、岳婿关系困扰，双方对自己的人生有非常强的把控力、内省力和承担力。最重要的是他们对彼此还有爱。

连翘小姐的故事，或许可以给我们这样一种启示：**真正的幸福是向内求的，也是需要外力配合的。**年轻时不偷懒而是全力发展自我的女性，往往有更多的人生选择，对人生也有更大的掌控能力。那些敢于捍卫自己的底线和边界，对自我能反思、对他人能宽容，永远追求纯粹的感情的女人，更容易得到幸福女神的垂青。

柚子小姐的故事：
经历过山穷水尽，更珍惜柳暗花明

001 ////

32岁那年，柚子小姐失恋了。

对她而言，这确实是个比较尴尬的年龄。当年那些陪着自己一起旅游、逛街、听演唱会的朋友都结婚生子了，把大部分精力都放在了家庭上，单身的她仿佛成了一个"异类"。

在这个年纪失恋，她的父母万分着急，赶紧给她张罗对象。她自己也有"恨嫁"心态，担心自己年纪越大越找不到合适的结婚对象。父母催着她去相亲，她就认识了橘子先生。

橘子先生是一名律师，年岁比柚子小姐大不少，离过婚，但条件不错，在一线城市有房有车，还有一套别墅。柚子小姐长相比较甜美，家庭条件也不算太差，又是家里的独生女，橘子先生跟她见了第一面后，就开始追求她。

柚子小姐对他也不反感，两个人就开始约会。有一次，橘子先生声泪俱下地告诉她自己的故事：他离婚的原因是因为前妻给他戴了绿帽子，经过亲子鉴定他才知道前妻生的儿子跟自己并没有血缘关系。这么多年他都被蒙在鼓里,他知道真相以后很伤心。

柚子小姐一听就同情心泛滥了,她觉得一个男人遇到这样的事情特别可怜。那会儿,她刚失恋,内心也很脆弱,顿时对他产生"同病相怜"之感。橘子先生向她求婚时,她也没多想,就答应嫁给他了。在她遇到过的男人中,确实也没谁像橘子先生一样对她知冷知热且对结婚那么有诚意。

两个人领证结婚之后,橘子先生就急着想和她要孩子。那时,他们都没有举办婚礼,甚至连蜜月旅行都没有规划过。对这一切,柚子小姐倒是不怎么在乎,她觉得两个人相爱就好了,那些仪式性的东西都是可有可无的。

话虽这么说,柚子小姐还是拉着橘子先生去拍了一组婚纱照留作纪念。她这时才发现,橘子先生对她比较"抠",就连拍婚纱照的钱都是让她付的。不过,那时柚子小姐并不太把这些当回事,她觉得两个人都领证了,老怀疑对方不利于建设新家庭。

002 ///

结婚后不久,柚子小姐就怀孕了,橘子先生一听到这个消息,兴奋得差点跳了起来。柚子小姐看他像孩子一样开心的样子,一度认为自己会过得很幸福,认为两个人会一直走下去。可是,好景不长,橘子先生的兴奋劲儿过后,就对她冷淡了起来。他经常把柚子小姐一个人丢在家里,自己跑到外面打麻将,深更半夜才回来。柚子小姐很不高兴,和他沟通,可说得多了,橘子先生就冲她发脾气,到后来,他甚至下班后都不愿意直接回家了。

怀着孕的柚子小姐很郁闷，找闺蜜倾诉婚姻的烦恼。她的闺蜜劝她，你们这样的感情是有问题的，你要考虑清楚这个孩子到底还要不要。柚子小姐回答，我现在年纪已经这么大了，以后万一怀不上孩子怎么办？而且，孩子毕竟是无辜的呀，他也是一条生命啊，我不能就这样残忍地将一条生命判了死刑。

日子就这样往前滑行，柚子小姐努力调整心态，安慰自己要好好跟丈夫走下去。

很快，柚子小姐要分娩了，她的妈妈和橘子先生陪着她到了医院，办妥了住院手续。当时是半夜两点多，阵痛来袭，柚子小姐躺在病床上疼得翻滚，橘子先生却让她挪个位置让他睡觉。

柚子小姐的妈妈见状，气不打一处来，她说："要睡去车上睡，跟产妇抢床铺算个什么。"橘子先生一听到这个"特赦令"，就真的跑车里去睡觉了，留柚子小姐在病床上煎熬。

阵痛越来越频繁，柚子小姐很多次都觉得自己快撑不下去了。好不容易眼看着天一点点亮了，时针指向了早上七点，医生来查房，她终于进了产房。毕竟是第一次生孩子，柚子小姐特别害怕，可她环顾四周，不见橘子先生的人影，估计还在车上睡觉。医生让柚子小姐的妈妈去买洗漱用品、脸盆等物件，柚子小姐就打电话跟橘子先生说她要进产房了，橘子先生这才很不情愿地来到产房门口候着。

孩子顺利出生，是个女儿。产后，柚子小姐觉得橘子先生完全不关心自己，甚至对她各种嫌弃。孕期和生产过程中所受的委屈，让她总控制不住想流泪。

回想起那段时间的经历,柚子小姐说:"个中辛酸,如鲠在喉,不足为外人道。身体的疼痛我可以忍,但心里的疼完全止不住,以至于后来月子里的各种辛苦、睡眠不足、开奶的疼痛、孩子的哭闹等,在我看来统统都不算事儿了。"

003 ///

和所有会发生在千家万户的俗套剧情一样,孩子三个多月的时候,柚子小姐发现橘子先生跟他前妻一起出去旅行的机票,还有他跟前妻充满暧昧气息的聊天记录。

柚子小姐要崩溃了,她痛恨自己,想不明白当初自己为什么会和这样的男人结婚。

一次偶然的机会,她了解到橘子先生跟她相亲的时候,竟然根本没有离婚,他是在向柚子小姐求婚成功之后,才和妻子办理的离婚手续。

橘子先生和前妻离婚的原因,是因为前妻无法生育。柚子小姐怀孕的那段日子,他大概觉得还是前妻好,所以就又去追求前妻。奇葩的是,两个人居然又和好了。

知道真相的柚子小姐愣在当场,脑子一片空白。她问自己:"我是被骗婚了吗?他跟我结婚,就是为了生个儿子?见我最后生了女儿,所以才对我不闻不问?"

柚子小姐根本不愿意相信这种狗血剧里才会出现的情节会发生在自己身上,曾一度愤怒得想一把火烧掉这个家,但最终她什么都没做,只是天天在家以泪洗面。她开始失眠,整夜整夜睡不着,很多时候觉得自己快活不下去了。

柚子小姐的闺蜜们知道她的情况后,纷纷给她出主意,建议她离婚。柚子小姐冷静下来后,开始想怎么和橘子先生谈离婚的问题。

橘子先生见她主动提出来离婚,欣然同意。离婚谈判进行得比较艰辛,律师出身的橘子先生寸步不让。最后,双方谈判的结果是:孩子抚养权归柚子小姐,橘子先生以女儿的名义买一套不大的房子,注明柚子小姐只有居住权,没有所有权和处置权。她只能带女儿住那套房子,不得容留他人。

004

柚子小姐离婚时,已经快过年了。她把自己和女儿所有的东西都从那个家里清出来,带着孩子搬了出去。

柚子小姐说,女儿三岁前特别难带,中间经历了各种艰难困苦。有一次孩子生病,她整整三天三夜没睡过觉。

离婚后几个月,柚子小姐的妈妈被查出来患有脑膜瘤,需要住院进行手术,没法再帮她带孩子了。母亲住院,孩子三天两头生病,她不得不经常向公司请假。公司看她的劳动合同即将到期,而她三天两头请假,没法全心投入工作,就不再跟她续签劳动合同,她不得不重新出去找工作。

柚子小姐的生活发生转机,是在孩子上小学以后。那时,她到一家金融机构工作,工作相对比较稳定,收入也上了一个台阶。

机缘巧合,她认识了现在的老公香瓜先生。香瓜先生是柚子小姐所在公司的培训讲师,比她小了整整十五岁。香瓜先生进入公司的第一天,柚子小姐就注意到了这个活泼开朗、善解人意又积极上进的小伙子,但她压根儿没敢往爱情方面想。

在工作中接触多了,香瓜先生对柚子小姐产生了感情。听完柚子小姐的离婚故事后,香瓜先生说:"好在你从这段不幸的婚姻中解脱出来了,你这样善良、坚强的女人应该要得到幸福,谁跟你结婚那是谁的幸运。"可后来当香瓜先生向柚子小姐表白时,柚子小姐犹豫不已,毕竟两个人的年龄差距摆在那里。在世人眼里,这样有悖世俗的婚姻大多是走不远的。

一个是经历过一段不幸婚姻、带着孩子生活的单亲妈妈,一个是与之年龄差距很大的阳光大男孩,几乎没人看好他们的未来。柚子小姐犹豫再三,后来还是一咬牙接受了香瓜先生的追求。她想:"人生短暂,遇到相知相惜的人很难,因为年龄差距而错过,岂不是很遗憾?如果真的不合适,再分开就是了,我承受得起这样的后果。"

两个人就这样"冒天下之大不韪"地走到了一起。

香瓜先生对柚子小姐和她的女儿乃至她的父母都非常好。最令柚子小姐感动的是,香瓜先生居然表态说,他不想让柚子小姐再生孩子,一来是担心她高龄生产怕有生命危险,二来是觉得两个人条件有限,把眼前的这个女儿养育好就足够了。

柚子小姐说:"小老公下了班就回来陪我和女儿。虽然他现在不能给我大富大贵,但是我已经很知足了。"

柚子小姐不愿过多跟我说她和香瓜先生的故事,因为她怕进入"秀恩爱,死得快"的魔咒。看得出来,她无比珍视眼前人,珍视这段婚姻。

讲完自己的故事,柚子小姐不忘总结了一句心灵鸡汤:现在的我,很感恩生活的给予。苦难也好,幸福也好,一切的一切都是打包而来的。蹚得过苦难,我们才会迎来幸福。

再次提起前夫给她带来的伤痛,她几乎是脱口而出:"如今我过得这般好,谁还惦记他欺骗我、伤害我的那点破事儿啊!"

005 ///

柚子小姐的故事,听得我感慨不已。

"股神"巴菲特曾说过:其实你人生中最重要的决定是跟什么人结婚。在选择伴侣上,如果你错了,将让你损失很多,而且,损失的不仅仅是金钱。

这句话,不管对男人还是女人,其实都适用。

婚姻有时候是一条特别凶险的路。一脚踏进婚姻那扇门里,有人得到幸福,有人得到痛苦。

从这个意义上来说,选择伴侣也是一种需要修炼的技能。

如果你正饥饿的时候,天上忽然掉下来一块馅饼,很多人会本能地想:"天啊,我太幸运了。我是不是太有魅力了,才会得到命运女神的垂青?"

我们真该摒弃这种自恋的本能,学着给自己泼一盆冷水:"这块饼是从哪儿掉下来的?它是不是有毒?"

如果你禁不住诱惑,不慎被欺骗,咬了一口毒饼,其实也没有太大的关系,懂得及时止损就好。

被骗并不可耻,遇上对你心怀不善的人也不是你的错。你看《倚天屠龙记》里的张无忌,初出茅庐、闯荡江湖时,还不是被长相漂亮的富家千金朱九真骗?

"吃一堑,长一智",以后提高警惕就是。

柚子小姐是纯粹从她自己的视角出发,来给我讲这个故事的,以至于我听起来会觉得橘子先生的形象非常脸谱化,也猜不透他那么做的动机。又或者,柚子小姐自己到最后都没弄明白真相究竟是怎样的,只是时过境迁之后,她觉得没必要弄明白了。柚子小姐最值得赞赏的一点,是在有过那样一段惨痛的经历之后,她依然有勇气相信爱情。

很多人在经历一段不幸婚姻之后,会产生强烈的挫败感。被伤害、被欺骗的感觉会成为久久散不去的阴影,笼罩他们的一生。不要说让他们走入下一段感情,他们甚至连去爱一个人、相信一个人的力气和勇气都失去了。

因为受过伤害就不相信爱情,其实也是"因噎废食"。我们不会因为哪次吃饭被噎着就不再吃饭,那么,对爱情也该有这样的心态。

被欺骗、被伤害的确是一件不幸的事,但它最后会变成喜剧还是悲剧,完全取决于你的心态。如果你能从不幸中走出来,那就是喜剧;如果你沉湎于不幸之中,那它就是悲剧。如果你只是麻木地站在原地等待,那么,唯一会发生在你生命中的事情就只是:你在一天天地老去。

幸福感往往来源于"抓到一副好牌",但成就感往往来源于"打好一副坏牌"。觉得日子"太难了"的时候,学着像柚子小姐一样,天大的痛苦自己扛,百般的滋味自己尝,难言的心情自己藏。把苦水吞进去,把泪水憋回去,把汗水抹下去。

生活是最严厉的老师,而你要做自己的英雄。

一段失败的婚姻留给我们的,其实也不仅仅是伤痕累累和满地狼藉。经历过那段糟糕的婚姻之后,我们从遇到点小事就像惊弓之鸟一样仓皇的"大孩子",蜕变成一个处变不惊、淡定乐观的"成年人"。

谁不想一生充满希望,只见阳光?谁不想一生纯粹到底,只有坦荡?但此事古难全。好就好在,人生路蜿蜒曲折。每碰一次壁,我们就会清醒一些;在感情中每心痛一回,我们的心量就会变得更大一些,也就越能把爱恨恩怨看得更轻更透一些。

经历过"山穷水尽"的人,往往更懂得"柳暗花明"的不易。那么,也请你和柚子小姐一样相信爱情吧。桃花再次盛开的时候,请努力把握,且行且珍惜。

紫荆小姐的故事：
当伤痛化身奖章，更好的你在下一站

001 ///

紫荆小姐出生在四川一个小山村，父母是典型的"超生游击队"。她是家里的老大，还有两个妹妹和一个弟弟，她比最小的弟弟大七岁。

初中毕业后，紫荆小姐没有考高中、读大学，而是直接读了中专，想早点毕业参加工作，以减轻家庭负担。读中专三年，内向的紫荆小姐慢慢变得外向，积极参加学校的演讲比赛、征文比赛、辩论赛，是校园里一个闪闪发光的青春美少女。

2001年，紫荆小姐从那所中专毕业，应聘到云南一家星级酒店的前台做接待，后来还通过自考拿到了大专文凭。

参加工作后没多久，紫荆小姐认识了苜蓿先生。苜蓿先生一米八的个子，大眼睛、双眼皮，长得很帅，是一位建筑工程师。刚刚做完一个工程的他，每天都有大把的时间去讨她欢心。追求紫荆小姐期间，他特别会说甜言蜜语，每天鞍前马后为紫荆小姐送伞送饭，接送她上下班。

紫荆小姐那时觉得首蓿先生特别温柔、体贴，懂得照顾人，很快就沉醉在他给的温柔乡里，她头一次觉得自己是一个非常重要的存在，那些成长过程中缺失的家庭关爱好像都能在他那里得到补足。处于恋爱甜蜜期的时候，紫荆小姐觉得自己每一天都过得特别幸福。

　　曾经有大半年的时间，首蓿先生一直没有承接工程，也就没有了收入。紫荆小姐赚来的微薄的工资不仅要贴补弟弟妹妹，还要维持她和首蓿先生的日常生活开销，一分钱都没存下来。或许是首蓿先生特别懂得"画饼"的缘故，紫荆小姐那时并不嫌弃他暂时没工作，反而对未来充满了美好的憧憬。首蓿先生一直跟紫荆小姐说，眼前的困难只是暂时的，他发誓要在全市最好的地方给她买大房子，要给她买最豪华的车，要带她去环游世界……22岁的紫荆小姐也相信眼前的这个男人只是暂时的时运不济、怀才不遇，将来一定能和她一起创造最美好的未来。

　　陷入爱情的紫荆小姐，彻底迷失了自我，做过很多"自己感动自己"的傻事。首蓿先生跟她亲热时不肯采取安全措施，为此，她怀孕两次，做过两次人流手术。紫荆小姐流产后，首蓿先生跑上跑下伺候她几天，等她身体复原后再亲热，还是依然故我。

　　慢慢地，紫荆小姐对首蓿先生越来越不满，开始跟他吵架，闹分手，首蓿先生当然不同意，见紫荆小姐态度坚决，便痛哭流涕、万般哀求。紫荆小姐第一次看见男人流泪，心软了，觉得他或许是真的爱自己，终究没舍得挪开脚步。

　　第三次怀孕后，紫荆小姐再也不敢做人流手术了，想把孩子生下来。苜蓿先生看她态度坚决,就跟她领了结婚证。那时的紫荆小姐和苜蓿先生没什么经济基础,所以连婚礼都没办。

002 ////

结婚后,紫荆小姐留在公婆家待产,由婆婆照顾,苜蓿先生则出去"找工程做",直到她快生了才去医院陪着她。

紫荆小姐剖官产生下儿子后,苜蓿先生非常高兴。剖官产后,紫荆小姐伤口特别疼,躺在床上呻吟了几声,苜蓿先生见状,非但不安慰,还说她的呻吟声吵到了儿子。

住院期间,紫荆小姐发现苜蓿先生的手机短信铃声到半夜一点多还响个不停。不管多晚,他一听到短信声响,就会翻身回复。紫荆小姐对此充满狐疑,趁他上厕所期间,翻看了他的手机。

手机屏幕上的对话,令她几欲晕倒。她看见一个没标注名字的陌生号码发来一句话:"你老婆生了?"他回复对方:"生了,儿子。"那人又说:"那你安逸了。老婆孩子热炕头,都不想我了吧?"他回复:"怎么会?"

仅几句对话,就在她心头刮起一阵狂风,掀起一场地震。那时,儿子出生才三天,她去质问他,他面不改色地回答:"你想太多了,就是一般的朋友。孩子才拳头那么大,你这个做妈妈的,可别胡思乱想。"

对这样的解释,紫荆小姐如何肯信。愤怒、委屈、绝望等情绪缠绕着她,她痛哭不已,提出离婚。苜蓿先生一直向她解释自己没出轨,也不同意离婚。

看着刚出生的孩子,紫荆小姐也下不了决心真的离婚,也没有勇气跟娘家人说自己一生下孩子就离了婚。她开始给自己找台阶下,不停宽慰自己说,男人在妻子孕期出轨应该只是生理需求,不是移情别恋,再给他一次机会吧。

就这样,孩子出生后,紫荆小姐一直待在婆家带孩子,而首蓿先生则在外面"打拼",基本上一两个月才回家一次。紫荆小姐沉浸在"初为人母"的喜悦之中,也相信他在外面"打拼"是为了给她和孩子提供更好的生活。

首蓿先生说想创业,缺乏启动资金,让紫荆小姐找娘家人借钱。刚开始,紫荆小姐不同意,因为她从毕业后就没再跟家里要过一分钱,也不好意思跟家人开口,可在首蓿先生的软磨硬泡下,她还是开口找娘家人借钱去了。为了支持他创业,紫荆小姐的父亲东拼西凑借了十万元给首蓿先生。首蓿先生说好三个月后还,再后来说半年还,到后来根本没还上。

等到儿子已经两岁的时候,首蓿先生也没赚到什么钱,只说自己做的是长线投资,让紫荆小姐不要目光短浅。

那时的紫荆小姐在公婆家待了近三年,她很想出去工作,却遭到了首蓿先生的反对。在首蓿先生看来,紫荆小姐出去打工挣的那点钱,还不够丢他的脸的。女人最重要的事情就是生娃带娃,不必跟男人一样跑出去挣钱。

首蓿先生开始限制紫荆小姐的自由,不让她出去找工作,不准她穿时装,不让她出去找老朋友聚会,也不让她回娘家。紫荆小姐稍有反抗,两个人就是一顿恶吵。为了家庭的"和谐"氛围,紫荆小姐觉得这些好像也不是什么大不了的事,一一忍了下来,三年多时间里只回了娘家一次。

儿子三岁的时候,首蓿先生突然结束了在外面的晃荡,回家了。回家以后,他天天在家睡觉、看电视,不做家务,不帮着带孩子,整天无所事事。

紫荆小姐这才知道,他是在外面混不下去了。岳父借他的钱,早就被糟蹋光了,还欠了十八万元的外债,债主追着他跑,他只能躲回老家。

回家后,首蓿先生经常跟狐朋狗友玩到半夜一点多,回到家里肚子饿了就让紫荆小姐做宵夜给他吃,并给他热好洗澡水。他过着昼夜颠倒的生活,晚上睡不着,白天呼呼大睡,脾气也越来越暴躁。

慢慢地,紫荆小姐没法再忍了,两个人开始吵架。吵到最严重的一次,首蓿先生当着父母的面打了紫荆小姐。紫荆小姐的暴脾气也上来了,去厨房拎了把菜刀出来要跟他同归于尽。他们的儿子那时才三岁,见到这阵仗,吓得哇哇大哭,捏着小拳头帮着妈妈打爸爸。

日子过到这个份上,这婚姻实在没办法凑合下去了。紫荆小姐提出离婚,要求儿子的抚养权归自己,可首蓿先生全家都不同意。

那时,紫荆小姐的儿子已上了幼儿园,再不用她形影不离地陪着他了。她一咬牙,拖着箱子离开了那个她生活了将近四年的村庄。出走时,她身无分文,还是婆婆看不过去,塞给了她八百元钱。

这次离家,紫荆小姐并不是真想离婚,她更多是想给首蓿先生一点颜色看看,看看他会不会因此振作起来。她甚至曾找人劝过他,不要再在家里蹲着,别再做一夜暴富的美梦,哪怕是出去当一个货车司机或者挖煤工人,踏踏实实地过日子,她也可能会为了孩子回去跟他好好过日子。

那一年,紫荆小姐二十八岁。她回到了以前打工的L市,从头开始。

刚到L市的紫荆小姐非常茫然,她租不起房子,只能去投靠闺蜜。几天后,她找到一份在一家三星级酒店做销售的工作,薪酬待遇是"包吃住2200元一个月"。她住在六人一间、有高低床的女员工宿舍,每天很努力地去跑客户,只为了证明自己能胜任这份工作。半年后,她觉得自己可以去挑战更好的岗位了,就跳槽去了一家五星级酒店做销售。

那时,紫荆小姐和首蓿先生已经分居满一年。她一步一个脚印往上走,而首蓿先生依然做着一夜暴富的春秋大梦,她不准备再跟他耗了,坚决要求离婚。首蓿先生的反应令她哭笑不得,他怀疑紫荆小姐给自己戴了绿帽,看她用的手机比较新潮就酸酸地问她"是不是哪个干爹给你买的",看到她去D市出差就问她是不是"又去陪干爹旅游"。他哪里知道,紫荆小姐一直是单位里的销售能手、工作标兵。

这一次,紫荆小姐不再只跟娘家人"报喜不报忧",而是如实述说了自己的婚姻状况。紫荆小姐的父母听完后,支持她离婚,甚至支持她放弃对儿子的抚养权。

抚养权的问题谈妥了,离婚的事也就顺利了。鉴于首蓿先生威胁过紫荆小姐,说过要让她在 L 市混不下去、以后若她和新欢在一起见一次就打一次之类的无赖话,紫荆小姐的父母担心他们办离婚手续时再起冲突,特意叫了人陪着她去民政局办了离婚手续。

办完手续那天,紫荆小姐哭了一整天。到底是因为终于离成婚而高兴,还是因为失去了儿子的抚养权而伤心,她也不知道。

003 ///

离婚以后,紫荆小姐更加努力地工作。这期间,她认识了一个合作伙伴,对方非常欣赏她的工作能力,认为她做事很有干劲、有想法,就邀她一起开公司。就这样,她投入自己打工挣来的八万元钱跟对方合伙开了自己的第一家公司。

说起刚开始创业的艰辛,紫荆小姐说:"公司从招聘第一个员工到成交第一笔业务,都是我亲力亲为的。那时候,我曾冒着雨踩着高跟鞋半夜找客户签合同,也曾为了挣十块钱而挤两趟公交车……吃过多少苦头,自己都不记得了,但我甘之如饴。什么叫破釜沉舟、置之死地而后生?这就是。那时,我脑子里每天只有努力工作这件事。过去几年的家庭主妇生活,让我浪费了太多时光,所以我珍惜每一个工作机会,何况我是给自己的公司打工,我喜欢这样的挑战。"

紫荆小姐是个做销售的奇才,又刚好碰上旅游业飞速发展的风口期,她的公司稳步快速步入正轨,并逐步发展壮大。这一点,她讲起来特别自豪:"离婚后,积蓄从八百元到八万元,我用了两年;从八万元到八十万元,我也只用了两年。"

创业期间，紫荆小姐身边开始不停有追求者出现，他们大多"多金"但花心。紫荆小姐觉得这些人没一个靠谱的，就一直没谈恋爱，直到后来她在网上认识了梧桐先生。

梧桐先生是北方人，认识紫荆小姐时三十六岁，未婚未育。从重点大学毕业后，他在北京IT行业工作了十五年。2010年，厌倦了在大城市生活的他，忽然做了一个非常叛逆的决定：辞职，卖掉北京的房子，背着包周游世界。

紫荆小姐和梧桐先生是玩微博时认识的。看他的微博，紫荆小姐觉得很有意思。他在拉萨开了一家客栈，一年有几个月待在L市，几个月在拉萨，几个月在尼泊尔，微博内容几乎都是记录旅行中的所见所闻。梧桐先生也觉得紫荆小姐挺有趣，两个人相互关注了大半年后，相约见面。

一见面，紫荆小姐发现梧桐先生跟自己想象中的不大一样。他中等个子，非常儒雅，说话慢，显得特别温柔。她问他："你下一站去哪儿旅行啊？"他回答："越南、老挝、柬埔寨。走两个月。"她感慨了一句："那么久啊？"他说："要不要一起走？"紫荆小姐一愣："我跟你走了，我吃什么啊？我还要工作的。"梧桐先生微笑着回答："我吃什么你就吃什么啊。"听到这话，紫荆小姐心潮荡漾了一下，她想：这话说得真是又朴实又真诚，不像有的男人，动不动就跟你说"我养你啊"，或者说"带你吃香喝辣啊"。

这次见面后，梧桐先生的寡言、稳重、儒雅、踏实，给紫荆小姐留下了深刻的印象。在生意场上，她见过太多口若悬河、风流倜傥,对女人体贴入微却心怀鬼胎的男人了,反倒梧桐先生这一款是稀缺的。

紫荆小姐说:"我离异,有个儿子跟前夫。"梧桐先生说,"我不介意。"紫荆小姐说:"谈恋爱可以,但这几年我不想结婚,你如果着急结婚,那我们就不要开始。"梧桐先生说:"我要结婚早就结了,何必逃到这里来。"

梧桐先生的经历勾起了紫荆小姐的好奇心,他稍显木讷、不善言辞的性格也很对她胃口。她解释道:"也算是一种矫枉过正吧。我喜欢他的寡言,因为我早就受够了聒噪的男人。我喜欢他的木讷,因为早就厌倦了'语言上的巨人、行动上的矮子'。我喜欢他的洒脱,人家仅仅觉得在北京待腻了,就可以马上辞工作、卖房子、浪迹天涯。"

就这样,两个人在一起了。梧桐先生把在拉萨开的客栈关停,来到紫荆小姐所在的L市开了一间。每次他出去跟朋友聚会,都会带上紫荆小姐。望着她向别人介绍"这是我女朋友"时,他一脸宠溺;他将就紫荆小姐的假期,陪着她出去旅行;紫荆小姐工作很忙,他就每天等她回家一起吃饭。别人问他:"你女朋友是一个怎样的人啊,把你这个浪子吃得死死的。"他回答:"我女朋友不漂亮,但性格好,开朗阳光。我跟她在一起待着,舒服。"

说起梧桐先生的好,紫荆小姐简直停不下来:"他的外形和身高,还有慢半拍的性格,我二十一岁的时候是万万看不上的。可是,经历过上一段婚姻之后,我才懂得欣赏他这一类男人的可贵。他从来不约束我,不限制我,吃什么穿什么做什么随我便,只会欣赏我、支持我、尊重我。结不结婚、生不生娃,也都随我。他从来不过问我的过去,更不会打听我跟前夫离婚的细节。有时,为了公司发展,我不得不出去应酬,他也只会在我喝醉以后给我倒一杯温水,从来不会乱吃醋,也不会怀疑我跟其他人有染。你知道是什么让我下定决心跟他结婚、建立家庭的吗?是因为他对我儿子特别好。儿子五岁的时候跟我来住了一个星期,他对我儿子特别好,半夜给他盖被子,早上起来给他做早餐,这让我非常感动。"

紫荆小姐离婚七年,真正实现了华丽蜕变,她跟梧桐先生结了婚,生育了一个漂亮女儿。两个人在L市买了两套房子,拥有一个业绩逐年翻倍增长的公司,一个生意还不错的火锅店。朋友圈里,她时不时会发一些跟梧桐先生出去旅游的照片。

紫荆小姐说:"现在很多人都说我老公好福气,找了一个能挣钱会持家、上得厅堂下得厨房的好老婆。而我最清楚,他真不是运气有多好,而是懂得慧眼识珠,懂得我的好。以前有很多男人说喜欢我,都只是想跟我玩玩,没谁真心想和我过一辈子,还不是嫌弃当时的我离异、穷、有过孩子,带回家不好给父母交代吗?我和老公准备领结婚证的时候,我都还没见过他父母,我问他,'你爸妈会不会嫌弃我离过婚有过孩子啊?'他回答,'是我结婚还是他们结婚?'那一刻,我觉得他帅呆了!"

某天,紫荆小姐从微信上给我发来她离婚前的照片给我看,吓了我一跳:那时候的她与现在的她,差别实在太大了。七年前,她是一个灰头土脸、面黄肌瘦的乡村农妇;七年后,她是一个气场强大、自信优雅的都市丽人。

她补充了一句:"我身边所有的人都说我离婚离对了,我要是不离,永远在那个小山村里当家庭妇女,怎么可能有今天。"

反观首蓿先生,却是另外一番情形:儿子跟紫荆小姐住了一个星期,回家以后跟爸爸说"妈妈有男朋友了,那个叔叔对我很好"。首蓿先生听了,气得要命,直接剥夺了紫荆小姐对儿子的探视权,不让她和儿子再见面,也不允许儿子收受妈妈送的礼物。只是,儿子已经有了自主意识,经常会趁爸爸不在家的时候偷偷跟妈妈打电话、视频聊天,紫荆小姐则时不时把抚养费划转到孩子爷爷的账户上,背着首蓿先生给孩子买些好吃好用好玩的。四十岁的首蓿先生至今依然单身,依然一事无成,没有正当职业,"大事做不了,小事根本看不上",只能靠他爸妈的退休金生活,时不时去买点彩票。

紫荆小姐说:"作为一个离异女人,我这么快就能找到自己的幸福,其实也觉得自己挺幸运的。有句话说得好,'你是什么样的人,就会吸引什么样的人'。我想跟所有的离异女性说,千万不要自暴自弃,不要想着依附于谁,要努力提升自己的内涵和实力,要经济独立、人格独立,机缘到了,自然就能吸引到优质的追求者。过好自己的生活,比什么都重要。"

004 ///

紫荆小姐的故事,真的非常励志。

曾经的她,有非常强烈的依附男人的意识。也难怪,过去"嫁鸡随鸡,嫁狗随狗,嫁个棒槌抱着走"的传统观念一直根深蒂固地存在于人们的内心，很多女性也在潜移默化中接受了这种思想。

很多二十岁出头的女性，并不知道自己想要的是什么，要怎么样才能得到幸福。在这个阶段，我们可能会倾向于去找一个看起来比自己更强大的男人，全心全意地依赖他们，希望他们能弥补我们在原生家庭中受过的创伤，希望在他们的引领之下过上自己所向往的幸福生活。

依附会产生恐惧，而独立盛产自由。你越是依附一个男人，你的内心就越没有安全感。对男人来说，这段关系也不美妙，毕竟谁都没能力承担起别人的人生。你越想依附，对方就越想逃离，然后你就变得敏感多疑，缺乏安全感，双方的关系也陷入恶性循环。

为什么很多女人离开男人后，反而能越活越好？是因为痛定思痛转身后，你发现离开男人也没有想象中那么难。一旦你完善了自我，学会独自去面对这个世界时，就产生了非常强大的觉知力和生命力，你会变得能量无穷。

从情感层面上来说，你刚刚从一段备受摧残的关系中走出来，会更明白什么才是自己最想要的，所以更容易遇到幸福。

我知道，现实生活中依然有很多身处不幸婚姻的女性，她们站在人生的十字路口徘徊不前，不知道怎么取舍，对自己能否独立面对未来很不自信。很多人都还没走出离婚这一步，就被自己想象出来的困难吓得腿软了，最后只能哆哆嗦嗦地回到不幸婚姻中去，回到痛苦的深渊和泥潭中去。对她们而言，保持某种生活的惯性、保持对不幸婚姻的逆来顺受，要比做出改变、勇敢割舍要来得容易得多。

不是所有的婚姻都无药可救，也不是所有的婚姻都值得你跟着它一起沉沦。那段对自己的生命是一场极大损耗的婚姻，我们就该勇敢割舍。

"你不敢对自己狠，别人就敢对你狠"，这句话对于身处不幸婚姻中的你极为适用。可能你以为任由自己为了孩子或为了别的什么，让自己待在一段不幸的婚姻里，就是对自己"狠"了，却不知道你可能只是害怕面对家庭以外的世界，害怕面对不可预测的未来。你舍不得对自己狠，舍不得把自己扔到看起来更残酷的环境中去历练，就只能任由那个已经不爱你的人对你狠，对你步步紧逼，让你遍体鳞伤。

"对自己狠"，不是在肉体和精神上虐待自己，而是要学会对自己的人生负起全责，逼自己放弃惰性，往更好的方向去努力。这种"狠"，指的是一种勇于改变和掌握自己命运的"大义凛然、舍我其谁"的态度，你内心毫无"等、靠、要"的思想，只热衷于做一个自己人生困局的破题人、突破者、实干家。

那些没有双手的人，靠自己的脚能做饭能写字；那些高位截瘫的人，用嘴咬着一根筷子也能敲击键盘写字养活自己……对比他们，我们有手有脚有脑袋有时间，凭什么说"我不行，离开了这个男人我活不好"？

一个想要倚靠男子和婚姻改变命运的女人，就算最终不被背叛和抛弃，也只能在婚姻里处于劣势，没什么话语权，只能小心翼翼、仰人鼻息地生活。这样的幸福，恐怕是要大打折扣的。更何况，你的软弱和依附，可能恰恰助长和纵容了别人侵犯你、欺负你的欲望。

女人最好能活成这样一种状态:"我欢喜你能来,但也无惧你离开。"女人就要对自己狠一点,想要幸福就请先独立和坚强。

如果你也和紫荆小姐一样遭遇过一段不幸婚姻,如果你也想像她一样活出光芒万丈的未来,那么,请从现在起,对自己狠一点,努力全方位提升自己,朝着更高的山峰努力攀爬,让自己真正做到"不念过去,不畏将来"。

葵花姐姐的故事：
你得先成全自己，老天才会成全你

001 ///

葵花姐姐是在微信上给我讲她的故事的。

"把日子过成诗，简单而精致"是她的签名。

她的微信头像，用的是一张照片。照片里，她亲吻着女儿的额头。照片里的她，自信、优雅、充满慈爱。

很多姑娘给我讲故事，总免不了要讲讲过去那些伤痛，但她不，她上来就说：

"我的过往和大多数过得不如意的女人一样，出轨、酗酒、赌博、家暴等我都经历了，可我不想说这些，我想说的是遭遇这些事情后我是怎么做的。

"我是1971年出生的，岁数比你们都要大得多。我们在2008年办完了离婚手续，孩子归我。为了争取到孩子的抚养权，我当时甚至连抚养费都没要。当时是他不想离婚，甚至也曾苦苦哀求过我，但我还是坚决地办了离婚手续。

"我当时有生意，他负责帮我看店，而打理生意、外出拓展业务等这些事儿都是我一个人撑着的。我跟他办完离婚手续后，身边的人都在劝我们复婚，他也不想走。我想着，也算是给我自己一个心理调适期和后悔期吧，所以离婚后好长一段时间里我们俩是'离婚不离家'。"

关于"离婚不离家"这一点，她解释道："好多夫妻离婚后都是这样的，尤其是到了我们这个年纪。大家都想着，能互相照应就互相照应下，何况中间还有个孩子。当时我也是想着能给孩子一个完整的家，要是只考虑我自己，我一天都不会跟他过那种度日如年的日子，对我而言跟他在一起的每一天都像是一场噩梦。"

随后，她又说：

"但我已经开始为彻底跟他断绝关系做准备了，这是第一步。这以后，我买房买车都登记在我的名下，这是为我自己将来考虑，也是希望能给孩子足够的生活保障。

"这样又过了四年，我又忍了四年。那一年，女儿参加中考。女儿中考头一天，他喝多了，然后又开始骂孩子，话说得很难听，骂得她哭到了半夜。

"每次只要孩子和他起争执，他就恶语相向甚至动手。作为母亲，这种失望和愤怒的心情简直无法言表。他的所作所为，我能忍但孩子不能忍。

"这件事让我对他彻底死了心。一个人如果连对自己的父母和孩子都不好，那真是自私到家了。孩子是他的亲生骨肉，但他一言不合就打骂。父母是生养他的人，但他很不孝。他妈妈挺喜欢我的,但因为受不了他,所以不和我们在一起生活,而是住在大姑姐家养老。我有五个大姑姐,但她们都和我相处得很好。"

听她说到这里,我顿时有点明白了她前夫之所以那么自私暴戾的原因。在农村,这样的男人确实有很多。早些年,老一辈人特别重男轻女,不生个儿子都觉得在村里抬不起头来。如果头几胎他们生的都是女儿,哪怕年纪很大了也要拼着老命生个儿子。老来得子的他们,对这唯一的宝贝儿子娇惯得不得了,最后儿子果然"不负众望"长成了一个飞扬跋扈、祸人祸己的混蛋。

她继续讲她的故事:

"有了女儿的支持,我就决定正式离开他!

"孩子的中考成绩不怎么理想,离我们当地重点高中的录取线差两分。她若想上重点高中,就需要自费。我带着孩子走遍了市里的重点中学,问她喜欢哪个学校,最后她选定了我们市的实验高中。只是那所高中离我家很远,女儿需要住校。

"我心想,这真是个千载难逢的好机会啊,正好可以借这个机会彻底离开他。当时,我的生意不大好,我干脆就把生意都停了,也好让他彻底死心。这期间他又开始上演各种浪子回头的戏码,但我再也不想给他机会了。

"孩子刚开始住校的时候,每周一早晨五点就要坐班车回校,我四点四十就带她下楼,穿过我们小区送她去坐班车。后来,我觉得这样太辛苦了,就到学校附近租了个房子,开始了我的陪读生活。

"我非常注意观察孩子的情绪,担心她会因为父母离异而产生自卑感、失落感，但后来我发现我这种担心完全是多余的。事实上，只要我们能把日子过开心了，她自然也就觉得我的决定是正确的。

"四十二岁那年，我学会了开车，只是为了能接送女儿。有几次，我在学校门口接到女儿，她一坐上车就跟我说，'妈妈，你开车的样子好酷'。

"从风风火火的生意女超人变成家庭主妇，我也需要适应。但我想，既然老天给了我这个机会，我就把家庭主妇这个角色做好。到后来，我厨艺大有进益，给女儿做的便当能一个月不重样。到了中午放学时间，连我女儿的同学都盼着我出现在学校门口，她们像麻雀似的围着我，跟我讨好吃的。

"当然，单亲妈妈的生活总是有艰难之处的。有一天夜里，我从市里回孩子学校，当天大雨滂沱，又赶上修路，我就走错路了，稀里糊涂开到了一个工地里。我从车上走下来去问路，结果不巧遇到了一帮混混，他们吹着口哨起哄笑我。天那么黑，又下着雨，我不知道自己身处何方，又遇上这样一拨人，心里还是有些害怕。

"我赶紧逃回车里，一坐回座位上，就觉得好委屈。我实在忍不住了，想着车窗外雨声那么大，反正也没人听见，就痛痛快快地大哭了一场，把这些年所受的委屈都释放了出来，哭完心里觉得好爽。

"离婚以来，我也就哭了那么一次。擦干眼泪回家，我给孩子准备夜宵，然后出门去接下晚自习的孩子。北方的冬天真冷啊，北风嗖嗖的，我一个人顶着风雨去接她的时候，心里是挺苦的，但面对孩子的时候总是笑着的，我不能把负面情绪带给孩子。我要让她始终感觉到我就是她强有力的支柱，让她有安全感。

"我以前的身体、气色都不大好，说到底是前一段婚姻让我情绪上备受压抑，所以反应在了身体上。远离他以后，眼不见心不烦，我很少郁闷也很少生气。我开始参加一些徒步、爬山等运动，身体越来越好。以前我爬楼梯都气喘吁吁，现在徒步几个小时面不改色。

"其余时间，我读书、练字、抄经。这样的生活确实能让我的心境更加平静豁达。"

002 ///

一个女人离婚，肯定是由于自身感觉不幸福或感觉痛苦、无助而不得已才离婚的。很多女人离婚只是为了摆脱痛苦，并不是为了再婚。

葵花姐姐也是一样。

离婚女人不一定能再碰上如意郎君，但无论如何离婚客观上给了她们一个机会。可以这么说，如果不离婚，她们便只能在痛苦的婚姻中沉沦下去，一点再觅良缘的机会都没了，而离婚，至少还有机会。

葵花姐姐的女儿后来上了南方一所大学，虽说高考分数并不很高，但最终去了自己喜欢的城市，读了自己喜欢的专业。女儿很满意，她也很开心。

娘儿俩的日子，从来没有过得这么舒心过。女儿老跟她开玩笑说"咱娘儿俩都是单身狗，要不咱比赛下，看谁先脱单"。

比赛的结果，是她赢了。

女儿上大学后，葵花姐姐认识了两个对她有意思的男人。一个条件好，小有资产，但她总觉得哪儿不对胃口；一个是R先生，人很憨厚，慈眉善目，但经济条件一般。

她像是向朋友征询意见一样，征询了女儿对两个"候选人"的意见，娘儿俩关起门来对这两个人选进行了"分析和研究"。最后，R先生胜出。

她说："我和女儿并不很缺钱，我们缺的是温馨幸福的家庭氛围。我俩非常肯定地认为，人能挣来钱，钱却买不来一个好人。"

和R先生在一起后，她果真过得很幸福。她说："认识R先生以后，我和孩子的事就成了他的事，不管多小的事他都会放在心上。他跟我说，我又没钱，你俩就是图我人好才选择我的，我可不能让你们失望。"

他帮她换锁、换灯泡、修马桶，并在生活上把她和女儿照顾得很好。女儿放假回来，他先领着她把她想吃的家乡特色吃遍，说是学校食堂吃不到好的。

她女儿看不下他们俩不停秀恩爱，就跟她说："你俩赶紧领证吧，别整天虐我这个单身狗了。"

就这样，她和他选了11月11日去领了证。

之后的故事，就像天下所有平凡的夫妻一样，付出爱，得到爱，你来我往，良性循环。他的老爸一个人住在农村老家，她去看老人的时候，把老人的衣物、用品，从内裤、袜子到手机、助听器，所有她能想到的都给配置齐全了。

她对他说:"老人的日子都是活一天少一天,我们要让老人生活得有质量。我也很感恩你现在给我们的幸福生活,所以我不光想对你好,还想对你爸好。"

他则说:"你对我这么好,我一定要加倍对你好,工资、奖金全交给你。"

女儿在旁边听到了,就跟他俩开玩笑:"你俩能不能别整天这么腻,不给我发个红包补偿一下,无法安慰我这个单身狗受虐的心。"

003 ///

这是一个真实的故事,也是一段真实的人生。

因为痛苦过,所以现在的她更懂珍惜。因为迷茫过、彷徨过、无助过,所以她知道什么样的人更值得自己付出真心。

我问她:"那你前夫现在情况怎样呢?"

她回答:"不知道,我们早没联系了。当初他认为是我抛弃了他,还跑来问我,别的女人被老公打几下还愿意过下去,为什么就我不行。为了能离开他,我搭进去了一套房子,要不然他不会善罢甘休。对待这种无赖男人,不能硬碰硬,只能讲策略或宁肯吃亏,我真的见过有些女人死在了这种暴力男的手里。"

故事讲到最后,她忽然说:"昨天我老公开着车,我坐在车里。他问我,'你在看什么呢?'我说,'我关注了一个公众号,一个叫晏凌羊的小孩文章写得很好。她是个单亲妈妈,要养孩子养老人,家里家外全靠她一个人,还边工作边写文章,每天得多累啊!''我从她身上看到了当年的我,坚强的外表包藏着柔软的内心,倔强有担当不服输,豁达善良知恩图报……只是我没她那么有才。'他看了我一眼,然后非常肯定地说,'没事,这样的人以后一定会像你一样有福气的。'"

最后她跟我说:"好人有好报。你只管好好做人,努力做事。老天欠你的,终有一天会连本带利附上!"

葵花姐姐的这些话,说得我很是感动。只是,我自始至终没觉得老天欠我什么。

每个人有不同的人生和境遇,但我们自始至终拥有自由选择的权利。比如,过得不幸福了,我们可以选择离婚;觉得某个人很爱自己、我们也很爱他,我们就可以选择结婚……

很多时候,我们觉得自己根本没得选,但实际上上天还是给了一条路给我们走的,只是看你是否有勇气、有能耐走过去。

葵花姐姐说:"我真的很想跟那些遭遇过婚姻不幸的女人说,离婚后,你获得了可贵的自由,所以真的不要再把空余的时间都拿来埋怨,自暴自弃。人生苦短,你真的应该把这些时间充分利用起来,用来提升自己,并且把时间的效用价值最大化。这样,你才对得起离婚这个决定。"

如果你明白她所说的,就可以从现在这一刻开始,停止怨天尤人,摒弃"受害者心态",重绘自己的生命蓝图。

如果你从没有察觉到"自己其实是有选择的"这件事,不妨找时间静下心来,反省观照,你过去的种种,是否都是命运逼你走到这一步的。

只要能有一丝一毫的自觉和反省能力,你的命运或许就能从这一刻开始改变。

我们有时候总是抱怨自己的命运不好,出身不好,时代不好,或者遇到的男人不好,婆婆不好,朋友不好……可实际上你手中是握有选择权的,生活中发生的每一件事情都说不准是未来某件事的因缘。

当我们看上去碰到挫折的时候,这很可能就是下一个崛起的力量。

人生说到底也是一个自我救赎和自我成全的过程。只有当你产生自我救赎的力量,学会了自己成全自己,命运才有可能成全你。

第二部分　这些年离婚教我们的事

离婚可以是一块通向自我内心的跳板,让你更真切地看清自己的内心,看清这个世界的运行规律。经过痛苦的淬炼之后,你终能听从内心,"无问西东"。

第四章

生活的磨难，人生的修行

到底要不要原谅出轨的伴侣

001 ///

当今,婚外情已经成为夫妻感情破裂的重要原因,而丈夫们又是出轨的主力军,于是,"老公出轨后该不该原谅"也成为遭遇这件事的已婚女性最纠结的问题之一。

银杏小姐就是其中的一员,她在写给我的信中讲述了自己的故事。

和所有的俗套剧情一样,她和孩子爸爸自由恋爱,一起走过了十五个春秋,孩子将近八岁了,两个人也有了一定的物质基础。就在她觉得生活越来越圆满的时候,孩子爸爸在新年来临之际送给她一串炸雷:他和别的女人已经相好了两三年。

东窗事发后,他一开始撒谎遮掩,后来斩钉截铁不承认,直到铁证如山砸在脸上,他才承认自己做过火了,有点小钱后膨胀了,错了。他给出自己的诚意:愿意接受任何处罚,并在行动上改过自新,只要不离婚。

他把烟戒了,这件银杏小姐磨叨了十年都没有成功的事,因为他的"出轨门"事件实现了。这个即使看老婆带病上下班都没有接送过的男人,现在每天送老婆上班;这个只有在开心时才逗孩子玩的男人,现在开始每天辅导孩子作业,给孩子做早餐,陪孩子上课外班;这个从不把岳父、岳母放在眼里的男人,现在开始为老人鞍前马后;这个几乎三天两头出去"应酬""加班"的男人,现在每天下了班就去接孩子放学……

站在人生的十字路口,她彷徨无措。一个朋友这样告诫她:"婚姻生活难免遇到坎坷,你离了这个,再找下一个,就能保证他不出轨吗?出轨事件既然发生了,他也承认自己错了,你就不要太逞强了。再说了,一个巴掌拍不响,一个人会出轨是因为需求得不到满足,在过去的婚姻生活中你肯定也有错,才会导致他出轨。你是女人,要学会示弱、宽容,才能经营好婚姻。夫妻之间,太在乎对与错、赢与输,感情就没了。"

银杏小姐的七大姑八大姨也都在劝她:"那么多女明星,哪个不比你漂亮多金,不比你经济独立,不比你优秀有才,为什么遇到这种事情都没有选择离婚,而是要'且行且珍惜',要'风雨同舟'?你看看你自己,样貌、身材、名气、魅力、事业心,哪样比得过人家?再说了,你老公认错态度那么好,你有啥不原谅的理由呢?你不原谅,你自己反而成了拆散这个家的罪人了。"

银杏小姐找到我的时候,说她现在很纠结,不知道自己要不要原谅出轨的老公一次。

别人的生活和感情,我毕竟不了解,仅凭这些只言片语我也无法了解整个事情的来龙去脉,所以不好给银杏小姐提供怎样的建议，而且似乎她内心早已经有了倾向性很强的答案。我的作用不过是一个倾听者，听完这段并不鲜见的新鲜事儿吧。

我顺着她的话说："他表现得那么好，如果你自己能克服心理障碍的话，确实可以好好享受下，待他打回原形时再一脚踢飞也不迟，也好给自己一个心理缓冲期。能从一段经历中收获成长，有时候比'向左走还是向右走'更重要。"

银杏小姐遇到的这种问题，搁谁都难以决断。选择离婚，是尘埃落定，放弃那个人、那段婚姻；而原谅是再一次启航，也许你会赢得盆满钵满，也许你会满盘皆输。

的确有不少人会在出轨事件后，明白自己最终想要怎样的生活，从此洗心革面，好好珍惜眼前的生活，跟伴侣建立良性互动，最终过上幸福的生活。这中间，被背叛的一方需要付出的忍耐、智慧，也起到关键作用。

但更多的"回归"，不过是因为出轨者不想失去婚姻的壳，为了息事宁人而选择回归，并不是诚心回心转意。他们可能还和婚外情人联系，或者只是将自己和情人的关系按了暂停键，以后处理得更隐蔽。

有很大一部分出轨者觉得勉强自己维持在无爱的婚姻中，已经是为孩子、为家庭做出"巨大牺牲"了，算是很"伟大"了，所以不愿再委屈自己失去与情人相处的快乐，更不愿意再付出更多的时间、精力来陪伴侣疗愈创伤。

当初的原谅是对还是错，只有时间能给出答案。

002 ///

面对出轨伴侣,到底要不要原谅?这件事儿因人因事而异,你需要自行权衡利弊。换而言之,原谅能获得的利益以及不原谅能得到的好处,哪一种更让你觉得值得和心甘情愿一些,那就选择哪一种。

这个问题没有标准答案,因为适合你的,便是你的正确答案。

我经常会收到这样的私信:"我老公出轨了,我到底要不要原谅他?我看现在原谅了老公出轨的某某女星也过得挺幸福的啊。"

老公出轨了,不管你是选择原谅还是离婚,都应该得到尊重。只是,我总觉得普通女子不应该将自己代入公众人物的婚恋纠葛中去。公众人物的婚恋,因为受关注度高,跟普通人还是不大相同的。

很多名人选择原谅出轨老公,或许也有情感因素,但更多的可能是为了保住现有的资源、利益、关注度,为了和丈夫捆绑在一起更快地实现自己的职业梦想。至于原谅之后双方能否重拾信任、重建感情,那就是另外一回事了。

普通女人选择原谅出轨老公的情形,却不大一样。现实中很多女人原谅出轨老公之后,只得到了一份糟心的感情和一个糟心的未来。你依旧没钱,依旧要和出过轨的老公住在一个屋檐下,每天要为柴米油盐酱醋茶操心、吵架,心理一失衡就会想起对方出轨的罪行,觉得自己活得憋屈、委屈,也担心老公指不定哪天又跟"狐狸精"联系上了。

普通人出轨,知晓的仅仅是当事人以及他们生活的小圈子,若他们的伴侣选择了原谅,那这种原谅很有可能暗藏风险。反正出轨这件事儿没几个人知道,对他们的名声、利益也没有什么影响,下次他们再出轨,也不会给自己带来多恶劣的后果。可公众人物不同,他们的一举一动都会被媒体、大众关注,出轨都会成为全民围观、家喻户晓的大事件。如果在首次出轨时,他们能顶住舆论压力公开向妻子致歉,并且保证以后回归家庭,那这种原谅就不显得廉价了,因为一个靠关注度、支持率吃饭的人若再次出轨,再次违背自己的诺言,很有可能蒙受巨大的经济损失,甚至连饭碗都保不住。

公众人物轻飘飘的一句话就当众原谅了自己出轨的伴侣,似乎显得很随意,但其实这种原谅很昂贵也很有威慑力,昂贵到让对方违抗不起。人家手里有媒体和公众舆论这把"达摩克利斯之剑",出轨的一方若是再不老实,这把剑随时可能掉下来,劈得他遍体鳞伤。

从这个角度来讲,公众人物高调原谅和普通女人的低调原谅,完全不是一码事。

婚姻有时候并不总是温情脉脉,很多时候是夫妻双方所拥有的各种力量、资源的博弈。你的老公自己还没表态要回归家庭呢,你就急吼吼地原谅,并拉上原谅了出轨老公的旁人给自己"壮胆",旁人都能猜测到这样的原谅会以怎样的方式收场。

面对男人出轨,选择原谅与否,是你自己的事。关键不在于是否原谅,而是如何原谅。

现实中也有很多人,因为原谅了一个值得原谅的人而开启了幸福的大门,两个人的感情更甚从前。但是,原谅和宽恕不能滥用,否则就是纵容。

值得原谅的，不是某种行为，而是某个人，那个敢于真诚面对自己的错误，并有勇气、有意愿和你修复关系、共建幸福婚姻的人。

003 ////

我的一个朋友，因为前夫出轨而离婚了，很多人听闻以后都对她说："每个人都会犯错，他不过就是出轨一次而已啊。况且你们还有孩子，他对你、对孩子都还算仗义，你怎么就把婚给离了呢？"

她笑了笑说："一旦信任不再，又如何爱得起来？我需要的是一段幸福的亲密关系，而不是一个仗义的朋友。真仗义的人，离了婚也会对我仗义。我不想只在婚姻里收获一个仗义的丈夫，余下的人生也不想跟一个我没法再信任的人相处。"

她又补充了一句："你想啊，以后他说去出差了，去应酬了，我还会信吗？很难了。他电话一响，我就忍不住想是不是那个女人又来找他了。他不回家过夜，我也忍不住会胡思乱想。我没有那么大的能量去重建对他的信任，这点精力我做点什么不好？"

信任一旦不再，猜疑心就野蛮生长。当对伴侣的猜疑成为一种思维定势，认准了某件事是怎么回事、对方是个怎样的人，我们便难以相信对方的言行。

很多原谅出轨伴侣的妻子，迎接回来的，不过依旧是一个不肯勇敢地面对问题，不肯磊落大方地处理问题，不肯为了消除伴侣的猜疑而努力的男人。

因出轨而失信的爱人，无疑给对方提供了恶意推断的充分条件。如果你借了别人的钱，但到期没能偿还，别人就不可能再借钱给你，你又如何能期望伴侣发自内心地信任你不会再出轨？

　　如果一个出过轨的丈夫每晚都在家中陪伴妻子，并且不断努力，那么妻子对他的信任就能一天天增加，直到有了80分的信任值。某天，倘若没有一个足够立得住脚的理由，丈夫晚回家了两个小时，妻子对丈夫的信任值就可能会减到40分甚至更低。如果是一个从未出过轨的丈夫呢？某天他忽然晚回家两小时且未对自己的晚归做出解释，妻子对他的信任值可能依然维持在78分以上的水平。

　　信任就像一件毛衣，织毛衣难，拆毛衣简单，但拆完之后再想织起来，难上加难。

　　信任是感情最大的基石，而欺瞒是谋杀感情的最大元凶。彼此信任的伴侣，相处起来才不累；若一方对另一方不信任，或彼此互不信任，那么这种关系对双方而言都是一场消耗。

004 ////

　　现实生活中，被伴侣出轨伤害的多是女性，但男性其实也不在少数，他们也需要面临"到底要不要原谅出轨的妻子"的问题。

　　遇到这种事的冬青先生，最后选择了原谅。

　　冬青先生的故事，说起来很简单：妻子小时候家庭条件比较好，钢琴、跳舞样样精通，很有艺术细胞，后来她父亲去世，家道中落，她跟着母亲艰难度日。她母亲看冬青先生为人老实，就撺掇女儿跟他结了婚。

冬青先生是个"技术宅",不善言辞、不懂浪漫,但为人踏实,做事勤恳,很顾家。女儿出生后,家庭开销增大,冬青先生就远离家乡跑去深圳打工,并开始接触软件开发工作,他的妻子则去了一家幼儿培训机构当舞蹈老师。

俗套的剧情终于还是发生了。冬青先生的妻子跟培训机构的老板产生了感情。老板是个有妇之夫,帅气多金有情调,经常半夜带着她去郊外看星星。

察觉妻子对自己心不在焉以后,冬青先生也质问过妻子,但她不承认,当他运用技术手段将妻子手机里的数据还原呈现给她的时候,她才承认了。

培训机构的老板不愿意离婚,冬青先生的妻子也不愿意失去自己的家庭,她低三下四求冬青先生原谅。冬青先生思前想后,最终选择了原谅。

聊起现在的生活状态,冬青先生跟我说:"现在我和妻子,就像亲人一样。平常我们交流也不算多,都是聊聊小孩、聊聊家庭的事情。那件事彼此都不提了,也怕再提起了。我们说话语气比较平和,对彼此没多少敌视,因为怎么说她也是孩子的妈,没有爱情总有亲情在。"

我问他:"你还爱她吗?"

他回答:"说不上来。她身体哪里不舒服,我还愿意主动关心她,但这可能更多算是亲情吧。到我这个年纪,也不求什么爱来爱去的了,只想平平淡淡地生活。现在这样,总比吵架好吧?"

他总结说:"这件事情之后,我有一种大彻大悟的感觉。有很多家庭,会遭受飞来横祸,区别不过是有些是天灾,有些是人祸。"

像是为了说服自己似的,他又补充道:"我还有其他很多事情得做,我要珍惜时间,照顾好孩子和家庭。到了'上有老、下有小'的年纪,自己的需求被压缩得越来越少,在家庭责任面前就是要做到'无我'才行。我自己的感受根本不重要,重要的是让家人过得开心。我想,以后还会不断遇到很多感觉过不去的坎,如果我一直执着于自己的痛苦,让家里人没有得到很好的照顾,以后会后悔莫及。"

他说的这番话,听得人又是感动又是心酸。我觉得他应该是那种把"自我"看得很小的人,自我价值感几乎全部建立在"被别人需要"上。看得出来,他虽然偶有痛苦,但似乎对眼前的生活还算满意。只是,这种生活外表看起来平静祥和,实则也暗藏凶险。他自己也承认,他的妻子未必懂得珍惜他的努力,两个人也很久没有性生活了。

005

或许,面对伴侣出轨,原谅或远离都不是最终目的,幸福才是。

如果选择原谅或者远离,你过得更幸福了,那么你所做的决定便是值得的。在情感问题上,选择都没有对错,只有愿意不愿意,后悔不后悔。

这中间,最值得肯定的一种态度便是:诚实地面对自己的内心,然后诚实地把感受告诉对方。

最忌讳的态度是勉强自己,明明接受不了或忍受不了,却不肯承认。明明在这种事情上很小心眼儿，却非要勉强自己做个"圣父""圣母"，以彰显自己宽容大度的慈悲心肠。又或者，明明很爱对方，但因为潜意识里认为选择离婚才是最"政治正确"、最解气、最有尊严、最潇洒的行为，而硬生生逼着自己放手。

从大环境上来说，如果原谅出轨伴侣的人变多，会纵容出轨风气，可落实到个体身上，这些事情就会变成一个又一个详细而具体，夹杂着心酸、释怀和伤痛的故事。当事人最终会考量多种因素，然后做出"两害相权取其轻"的决定。

每个人做决定，都有自己的理由。每一种选择，都应该被尊重。不管哪种决定，都没什么好鄙薄的，最后"求仁得仁"，能为自己的选择承担责任就好。重要的是，我们是不是还拥有自己，是不是过上了真正想要的生活。

如果原谅出轨伴侣让你感受到更多痛苦，那就不要原谅；如果原谅了对方让你感到解脱，那就原谅。弄清楚自己真正想要的是什么，有时候比研究伴侣是否值得原谅更重要。所以，在伴侣出轨要不要原谅这件事上，最重要的不是原谅别人，而是先放过自己。

放过自己最好的方式，便是处理好创伤，照顾好自己的身心，用尽全力去生活。当你不再仰人鼻息地生活，当你真正做到自由独立，有自己的理想追求和抱负，能为自己的人生掌舵，当你发现伴侣出轨你不会崩溃，不会感觉"天塌下来了""我活不下去了"，那么，那个他是否还待在你身边，是否还配待在你身边，或许根本就不重要了吧。

面对出轨的伴侣，原谅不原谅都谈不上酷。我觉得最酷的事情，是能为自己的选择买单。

伴侣喜欢玩暧昧，婚姻还能走多远

001 ///

所谓"红颜知己"，是男人们的专利，说白了就是能跟他们在精神上无比契合却绝不发生肉体关系的女人。

"比朋友多一点，比爱人少一点"，这是人们对红颜知己的定义。这是一种介于爱与非爱之间的暧昧关系，所以这种关系通常不能见光。

早些年，我看过一个男人写"红颜知己"的文章，看得我一阵反胃。

作者写道："当一个男人卧病在床与痛苦激战的时候，此时拉着男人的手慌张无措泪流满面的那个人必定是妻子。她怕你痛，她怕你死，她恨不得替你痛，替你死。她哭哭啼啼，痴痴缠缠，让男人非常感动，让男人心灵难安。而红颜知己则不同。红颜知己不哭，她只是站在床头，静静地凝望着你，阅读你的心灵，然后用她的口、她的眼、她的心告诉你她知道你痛在何处，她理解你，愿为你默默分担，让你灵魂不再孤寂，令你欣慰。由此可见二者的本质区别了：哭，是因为爱你；不哭，是因为懂你。一个男人，如果能拥有一个贤惠的妻、漂亮的情人和无话不谈的红颜知己，夫复何求？"

这种想入非非的本事，令人叹服。他们从不想想：除了在文艺作品里，天底下哪个凡夫俗子能享有这等"鱼和熊掌都兼得"的美事？

尘世生活的确很容易让人产生厌倦，这一点我们都能理解。不管男人和女人，都需要精神出口，都有暂时逃离庸常生活的需求。

男人需要倾诉，需要有人倾听他的所思所想，而自家的女人忙着伺候一大家子人，早没了那份耐心。朋友们也有了各自的生活，自顾不暇。找心理咨询师吧？人家要收费。想省心省事省钱，还得寄希望于天上掉下个"红颜知己"。倾诉完，"红颜知己"挥挥衣袖转身就走，不带走一片云彩。而在"红颜知己"那里充电完毕、恢复元气后，又可以把"红颜知己"忘到九霄云外，回家搂着老婆和孩子继续当"好丈夫""好父亲"了。

这听起来似乎很美。

002 ///

我的朋友绿萝小姐就遇到了一个特别喜欢找"红颜知己"的老公。

刚开始，她老公与"红颜知己"的关系还挺正常。两个人相识于公司的新年晚会，共同担任年会的主持人，偶尔会彼此发发短信、邮件谈谈工作。

"红颜知己"也看过她老公和她的婚纱照，说她很漂亮，他们很般配。可事情发展到后来，就有些不对劲了。

有一阵子，她老公出车祸，腿骨被撞裂，需要住院治疗。她很爱她老公，每天去医院照顾他。平时很爱睡懒觉的她，每天起很早为老公做饭、熬汤，先给老公送去才去上班。每天下班后，她马上跑去超市买菜，晚上把饭做好再送去医院。老公吃完晚饭，她就帮他擦洗身体、削水果给他吃，陪他说话解闷。每天都忙到医院开始清理闲杂人等了，她才拖着疲惫的身躯回家，往往回到家已经十点了。回到家，她又开始打扫卫生、洗漱，然后给她老公打个电话，爬上床睡觉时往往已过十二点。

她每天都这样尽心尽力地照顾他。十来天后，忽有一日，她看老公的手机，发现他几乎每天都跟那个女主持人在微信上聊天，聊天内容无所不包，从天文聊到地理，从工作聊到旅游，甚至她在医院跑来跑去帮他办手续期间，他也在微信上跟"红颜知己"打招呼："你在干什么呢？"

更令她无法接受的是，"红颜知己"去外地出差，她老公居然每天早上给红颜知己打电话，叫她早点起床，不要耽误了当天的工作。

知道真相的她完全崩溃了。她不明白自己每天累得像条狗一样，家、公司、医院三头跑，到底是为了什么？事后，她老公在两家老人面前诚心忏悔。两家老人也说这件事儿并不严重，希望她能再给他一次机会。

她暂且原谅了他，但心中这根刺，也就永远地种下了。这根刺，可大可小，如果遇到其他机缘的催化，也能成为压倒骆驼的最后一根稻草。

003 ////

发现老公有"红颜知己"之后，绿萝小姐找情感专家求助，其中一个"专家"这么回答她："男人之所以在婚后也需要红颜知己，并不完全是为了出轨，或是移情别恋。他可能只是想找个人说说真心话，而这些话恰恰不适合跟妻子倾诉。所以，希望你能多多地包容与理解。"

对这样的观点我实在无法苟同，因为这个"专家"完全站在男性视角上说话，完全忽视了妻子和"红颜知己"的感受和需求。假如女性找了蓝颜知己，他们未必会让男人多多包容与理解，反而可能会斥责女性不检点了。

什么样的男人会去找"红颜知己"呢？是不自信以及没担当的男人。

如果你够自信，你就会对自我有一个客观而中肯的评价，不需要通过异性的肯定、鼓励来获得力量。如果你够有担当，你应当明白：每个人的孤独感都是与生俱来的，不要妄想哪个人能填补。妻子不行，妻子之外的女性也不行。

只有缺乏自信和担当的人，才会在生活的重压下衍生出找寻"红颜知己"的需求。他们需要靠妻子以外的另外一个异性来确认自己的魅力，他们因为没有自信和能力处理好自己和伴侣之间的关系，所以需要去婚外寻找一段见不得光的暧昧关系。

跟这类男人结婚，你甚至都没法痛痛快快地表达自己的委屈，因为他就是喜欢这种跟别人暧昧的感觉,他希望能给人一副"我很有魅力"的形象。

他自己也清楚,跟"红颜知己"的互动,不过是逢场作戏,心里也还是知道谁轻谁重,所以借他几个胆,他可能也不敢跟"红颜知己"做出格的事。可本质上,这一切反映出来的不过是他内心的自卑和空虚。

拥有"红颜知己"的男人和喜欢做男人的"红颜知己"的女人,迷恋的就是这种暧昧的危险游戏,所以,大概率上双方不大可能往后退一步成为朋友,倒是非常可能往前进一步成为情人。

在"红颜知己"的对比下,正牌女友或妻子慢慢就成了男人最讨厌的人,因为"红颜知己"善解人意而你胡搅蛮缠、不讲道理,因为"红颜知己"思想深刻而你浅薄粗鄙。你若是对此有意见,他们俩可能还会说你小心眼儿。

本来你以为,你在他心目中才是独一无二的。如果他的心是一架飞机,你以为只有你才能坐头等舱,可后来你发现,别的女人也可以坐,甚至有时候你得去坐经济舱,把头等舱的位置让给"红颜知己"。

红颜知己的存在,会让你明白那个男人根本不够爱你,他只是爱自己。

004 ////

我们总是强调婚姻是"左手摸右手"的亲情关系,是"一根绳上的蚂蚱"的利益关系,却忽略了一点:夫妻之间,最该有的,是志同道合的朋友关系。

一旦妻子和丈夫无法像朋友一般交流的时候,那么这段婚姻也就形同鸡肋了。

你心里有事了,遇到困难了,但又不想跟妻子讲,所以去找朋友说说,这换谁都能理解。每个人都需要朋友,你的妻子也是一样。

可是,朋友和"红颜知己"是两回事。

我们与朋友的关系是清清爽爽的,但"红颜知己"就不同了。"比友情多一点"到底是什么?不就是暧昧吗?

找"红颜知己"的男人和做别人"红颜知己"的女人,都以为自己是虬髯客和红拂女,成就一段旷世奇缘,这真是典型的看不清自己。

难道他们不知道什么叫"君子不立于危墙之下"?当然不是。他们只不过内心深处也有某种心照不宣的小盼望,希望某些事水到渠成,到时候还可以安慰自己"我不是有意的"。

杨绛说过:"夫妻该是终身的朋友,夫妻间最重要的是朋友关系,即使不是知心的朋友,至少也该是能做伴侣的朋友或互相尊重的伴侣。情人而非朋友的关系是不能持久的。夫妻而不够朋友,只好分手。"

我觉得"夫妻该是终身的朋友"这句话,应该让天下所有的夫妻背诵一千遍。

美国普渡大学的科学家对190名年轻参试者进行了问卷调查,结果发现,在恋人身上投入友情较多的参试者,更可能与恋人保持长久的浪漫关系，性爱更和谐。

在两性关系中，过分看重个人需求或欲望的人，很难保持长久、和谐的夫妻关系。

每个人都有交朋友的需求，但你若真想有"红颜知己"或"蓝颜知己"，那这个"知己"也最该是你的妻子或丈夫。

你和朋友之间，正是因为彼此尊重、有界限、互惠互利，才友谊长存。可为什么伴侣一旦跟你结合，就被你纳为"自己人"了呢？为什么对方就得围着你的需求转，还得容忍你冷落她去外面找知己？

浪漫夫妻关系的核心是友情，它在夫妻关系中起到"减震器"的作用，可以防止夫妻关系产生裂痕。重视夫妻间的友情可以巩固夫妻关系，而一旦失去友情，必然会导致情绪消极、有不安全感和身体健康水平下降。

道理很简单，但不是谁都能明白，或者是不愿明白，尤其是那些只顾及自己感受的人。

要我说，这世上哪有什么"红颜知己"或"蓝颜知己"啊，无非一个装傻充愣，一个死撑着不说。而家庭沟通畅快的夫妻，是根本不需要什么"红颜知己"与"蓝颜知己"的。

婚姻已经很难，不要再"窝里斗"

001 ///

我的一个男性朋友，以前曾有过一个特别爱指责抱怨的女朋友。

两个人一起开车出去玩，他不小心走错了路，她就开始抱怨、指责个不停，一会儿说他是不是眼瞎了，一会儿说他是不是故意的。两个人兜兜转转终于到达目的地，但他的好心情也被破坏殆尽。

她生病，他做饭给她吃，但菜炒好了以后才发现电饭煲忘记插电了，没米饭吃。她一听，又开始了抱怨："这怎么能忘记呢？你是不是故意的？我就知道你不在乎我！我都生病了你还这样对我！"

平日里，她对他很好，兜里若有一块钱，她能给他九毛九，自己只留一分，可她败就败在"刀子嘴，豆腐心"。

她也不是不懂得他的好，只是无法控制自己的脾气。只要觉得某件事情不合她心意了，就立刻要把这种不满的情绪发泄出来，并且认为自己这样才叫"真性情"。

和她在一起久了，他很累，后来他提出了分手，并很快找了一个女朋友。

见到他新女友的照片,她崩溃了,还闹过一次自杀。

她歇斯底里地质问他:"论长相、论身材、论学历、论家庭条件,她哪点比我好?"

他当时没回答她,只是在事后跟我讲起他选择现任妻子的理由时,跟我说了这样一段话:

"我开车时走错路,我老婆从来不抱怨,只安慰我说,就当我们多看一段路的风景好了。我做饭要是忘记了开电饭煲,她就跟我一起煮面条……我们之间出现任何矛盾,她都会选择跟我一起面对,而不是攻击我、指责我、抱怨我、跟我搞内讧,不会白白把时间精力花在吵架上。"

我心想:相比前女友,他的妻子的确是一个很好相处的人。和这样的人在一起,不管出现什么问题,都可以心平气和地解决吧!

开车走错路,这才多大点事儿?别人也不是故意的,而且事已至此,抱怨、指责有什么用,还不如静下心来解决问题,要么打114询问路线(那会儿手机导航还不流行),要么下车找人问路,总是能把问题解决的。

做好菜才发现忘记煮饭了,这又能耽误什么?叫外卖、煮面条等都是替代选项,没必要为这点儿事把所有人的心情都搞得很糟糕。

我们和另外一个人在一起,是为了快乐、幸福。你是更在乎快乐的氛围还是更在乎走错路耽搁的那点时间和没吃到嘴里的那一碗饭呢？

面对同样的事情，他的现任妻子选择的沟通方式和他的前女友有很大的差别。差别在哪里？差别在妻子时时刻刻记得"我们"，而前女友时时刻刻只记得"我"。

002 ////

我参加过不少旅行团，见识过不少恋人在旅行中的相处状态。有的恋人只要一遇到一点点问题和困难，就开启互相指责模式；而有的恋人自始至终只致力于团结起来解决眼前的难题。

在一家酒店，我就看到过一对经常处于争吵模式的夫妻。

男的说："我都提醒过你多少次了，不要报这种要进购物店的团。你想想看，今天我们进了几次购物店，浪费了多少时间，而且我爸妈都老了，经不起这样的折腾。我说你报团的时候，怎么就不长点脑子呢？"

女的不甘示弱："什么叫不长脑子？这个团便宜我才报的呀。你要是大款，我就直接报纯玩豪华团……明明是自己挣不了几个钱，还抱怨别人！"

听了这话，男的显然已经非常不高兴了："每次你都往这个上面扯，有意思吗？"

女的阴沉着脸，把行李箱往男人前面一推，转身走开了。

第二天退房的时候，我又听到这对夫妻在争吵，这次好像是因为忘了给孩子多带一双鞋而吵。导游在一边劝："花钱出来玩嘛，就是为了寻个开心的,别反而把自己搞不开心了。"

与他们形成鲜明对比的,是另外一对老夫妻。

某天退房后,我们都乘车走出去好远了,那大叔才发现相机落在酒店了,他开始表现得有点着急。大婶说:"哎呀,都怪我,我出门前应该提醒你一下的。"大叔说:"不关你的事,是我自己忘了。我们想想该怎么办吧?我打车回去拿还是怎么办?"

大叔给酒店打电话,大婶则叫来了导游商讨办法,最后确定了方案:让酒店员工把相机快递到大叔大婶家。接下来的行程中,大叔和大婶虽然没了相机,但依然用手机拍得不亦乐乎。相机落在酒店里的事,仿佛只是此次旅行中发生的一点小插曲。

对前面那对年轻夫妻的婚姻,我不看好。遇到问题时,他们针锋相对,把对方当成"敌人",事情还没解决呢,就先起了内讧。一遇到问题,这两个人首先就进入到"你和我"的对立模式中,就连称呼对方父母,用的词都是"我爸妈""你爸妈"……两个人一直在"我"来"你"去,却很少有"我们""咱们"的概念。

后面这对老夫妻呢?一遇到问题,他们首先想到的是检讨自己,然后协助对方解决问题。他们俩更像是一个并肩战斗的团队,更多时候强调的是"我们",而不是"你"和"我"。只可惜,现实生活中,在很多人的价值排序上,夫或妻是被排到最后的。每次遇到问题,他们总是很容易将伴侣置于自己的对立面。

003 ////

一场好的婚姻，夫妻两个人应该是携手共进、风雨同舟的队友。既然是队友，就应该有团队意识。

团队意识里最核心的一点，就是懂得团结合作。夫妻两个人也应当要以团队的方式相互协作、优势互补。你走不动了，我扶一把；我要出去打猎，你做好后援；你耕田来我织布，我挑水来你浇园。两个人自始至终是同一个战壕里的战友，一起打造婚姻的堡垒，让它固若金汤。

关于"夫妻是最好的战友"这一点，林语堂曾经有过这样一番精彩的见解："现今生活上的竞争非常激烈，尔虞我诈，风险百出，单凭你个人单枪匹马地去应付，至感困难与艰苦。在人生的战场上，夫妇乃是最好的战友和伴侣。所谓'夫者扶也；妻者齐也'，正是表现双方互相合作的意义。夫妇生活乃是同舟共济，对于人生惊涛骇浪的侵袭，相救如左右手。"

好的婚姻是铺路石，而坏的婚姻则是绊脚石。经营婚姻，光懂战术似乎没什么用，最重要的还是要在战略上"走心"。比如，要把对方当成自己的"战友"，而不是"对手"。夫妻双方要并肩作战，而不是互相攻击、搞内讧。这样，我们的心力才不会被消耗在家庭内耗上，夫妻联手披荆斩棘，才富有战斗力。

古人常说"家和万事兴"，也是这个意思。和睦对于夫妻的重要性自不必说，如果夫妻俩一天到晚在争吵打斗中内耗，那样的家不是传说中温馨的港湾，而是冰冷的地窖，是噩梦，是你不愿意回去却又不得不回去的一个窝。试想，如果连家都成为痛苦的源泉,连伴侣都成为你最想逃避的人,生活还有快乐可言吗?

窝里斗的夫妻,一遇到问题就很容易散伙;而齐心协力的夫妻,遇到再大的困难也能联手克服。夫妻俩把精力都花在内耗上,就没多少精力去建设家庭,真的会越过越穷。而齐心的夫妻,极少搞窝里斗,极少无端去伤害家人,所以能"万事兴"。

最后跟大家分享一个故事,想必很多人都听过。

一天早上,丈夫出门前嘱咐妻子把一瓶药藏好,免得他们年幼的孩子误服。妻子满口答应。但是,丈夫不久就接到妻子打来的电话,说儿子误吃了瓶子里的药,已经送往医院抢救。丈夫立即赶到医院,见到哭成泪人的妻子,只对她说了一句话。

你们猜,丈夫说的是一句什么话?

现实中,很多的丈夫可能会这样说:"让你把药收好,你不收好,你是傻子吗?"总之,是一顿指责或谩骂。可故事里的丈夫只对妻子说了六个字:"没事了,我爱你。"

话很少,但表达的是一种并肩进退、共同面对困难和问题的态度。

婚姻本就不易,如果出现问题和矛盾,也希望你向对方说出这六个字。

无性婚姻，难言之痛

001 ////

菠萝先生和他的太太两人外在条件非常匹配，结婚多年感情稳定，但性生活一直不是很和谐。他的太太在性生活中总是放不开自己，也从不主动表示自己这方面的需求，两个人维持婚内无性状态几乎有两年多了。菠萝先生也跟太太谈过这个问题，可她说她不需要，一点也没兴趣。

菠萝先生崇拜纯洁专一的性爱，他认为性是人生中美好的事情，不仅可以增进夫妻感情，还能放松身心，可一想到妻子勉为其难的态度，他就没了兴致。这样的小阴影一个又一个地累积起来，菠萝先生和太太的婚姻很快进入不和谐状态，濒临破裂。

在说"无性婚姻"这个话题之前，我们先做一个名词解释。

"性"的内涵其实很丰富，不一定是指交合动作。我们这里说的"无性"，指的是广义上的"无性"，如果日常生活中双方用亲吻、拥抱、抚摸等充满爱意的方式让对方感受到爱和安全感，双方对这段关系都感到比较满意，只是没有太频繁的性生活，严格来说不能列入"无性婚姻"的范畴。

男女之间的性关系虽然是自然繁衍的本能,也是婚姻关系的生理学基础,但并非绝对不可或缺。如果双方当事人都能接受无性婚姻,并能从中感受到幸福,那么无性婚姻就算不得是什么大问题。

除却上述那种情况外,若夫妻间如果没有生理疾病或意外,却长达一个月以上没有默契的性生活,就是无性婚姻。曾经一次全国范围的抽样调查发现:现在已婚或同居男女中,每月连一次性生活都不到的人超过1/4。也就是说,一个人有伴侣,并不等于有性生活。

近代性学研究发现:适当的性生活能让人体释放一种叫内啡肽的物质,它是一种天然的镇静、镇痛剂,能给整个神经系统创造一种轻松、无虑的内环境,从而提高免疫系统功能,使抗病能力得到提高。

性,是夫妻感情的润滑剂,是夫妻相处是否融洽的镜子。美国纽约大学临床心理学博士苏珊·海特勒称,性生活能够促进大脑后叶催产素的分泌,这种化学物质可促进人与人之间的感情,因此无性婚姻一定程度上是脆弱的。

"无性婚姻"像是一种病毒,毒害着婚姻、家庭和健康,给婚姻带来不该有的无奈、沉重和痛苦,也给"无性"的那一方带来精神上的摧残。有正常需求的丈夫或妻子,若因伴侣的原因承受无性婚姻,确实是一件很让人糟心的事儿。

造成无性婚姻的原因有很多。有些人因为生活压力过大,精神高度紧张,把"性"当成一件任务,无法放松地享受性爱,日积月累下来,身体就会"休眠"。

有一些人是因为在性的方面缺乏创造力,又不愿意与伴侣一起追求新鲜感,索性去婚外寻求刺激,而让伴侣留在无性婚姻里承受煎熬。

还有一些人,因为从小接触到的观念是"性是可耻的行为",又或者有过相关的心理创伤,于是产生严重的性心理障碍。性在他们眼里是肮脏、可耻的代名词,所以他们对性行为和亲密关系非常抗拒。

002 ////

一个人到底爱不爱另外一个人,身体最诚实。除非你是无性恋者,不然,你越爱一个人,越会情不自禁想跟他亲近。就像父母亲吻孩子一样,这几乎是一种不经大脑思考的本能。

你的身体抗拒的异性,一定是你不那么爱的,只不过不一定是你想离开的。不离开的原因,可能是因为面子,因为责任,因为父母孩子,因为经济利益一致,因为暂时没有遇到更好的。

我们的身体会"说话",或许很多人不信,然而事实就是这样:文字、语言都是我们经过"加工"后才说出来的,未必完全能反映我们真实的内心,而身体语言则是自发的、难以控制的,它所透露的才是一个人最真实的内心想法。很多时候,我们的身体比语言更加诚实。

即使是跟一个陌生人打交道,你的身体也会给出最诚实的反馈。若对方无意间触碰到你,你本能地想回避,多半说明你跟对方没戏。我们不爱一个人，也往往是从厌倦对方的身体开始的。

从这个意义上来说，无性婚姻之所以会产生，多半是因为"婚姻还在，但爱已经没了"。人一旦心冷，也就不愿费时费力过性生活了，毕竟这是件有互动才能产生快乐的事。

现实中，有很多婚姻因为无性而走到了尽头，但也有人在"无性"到"离婚"的这条路上来来回回走了很久，一直看不到尽头。有的无性婚姻可以走下去，有的则不行，一段无性婚姻会何去何从，要具体情况具体分析。只是，有一点是可以肯定的：如果你的伴侣无视你的需求和感受，甚至都不愿意花时间、精力与你商讨问题之所在，通常说明你们之间的无性问题其实早就不是性的问题了。

木心先生说过：性无能事小，爱无能事大。如果夫妻一方渴望亲密，而另一方拒绝，很容易给对方带来心理上的挫败感，进而导致沟通不畅、欺骗、婚外恋甚至离婚。这看起来是性的方面出了问题，实际上还是"爱无能"在作祟。因为"爱无能"，所以无视对方的感受和需求；因为"爱无能"，所以对婚姻中出现的问题视而不见；因为"爱无能"，所以懒得给婚姻保鲜。

有多少夫妻同床异梦，对伴侣藏着掖着，不愿意打开自己，不愿意相信对方。两个人在一起比一个人待着还孤独，这才是最致命的。

第五章

不曾走过，怎会懂得

婚姻是彼此扶助，不是单方面扶贫

001 ///

小夏出生于一个重男轻女的家庭，她还有个弟弟。从小到大，父母把好吃好喝好玩的都留给弟弟，弟弟挑剩下的东西才会轮到她。她从小发奋学习，后来考上了大学，毕业后找到了一份还不错的工作。而她的弟弟则因为上学时不好好读书，参加工作后又很不成器，到三十岁依然游手好闲、不务正业。

小夏想着弟弟不成器，父母就很辛苦，所以对父母非常孝顺。参加工作后，她挣的所有钱几乎都拿去补贴家里了，自己一分钱都不留。弟弟要娶老婆、买房子、做生意，父母就管她伸手"借"钱，虽然明知这些钱借出去会"有去无还"，她还是"借"了。

小夏后来认识了她老公，并很快结了婚。她老公经济条件很好，知道她家是这种情况，倒也不嫌弃，有时反而主动给她父母钱。他们的孩子出生后，小夏听从老公的建议辞了职，成为一名家庭主妇。

随着小夏二胎的出生，家里经济压力增大，她老公不愿意再拿钱出来支援她的父母和弟弟。小夏自己又没有收入来源，每次父母跟她开口，她都拿不出钱来，只好找老公要，但都被他一口拒绝。

她开始跟老公吵架，指责老公不爱她，也不爱这个家了。

起初，小夏的公婆并不知道儿子私下里一直在接济儿媳的弟弟。现在，儿子儿媳一吵架，这问题就被暴露出来了，他们开始对小夏颇有微词，对小夏的家人更是退避三舍。

小夏在梦里哭过很多次，虽然痛恨自己的爸妈和弟弟，但每次她都说服自己：他们是实在没办法了才来管我要的，我不能甩手不管，毕竟他们是我的亲人。何况，当年父母供养我上大学不容易，我不能不感恩。现在老公和公婆都对我不大好了，我现在对娘家人好一点，将来老公真要跟我离婚了，也有个退路。

小夏未必不知道这种状况持续下去，会对自己、对婚姻、对孩子、对娘家人产生怎样的影响，但她或许只是迷恋那种能出面帮家人解决问题的感觉，迷恋家里人夸她"孝顺""懂感恩"时给她带来的心理满足感，以至于根本没意识到自己的行为已经给伴侣造成了困扰和伤害。

小夏的老公明确表态：孝顺岳父母的钱他会给，但小夏的弟弟他不会再管。

有一次，小夏的弟弟出去喝酒跟人起了口角，还把别人打伤了，需要赔付一笔医药费。小夏的父母急得差点给小夏跪下了，小夏也急得不行，她跑去网上求助：我要怎么说、怎么做，才能说服老公掏这笔钱？

不管热心网友怎么给她陈说利弊，她总能找出各种理由说她要为了父母再帮弟弟"最后一次"。看到她的留言，我有这样一种预感：如果她一直坚持给弟弟收拾烂摊子，她的婚姻走向不会太乐观。

002 ///

很多小夫妻的婚姻，总免不了会被夫妻双方的家人干涉或影响。所不同的只是，有的人能把这种影响降到最低，有的人却像小夏一样左右为难，导致矛盾愈演愈烈。

如果自己或对方的家人影响到了我们的婚姻，当如何去解决？其实有这么一个基本原则可以去遵循：谁的家人搞出的问题，谁负责出面去解决。

小夏就违背了这一基本原则，她将自己应该出面去解决的事情，假爱之名转嫁给了老公，并且对老公实施道德绑架：如果你不帮我解决我家人的问题，就说明你不够爱我、不爱这个家。小夏这么做，跟那些自己不去孝顺父母，却要求老婆孝顺公婆的男人又有什么区别呢？

我跟小夏说，我要是你的公婆，可能不会嫌弃你有这样一个"搜刮女儿补贴儿子"的原生家庭，但我会嫌你处理不好和原生家庭的关系。出生于怎样的原生家庭你决定不了，但怎么将原生家庭对你的影响降到最低你能决定得了吧？换位思考下，如果你老公也像你这么做，你又是什么心情？不要拿"爱我就要和我一起面对"作为幌子了，你没和自己的父母、弟弟划定合理界限，才搞出来这么多"幺蛾子"。现在，你自己不出面搞定，反而假手于人，不仅会把事情搞得更糟糕，还会让伴侣日渐心寒。

的确是这样的。作为夫妻，除了孝顺自己的父母之外，也应该更多地去关心、孝顺配偶的父母、家人。结婚后，我们是应该把对方的父母当作自己的父母来对待，与伴侣并肩携手去应对命运给我们出的各种难题。这是一种被广为提倡的传统美德，也是应该的。但我们说"把对方的父母当作自己的父母来对待"，指的是尊敬、孝顺，是有困难时的扶持和帮助，而不是放任对方父母索取无度。

婚姻是两个个体的互相扶助，而不是一方对另一方原生家庭的单方面"扶贫"。

小夏的问题果真无解吗？未必。

我的一个朋友，也曾遇到像小夏一模一样的情况。父母同样重男轻女，家里同样有个不成器的哥哥，唯一不同的只是她的哥哥一直没结婚。

参加工作五年，她一分积蓄都没攒下来，工资一发下来就寄回家。她的父亲每次管她要钱，都反反复复强调一句话："是我们抚养你长大，供养你上学。没有我们，就没有你的今天。你要知恩图报，因为不懂孝顺的子女猪狗不如。"她的父亲对她的哥哥，则完全是另外一种态度："我们家就你一个儿子，你可千万要照顾好自己，你要是有个三长两短，我们家的香火就要断了。"

令人无语的是，从上初中开始，她的父母就没再供养她上学。她所有的学费、生活费花销，都是一位爱心人士资助的。当时，那位爱心人士找到品学兼优的她，决意要资助她上大学，而她的父母居然跑去问人家，是不是可以改为资助她的哥哥。爱心人士拒绝以后，她的父母又要求人家把资助给她的钱，打到他们的账户上。那位爱心人士当然没有采取这个方案，而是把资助的钱款打到了教她的班主任的账户上，再由她的班主任按学期代她缴纳学费、按月给她生活费。

毕业后,她舍不得吃好的、穿好的、住好的,出门逛街能坐公交绝不乘出租车,而她那个游手好闲的哥哥,拿着她给父母的钱到处请客吃饭、泡妞。

当她发现跟她收入差不多甚至比她收入低的女同事都买了房,而她依然住在城中村的出租屋里;当她在破小的出租屋里上吐下泻整个人快要虚脱,她的父母电话打来,一句都不问候她身体,只顾着管她要钱。她忽然意识到:家里人老管她伸手要钱而不管她死活的臭毛病,实在是不能再惯了。

你知道她是怎么做的吗?她狠下心来换了电话,换了公司,换了住址,并跟所有认识她和她的父母的人言明:谁要是多管闲事把她的信息、联系方式、行踪泄露给她的家人,她就跟谁绝交。

她真的整整三年没回过家,没给家里打过一个电话,一分钱都没给家里寄,哪怕是她的父亲住院期间也不例外。她甚至做好了心理准备:如果这期间她的父母去世,那她接受自己与父母的关系以这种方式完结。如果父母、哥哥跟她断绝关系,她从此再无缘踏上故乡的土地,那她也接受。她说,如果真有这种事情发生,那这就是她的宿命。

她几乎是抱着破釜沉舟的信念去做这件事的。三年过去,她家里人终于被治"服帖"了。在她"消失"的那三年里,她家里人过得挺落魄,上哪儿都借不来钱。当她恢复对父母的经济供养时,父母像是"久旱遇甘霖",觉得还是女儿最靠谱。

这一回,她明确表明态度:我愿意给你们的,你们拿着;不愿意的,别管我要。反正你来要,我要不想给,你们也要不到。

在这三年间,她终于得以攒下点儿积蓄买了套小公寓,后来又认识了现在的老公。结婚之前,她已经把自己的家庭障碍扫清。婆家经济条件不错,结婚后她过上了比较优裕的物质生活。

这个朋友事后跟我讲起这件事时,说她还是觉得自己觉醒太晚了。如果当初她能让哥哥意识到多读书的重要性,让父母意识到重男轻女的危害,又或者,刚参加工作时她就懂得反抗和切割,那她的家人或许就能早一点儿明事理,她也能早点儿摆脱这种恶性循环。

003 ////

每个家庭的情况都不一样,但有一个基本原则是通用的:你敢于捍卫,别人就不敢侵犯。与任何人相处都是如此。

人这一生,谁不渴望爱和温情?谁不希望家庭是一个温暖的港湾,是一个只讲爱、讲情的地方?但真要是遇到那种自私冷酷、索取无度的家人,还是要有铁血手腕。

与他们相处、交锋,"不是东风压倒西风,就是西风压倒东风"。如果你不狠,他们就可能对你狠。如果你掌握不了主动权,就只能选择被控制、被"道德绑架",任他们摆布,一生不得自由,还会殃及无辜——你的伴侣。

擅长对子女实施"道德绑架"的人,特别容易放大自己作为父母的光辉。他们把孩子当成自己的附属品,一旦孩子开始反抗,就极容易被他们定性为"不孝"或是"不懂感恩"。如果父母的这种"道德绑架"严重影响到了你的生活，你就要学会取舍：要"我的生活我做主"的自由，还是要父母给你的"孝顺""懂感恩""从不忤逆长辈"等所谓的"好"名声？

事实上，"独立""自主"和"感恩""孝顺"并不是冲突的。对父母，我们要孝敬，要尽到为人儿女应尽的义务；对自己，还是要坚持走自己想走的路，不充当父母的"提线木偶"。

人与人之间的矛盾，很多是因界限不清而产生。公婆强力干涉儿子、儿媳的婚姻，是因为儿子未能与父母划界；岳父母大肆干预女儿、女婿的生活，对女婿索取无度，也是因为女儿未捍卫好小家庭的边界。

"谁的家人搞出的问题，谁出面去解决"应该是伴侣之间相处的基本原则之一。把原本自己该承担的捍卫边界的责任交给伴侣，当伴侣力不从心时，就责备伴侣没用、不爱自己，说到底也不过就是一种"巨婴心态"罢了。

建议那些深受父母祸害的情侣、夫妻，多向《射雕英雄传》里的黄蓉学习。当父亲黄药师反对她和郭靖的婚事时，黄蓉并没有将这种压力传导给郭靖，而是创造机会让父亲发现郭靖的好，发现她对郭靖已"此心不渝"，使得父亲学会了尊重她的选择。

幸福家庭的第一定律，是夫妻关系优先于其他关系。也就是说，夫妻结婚后，对伴侣的爱要优先于对自己父母、子女的爱。我们强调婚姻中要把夫妻关系放在第一位，并不是说其他关系不重要，只是我们一定要懂得，只有夫妻形成坚固的亲密共同体，才能产生 1+1>2 的效果，才能为双方的父母提供更有力的、长期的、稳定的支持和帮助，也才更有利于家庭成员之间建立和谐的关系。

夫妻只有像爱护眼睛一样爱护彼此的关系，孩子才能在父母恩爱的家庭中成长。若是夫妻反目、交恶、离婚，首先受到伤害的便是孩子。同样的道理，结婚后我们要学着摆脱对父母的依附，全情投入到与伴侣的关系中去。如果我们继续接受父母的控制和影响，做父母的乖孩子，那我们将很难与伴侣建立真正亲密、健康、幸福的关系。

结婚之后，我们就要树立这样一种观念：夫妻关系是所有家庭关系中最重要的，一旦夫妻关系不牢固，其他衍生的家庭关系，都会受到影响。

如此说来，成长真是一辈子的事，有时候需要我们去妥协、和解，有时候则需要我们去反抗和切割。不管是妥协还是反抗，所有的成长都有一个共同的名字——担当。

你的疆界你捍卫，你的问题你解决，你的责任你来扛，你捅的娄子你来补。人这一世，要早日分清楚哪些事是我们自己的，哪些事是别人的。该自己做的，横刀立马迎难而上；该别人承担的，你可以适度帮忙，但不能大包大揽、越俎代庖。

想明白了这一点，我们或许就知道自己该怎么做了。

所以，请别把原生家庭的魔咒，当作阻碍自己追求幸福的理由。你有权利打破魔咒，更有权利拥有新生活。

有多少婚姻,毁于"拒绝沟通"

001 ////

有网友发问:"一个家庭是否和睦、一段婚姻是否幸福,真的更多取决于女人吗?"

我回答:"取决于身处这种关系中的所有人。"

网友再问:"如果非要找出一个更重要的角色呢?那是男人还是女人?"

我想了想,然后回答她:"可能并不能一概而论地说取决于男人还是女人,而是取决于心智更不成熟的那个人。"

网友不解地问:"此话何解?"

为了解释这个问题,我引入了"木桶理论"的概念。

"木桶理论"的内容是:一只木桶能盛多少水,不取决于桶壁上最长的木板,而是取决于最短的那块木板。"木桶理论"告诉我们,要致力于弥补短板,而不是进一步增强长板。

"短板"是完全不可忽视的,因为它是"木桶"之所以能发挥"盛水"效用的关键。

家庭、婚姻中，心智最不成熟的那个成年人，便是一块"短板"。很多关系出问题，往往是因为这块"短板"拖了后腿。比方说，一个丈夫若是有家暴行为，习惯以暴力解决问题，那么妻子再贤惠再温柔，这个家也会散；如果一个妻子嗜好赌博，不务正业、屡教不改，丈夫再勤勉，估计也在这种婚姻中熬不下去。破坏一桩婚姻，一个人"发力"就够了。

我的一个师姐的丈夫，就是这种典型的"短板"。两个人是闪婚，一开始的时候感情倒也挺好，但是从第一次发生冲突开始，她便发现：她的丈夫完全不具备处理问题和冲突的能力，因为每次出现问题他都拒绝面对和沟通。

遇到婆媳矛盾，他无法发挥"双面胶"的作用，而是选择逃避，任由两个针锋相对的女人战火升级或自行和解。一出现问题，他要么溜之大吉，脚底就像是抹了油；要么当只鸵鸟，一直把头埋在沙子中，能逃避得了一时算一时。

夫妻关系遇到瓶颈的时候，婆媳关系出现问题的时候，他从来不会想方设法解决问题，而是选择逃避。他最大的杀手锏便是沉默不语，永不回应。

一方越是无动于衷，拒不接对方丢过来的"球"，这沟通游戏就越是没法玩下去；着急想通过沟通解决问题的一方，就会越发歇斯底里。师姐最后终于受不了了，提出了离婚，可就连谈离婚，男人也不愿意出面，他一脸无辜地跟旁人说："她都歇斯底里成那样了，我还一直忍着她，从来不跟她吵架。要不是我忍着，这个家早就散了，她还有什么不满意的，一定要离婚？"

师姐从第三人那里听到这话,哀伤地说:"我倒是希望,他能痛痛快快跟我吵一架。有什么不满,有什么想法,都统统吵出来,这样的话,至少会让我觉得他也感受到了我们的婚姻存在问题,并且愿意去解决。"

如今,师姐通过起诉离成了婚。令我们无语的是,法院是在男方缺席的情况下做出离婚判决的。

现实生活中,这类在婚姻中擅长逃避、拒绝沟通的人不在少数。很多男人下了班找各种理由不回家,不一定是因为真的忙,而是烦,不想面对家里那些乌七八糟的事儿。

有短暂逃避的心理可以理解,但长期的习惯性的逃避,却足以让伴侣彻底崩溃,摧毁一段婚姻。

生而为人,各有各的不容易,不管是男人还是女人,都会面临各式各样的人生困局。男人在面对棘手的问题时,有一时的脆弱和退缩原本也是正常,但那些患了"逃避症"的男人,却根本没有解决冲突和问题的能力,也缺乏这种担当,一发现苗头不对劲就选择逃跑。跑到哪里去呢?拼命地工作啊,应酬啊,打游戏啊,找哥们儿喝酒啊,甚至找婚外情人。

和这样的男人在一起生活,要么女人强悍到底,要么你就任他逃避到底。如果你实在忍受不了,就只能远远地离开他。

002 ///

得了"逃避症"的已婚人士,现实中屡见不鲜,只是"症状"各异。

一个朋友曾这样跟我讲她和丈夫的故事："我和丈夫结婚两年，孩子刚一岁。丈夫性格比较内向。我们是通过相亲认识的，婚后没啥大矛盾，但前段时间，他忽然对我实施冷暴力，拒绝和我交流。经我多次询问，他终于说出原因，说是我在怀孕期间，他听到过我和我母亲争吵，我说过不喜欢小孩之类的话，他就一直认为我不爱我的女儿。有时候，小孩子哭闹我没有及时哄孩子，他也觉得我不爱小孩。他对我感到不满，所以才不理我的。幸亏他说出来了，不然我都不知道自己哪儿得罪了他。"

听完，我愣了一下，心想，若是让我遇上这种内心戏很多但不具备多少沟通力的男人，也几乎是没辙啊。小小一件事情，他自己内心已经百转千回，却不跟你吐露半句。你需要不停去盘问、引导、鼓励，对方才愿意说出心里的想法。接下来，你只能去哄，去解释：我不是那样的，事情不是你想的那样……哎，又不是拍偶像剧，何苦把日子过得这么累？

堂姐的老公也是这样一个人。两个人刚结婚时，双方的七大姑八大婆对他们婚姻的渗透力还不强，所以两人并未产生什么矛盾和问题。在一起久了，婆媳关系、家庭分工、生活习惯等问题一一涌现。一出现矛盾，堂姐就去跟丈夫沟通，但他要么一声不吭，要么就来来回回回复她这么几句话：

"既然你那么认为，我还有什么好说的。"

"你要这样认为，我也没办法。"

"随你！你想怎样就怎样吧！"

堂姐心想，跟他当面沟通，是不是自己的态度有点问题，所以让他不敢回应？那就尝试用文字吧。于是，她给他写了一封长长的信，心平气和地阐述两个人遇到的问题，希望他也能敞开心扉跟她聊一聊。那封信，他收到了，也看了，但是，依旧石沉大海。她跑去问他，他回答："我没什么好说的。"

两个人之间的矛盾和问题，永远无解，只不过暂时被掩盖。下一次，又重新爆发，而且程度更严重。堂姐绝望了，提出了离婚。两边的父母急了，跑出来劝她："有什么事情是不能靠沟通解决的啊？"她回复："很多事可以靠沟通解决，但是，你没法解决一个不愿意沟通的人。"

在各大论坛、自媒体上，我们经常看到这样的求助：丈夫（妻子）遇到点事情就当"缩头乌龟"，就是不愿意跟我沟通。怎么办？

某些情感专家给出的建议一般是：谁痛苦，谁去调整和改变。于是，希望能跟伴侣建立沟通的人，不停地调整自己的沟通方式去适应对方。对方既然是一头犟驴，就要顺毛捋捋，不要把他刺激成战斗模式，或者"进一步缩头"模式。结果呢？有人求仁得仁，情况果然有所好转；也有的人，用尽全力调整自己的脚步去适应对方，最后堕入更深的绝望。

分析伴侣不愿意沟通的原因，无非是三个方面：

第一，他完全不把你放在心上，所以不愿意跟你沟通；跟别人，他或许是愿意敞开心扉的。

第二，他只是有沟通心理障碍，需要你去引导、适应、激发。

第三，他就是那样的人，永远只愿意活在自己的道理之中，不愿意为任何人做出任何改变。

第一种情况，你真是没辙，因为你永远没法逼一个不爱你的人在乎你。第三种情况，应该比较少，即使有，当初认识、恋爱时，应该就有端倪，到头来你估计还得怪自己眼瞎。唯独第二种情况有改善的希望，但不知为什么，我总感觉愿意调整自己去适应对方的那一方，显得有点悲壮。

对方是你的伴侣，不是你的孩子，可你跟对方结婚时，却必须得像父母一样，耐心地引导他、鼓励他……若不是对方确有几分过人之处，对你也有足够的情分，不然真的很难想象有几个人能对伴侣有这样的耐心。

理想状态下，一个好的伴侣应该是自我养成的，而不该是伴侣调教、熏陶、培养出来的。大家都是成年人，都背负着各自的人生和压力。出现问题了，有什么不能好好沟通解决的？非得逃避、拒绝沟通，非得冷暴力？非得等着别人用劲儿撬开你的嘴，打开你心扉？就你是孩子，别人就得当大人啊？如果你真的愿意对这段关系负责，在乎那个人的感受，又怎么会逃避？

逃避本身代表着拒绝，你拒绝和对方沟通，就是对他人的漠视和不尊重。对方倒是愿意跟你沟通，可不管跟你说什么，都像是打在一团烂棉花上，那他哪怕脾气再好，也会产生非常烦闷的情绪。若对方不是在乎你，够重视这段关系，谁会一次又一次"热脸贴冷屁股"？谁会一次又一次在灰心失望后，又鼓起勇气，想尽办法跟你沟通，通达你的内心？

任何关系都是要双方去维护的，尤其是最最亲密的伴侣，如果一方总是逃避沟通、总是冷暴力还意识不到，那只能说，他真的不够珍惜这段关系。

003 ///

或许也正是因为擅长逃避的人太多了，所以那些有沟通力的伴侣就显得尤其珍贵。

电视剧《欢乐颂》里的赵医生，就是一个绝佳的有沟通力的案例。被女友曲筱绡叫去吃应酬饭以后，有点小清高的赵医生非常不适应，见不得曲筱绡在客户面前表现"假我"，所以找了个借口提前走人。换很多情侣，估计走到这一步就闹掰了。或是女方觉得男友这种时候离开，折损了自己的面子，并上纲上线说男的不爱她。或是心高气傲的男方觉得女方在客户面前谄媚成那样，简直太丢脸，然后要求女方改变。

可赵医生和曲筱绡并没有因此分手。赵医生跟曲筱绡坦白了他借故提前离开饭局的事，两个人心平气和地讨论各自对饭局的看法和态度，最后确定了解决方案：以后曲筱绡的饭局，赵医生不再参加。

赵医生有同理心，也有沟通力。他不拿这件事儿苛责曲筱绡，是因为他知道，人在江湖飘，向规则低头、迎合他人是很无奈也很正常的一件事。我们爱一个人，这种时候想到的多是心疼，而不是鄙夷。而曲筱绡呢，也懂得尊重赵医生，愿意放他去做他自己，不试图以爱之名绑架和改造对方。

两个成熟的人谈恋爱，就该是这样的。心里有什么疙瘩，及时沟通和化解。沟通时，注重方式和方法，力求双赢。你心里有对方，珍视这段关系，自然就懂得照顾对方的感受，愿意表达自己真实的想法，而不会放任对方胡思乱想、平添误会。

如果你遇上一个对你没法产生共情力，对你的情绪无动于衷，又不愿意出面去解决两人之间问题的伴侣，那真是一件不幸的事。

这种人普遍会有一个特点：沉迷于某样嗜好，共情能力非常弱，难以与他人的心灵产生共通的联接，难以与任何人建立深层次的亲密关系。

"感同身受"这四个字，对他们而言是一种奢侈品。没办法，他们的脑子里、思维里，就缺少这根筋，所以才会对别人的痛苦和情绪无动于衷。

他们不知道的是，世界上还有另外一种共情能力强的男人，看到老婆生孩子疼，自己心也会疼，甚至在手术室门口签字的手都是抖的。这样的男人，遇上老婆愤怒的时候，自己也会产生相应的情绪，可能也会跟老婆吵架，但他们唯一不会去做的事情，便是无动于衷。

追求阶段，一部分缺乏共情力的男人可能会深谙搞定女人的套路，女人也很容易被这些套路（比如花言巧语）所俘获，但这种套路是纯技巧性的，不走心的。

也许他们很多时候也会表现得特别善良，但这种善良有时候只是一种"表演"需要：我若不这么做，别人可能会认为我太冷血，如果大家认为我冷血，那我在社会上会不好混的。

谁遇上这样的男人都可能是一场灾难。更可怕的是，你可能没法跟他好聚好散，因为你对痛苦关系可能很敏感，多一秒钟都无法再忍，而对方却是"死猪不怕开水烫"，对这一切无动于衷。

心智不成熟的人，往往是拒绝沟通、遇事逃避的人，他们的言行非常容易破坏人和人相处的和谐氛围。而心智成熟的人，勇于了解自己，懂得管理自己的情绪和行为，能认识和判断别人的情绪并发展出与这种情绪对应的能力。他们能够客观辩证地看待人和事，说话办事入情入理、恰如其分，令人愉快，人际关系也相对较好。

两个人关系良好、相处和睦，需要双方的共同努力；但破坏这种关系和氛围，只需要一个人永远保持沉默、对一切无动于衷就够了。

发现这一点，对于我们的积极意义在于：任何一段两两关系中，都会有我们无能为力的部分。我们应当学着放过自己，承认自己无力影响和改造他人，然后不再纠结于不和谐的关系，甚至在条件允许的前提下脱离这种关系。

人无完人，世界上每个人的心智模式都有缺陷，拒绝沟通只是其中的一种，而我们所能做的，就是尽力完善自我，让心智变成熟，多培养出自己的理解力、沟通力、共情力、反省力、执行力，让自己不至于成为影响人际关系的那块"短板"。

家庭暴力，婚姻不能承受之痛

001 ///

我的小姨死于家暴，这是让我一辈子都无法释怀的事。

结婚前，小姨夫是人见人夸的"五好青年""模范丈夫"。结婚后，他慢慢化身为魔鬼，一不顺心就对小姨拳打脚踢。

母亲一再鼓励小姨提起离婚诉讼，但是每次小姨心硬起来决心要离婚的时候，她的丈夫就跪在地上，抱着小姨的腿痛哭流涕，发誓要痛改前非，说孩子太小不要离婚，小姨就心软了。

小姨夫那边的亲戚纷纷跑来劝小姨："你明知道他喝醉酒了会打人，怎么还去招惹他呢？夫妻俩吵架、打架是很正常的事儿，你看看哪家不这样？你们不能离啊，离了孩子就没爹了。"

有一次，小姨都已经把起诉状交上去了，但在小姨夫的哄骗下，她看了看尚在襁褓之中的女儿，又撤诉了。

十三四岁的我，也曾给小姨出了不知道多少点子。我说："你带着孩子赶紧逃，逃得远远的，先活命要紧。"可她总是下不了决心，说她不能让孩子跟着她寄人篱下、四处飘荡。她希望孩子有一个家，不要像她一样，有家不能归。

再后来，我上高中，每年寒暑假回家，我会问她："你为什么不离婚？"她用近乎怯懦的语气说："我怕打。"

在暴力面前，她以前的倔强和顽强全部消失，只是把头埋在不满一岁的孩子身上，失声痛哭。以前，她不敢离婚、不敢逃离，是因为顾念孩子，也担心自己没有好出路。但到后来，离婚这个想法她连提都不敢提，因为害怕被打。

小姨终究还是香消玉殒了，不知究竟是死于自杀还是家庭暴力。我完全没法想象她死前究竟发生了些什么事，也不敢细想。

小姨夫后来又再婚了，我当时挺不理解那个阿姨为什么肯嫁给他。按理说，我小姨已经因为家暴惨死，她又何苦去跳那个坑？

当时，那个阿姨大概是觉得，小姨夫会对我小姨家暴，是因为小姨性格有问题、不会做人、太蠢。像自己一样聪明的人，绝对不会惹得丈夫对她抡起拳头。结果呢，结婚生子后，她也难逃被暴打的命运，门牙也被小姨夫打掉了两颗，耳垂也被割掉了一小块。

后来，她终于狠下心抛下了亲生儿子，逃命去了。如今十几年过去了，她再也没回过老家，也没有给家里带回过任何一点儿消息。为了活命，她似乎已经切断了过去，父母、亲人、孩子通通不要了。

我真的差不多用了二十年的时间，才慢慢接受了小姨已死的事实。有很长一段时间，我常常会梦到小姨告诉我她还活着，在一个远离我的地方生活。梦境里，她还是二十年前的模样，一颦一笑都那么真实。醒来后，我怅然若失，分不清刚刚与她的那一次见面,到底是梦境还是现实。

正是因为小姨死于家暴的缘故,我看不得网络上曝光出来的每一个男人打女人的视频。每次看到,就气得浑身发抖。一想到二十年前,也有一个人像他们打女人一样暴打小姨,我既愤怒又伤心。

002 ////

因为出身农村,我从小到大看过数不清的家庭暴力事件。在二十几年前的一些农村地区,男人打自家女人几乎是一种普遍现象。

我的一个邻居阿姨,嫁了个赌徒,丈夫输了钱后就对她实施家庭暴力。她跟他离婚又复婚,复婚又离婚,折腾了十来年,最终还是受不了他的赌瘾和暴力而远走他乡。

她的丈夫觉得她的反抗让他颜面扫地,就四处放言说"如果她胆敢回来,我就亲手剁了她,杀她全家"。于是,她果真再没有回过老家,连自己的亲妈去世都没敢回来奔丧。

我写过很多关于"反家暴"的文章,也曾在网上引起一些反响。一个读者给我留言,分享了她自己的真实经历:"小时候我很怕喝酒之后的爸爸,因为他会无缘无故地把家里所有的人大骂一通。在我们都还很小的时候,爸爸一旦喝酒撒酒疯,我们便躲得远远的,只留下妈妈一个人跟他周旋。我到现在都记得,有一次我跟弟弟躲在另一间房里不敢出来,过了一会儿,听见妈妈大喊'救命',那种撕心裂肺的哭喊让我和弟弟睡意全无,也顾不上可能会遭到爸爸打,直奔出来,结果看到爸爸正肆意地揪着妈妈的头发往墙上撞。

多少年来,即便是爸爸去世之后,我也很难完全原谅爸爸,很大的原因就是我看到了太多的暴力,看到了太多女人的脆弱和无助,我觉得仅凭一句'他是你爹'就让我去原谅他,实在是太难了!"

我的一个小学同学没有什么本事,却很爱打老婆。他的老婆从小父母双亡,跟哥哥一起住,后来哥哥娶了嫂子,嫂子容不下她,就把她嫁给了我这个小学同学。结婚后,她并没有迎来幸福,而是一直生活在拳脚相加的伤痛和阴影里,被囚禁在一个"不能有自己的生活空间,不能结交自己的朋友"的无形牢笼里。

因为文化程度低、觉悟也低,因为去城里也找不到合适的工作,因为顾及一双儿女,因为娘家回不去等种种原因,她不得不忍受着这样的日子。

也许有人会问,她怎么不报警啊?为什么不离婚啊?可是,面对这样令人痛心的情况,外人只能干着急。

每个人的性格、处境不同,处理事情的方式自然也不同,我们觉得承受家庭暴力的当事人有更"光明的去处"没什么用,关键是她们自己觉得有,并且愿意迈出那一步。

003 ////

试图用暴力让女人屈服的男人,都是无能自卑的人。他们打女人,无非是打得过,并认为女人是附属品,是他的私有财产,是低人一等的,不配跟他讲道理。

更令人气愤的是,这类事情发生以后,总有一堆人拿着放大镜找女方的错处，任何蛛丝马迹都能变成"她活该被打"的证据。比如，他们会说，男人打女人，是不是女方太强势、太咄咄逼人啦，是不是女方太软弱啦，是不是女方做了什么对不起男方的事啦，不然一个巴掌怎么拍得响。

可是就算女方太强势、弱势、招人恨、对不起男方，也只能导致被分手、被离婚，而不该导致被暴打。

谁都知道，遭遇和忍受家庭暴力是一件非常痛苦的事情。跟出轨等对你造成的心灵伤害不同，家暴威胁、危害到你的生命安全，你分分钟可能会死在枕边人的拳打脚踢之下。

"君子不立于危墙之下"，这是我们上幼儿园时就学过的道理。离开一个对你实施家庭暴力的人，并不是在放弃、割裂一个完整的家庭，而是在逃命。

很多男人在打完妻子之后，往往会换一副嘴脸，恳求女人原谅，并发誓下不为例。他们打老婆时是真残暴，下跪求饶时也显得特别"真诚"。很多被家暴的女人对男方抱有不切实际的幻想，一心软就选择原谅，可这种原谅并不一定能带来好结局，只会让对方变本加厉，因为你的原谅给对方造成这样一种暗示：我允许你打我，只要你道歉就行了。

有时宽容会帮助一个人成长，可有时候你的宽容只会让别人对你变本加厉。对家暴行为的姑息就等同于纵容，很多家庭暴力就是在对方一次一次的忍让中升级，最终酿成大祸的。

对待家暴，我们就该零容忍。一旦发生家庭暴力，要坚定地与施暴者隔离，与其他家庭成员共建起一个保护自己的支持系统。

如果对方持续不断地实施家暴，一定要及时求助社会机构乃至警方，甚至"走为上计"。

令我们感到欣慰的是，如今，虽然依然有人认为"女人被打是因为她该打"，虽然还有一些人认为"丈夫对妻子实施家庭暴力是家丑，不可以外扬，外人也不能多管闲事"，但有越来越多的人对打女人的男人表达了强烈的谴责，越来越多的人愿意站出来制止，而不再是"事不关己，高高挂起"。

更可喜的是，我国终于出台了《反家庭暴力法》。司法机关、妇女联合会、医疗机构、社会工作服务机构、救助管理机构、福利机构都将在"反家暴"案件中扮演重要角色，社会各界正凝聚成一种共识，齐心协力对家庭暴力说"不"。

女性群体退路少的现状我们暂时没法改变，但我希望遭遇家庭暴力的女性对家庭暴力零容忍，学会拿起法律、舆论等武器保护自己。若不巧遇到了那种只会靠暴力解决问题的人，一定要学会自保，谋求脱身之计。

特别要说明的一点是，只要是殴打、虐待任何一个家庭成员的暴力行为，都属于"家暴"范畴。

有一句话说得很对："如果有人以你不喜欢的方式持续地对待你，那一定是你允许的，否则他只能得逞一次。"反家庭暴力需要社会各界的介入，但更需要受害者本身要有自我权利意识。被打并不是你的错，也不是你的耻辱，任何人都没有权利殴打你，你配得上更好的生活。

每个人的生命都只有一次，我们要学会爱自己。

公婆有时会成为婚姻中的最大隐痛

001 ////

栗子先生是我的朋友莲子小姐的前夫,他是个"娶个老婆孝顺我妈"的现实范本。他从来没为自己的亲妈做过一次饭,没洗过一双袜子,甚至过年回老家也是和一帮同学聚会喝酒不常在家,早上出去晚上喝醉了才回来,他妈基本和他说不了几句话。他妈生病也好健康也好,他也根本不上心。

可就是这么一个不孝顺的人,居然要求莲子小姐对婆婆毕恭毕敬、孝顺体贴。莲子小姐一个月没给婆婆打电话,婆婆就打电话向儿子诉苦说儿媳不孝顺,栗子先生挂完电话就说莲子小姐"不会做人"。可笑的是,他自己可能几个月都不给自己亲妈打一个电话。

莲子小姐的婆婆是怎样一个人呢?如果家里只有她和儿子吃饭,她就屁颠屁颠跑去洗碗,但一旦有儿媳坐到了饭桌上,她的腰一定会酸、背一定会痛,所以洗碗的任务必须是儿媳的。莲子小姐若是想对公婆提点什么意见,栗子先生就扔过来一句话:"我们家的事你少管!"说这些话时,他甚至都不曾意识到,自己潜意识中已把妻子当成外人，放到了父母的对立面。

每次莲子小姐和婆婆发生冲突，栗子先生都逼她去跟婆婆道歉。他常挂在嘴边的一句话是："我父母辛辛苦苦养大我不容易，你做儿媳妇的孝顺一下他们怎么了？"

结婚以来，他一直想把莲子小姐改造成为自己父母喜欢的类型，并在父母面前对妻子呼来喝去，指使妻子做这做那，好像不这么做，就显示不出他在家里的"爷们儿"地位。

莲子小姐一直忍，忍了几年实在受不了了，痛痛快快离了婚，过上了自由逍遥的单身生活。莲子小姐跟我说起那些往事的时候，还是有些愤愤不平："自己根本就是个不孝之子，却有脸要求别人孝顺他自己的亲妈。"

002 ///

有这样一些公婆，他们会主动让儿子分担家务，会对媳妇嘘寒问暖，会在儿子和媳妇发生口角时站在媳妇一边责备儿子，轻轻责备儿子不知道疼女人，而不是不分青红皂白"护犊子"……这真是一种高明的处事智慧，是"曲线爱儿子"。

倘若老人觉得自己作为男方家属，就可以居高临下、理直气壮地要求"娶进门的媳妇"孝顺自己，甚至自己本身不懂得尊重人，还对儿媳挑三拣四，那么这个家很难有安宁之日。发展到后来，儿子和儿媳分道扬镳几乎也是必然。

电视剧《双面胶》里有这样一个情节：儿媳丽娟吃红烧肉，婆婆在心里数着她吃了几块，对儿子说："一碗红烧肉我切28块，你吃8块,你爸吃7块,她一人吃13块!这盆肉要是在家里,放点萝卜土豆,我跟你爸能吃一个星期!"在她的概念里,做媳妇就应该把好吃的都让给丈夫吃,媳妇居然比儿子都吃得多,简直是反了!

小说版《双面胶》中丽娟被愤怒至极的丈夫活活打死;电视剧版中,丈夫失去理智痛打丽娟,就在两人厮打成一团时,无人看管的宝宝从二楼摔了下来。就这样,这一家子人彻底散了。如果一开始,大家各自摆正自己的位置,怎么又会酿成这样的悲剧呢?

"我是长辈,你们小辈就得孝顺我",这是很多中国式父母的想法。长辈我们当然都要尊重、要孝顺,但问题是人和人之间的尊重是相互的,长辈自己是否也应该有长辈的慈爱和风度呢?

什么时候婆媳能以平等的心态和对方相处,将要求媳妇单方面"融入"男方家庭的观念进化成"双方互相融合",或许双方矛盾会少很多。

孝顺和尊敬老人是一个人的基本素养。一个没有孝心的人,你不能指望他有责任感。老人为家庭奉献一生,到了晚年应该得到善待,何况每个人都有老去的时候,都有需要被关心、被照顾的时候,所以我们向来主张将心比心,推己及人,"老吾老以及人之老"。但是,我们也希望,老人们一再要求儿媳"老吾老以及人之老"的时候,也要学会"幼吾幼以及人之幼"。当父母时爱护自家的儿子,当公婆时也该爱护别人家的女儿。养儿不易,自然也该明白别人养女不易。别人家的女儿嫁给自己家的儿子,为的是能拥有更幸福的人生,而不是为了成为自家的终身保姆。

话说回来，成年人的婚姻被父母反对、插足、干涉是很常见的一件事，关键还要看你怎么处理。

我有个师兄，他的爸妈都不同意师兄和师姐结婚，说是师姐无论是出身、长相、学历都和师兄太不配。结果师兄平时那么寡言少语的一个人，直接就把结婚证甩桌上说："你们不要再说了，我们已经领证了。"这么多年过去了，他们生育了一双儿女，一直很幸福。

婆媳矛盾算是问题吗？当然算，但如果夫妻俩真的有一起走下去的意愿和能力，如果夹在中间的男人经济和思想独立、心智成熟，有解决冲突和问题的能力，那么婆媳矛盾就有可能被化解；即使不能化解，也不会成为影响他们婚姻生活的决定性因素。

一个男人如果希望婆媳关系好一些，那么最好就把老婆看得重一些。你的父母对你老婆的态度，跟你的表现息息相关。如果你的父母看到你这个做丈夫的，根本不尊重、不在乎、不疼爱自己的妻子，他们也会看轻她。这种"看轻"，会体现在生活中的方方面面，总有一天会成为矛盾爆发的引线。如果你不吝于在父母面前对妻子体现爱和呵护，父母也会重视妻子在儿子心中的特殊地位，对媳妇态度言语上都会比较有分寸，这样双方即使有小摩擦，矛盾也不会被激化。

紧张的婆媳关系与父母和子女之间缺乏界限感有关。一些父母有一种根深蒂固的理念："孩子是我的"。在他们的观念里，孩子是自己的附属物。他们活着、付出一切都是"为了孩子"，所以特别喜欢和子女们"绑定"终生。他们没法忍受儿女的独立，一旦儿女成家，媳妇或女婿就被认为是"入侵"的外来人……这样的关系不可能和谐。

现在人们越来越认同这样一种观点：所有的婆媳矛盾，都是因为"母子关系""夫妻关系"没处理好造成的。儿子跟母亲没有合适的界限，甚至还属于未断奶的共生关系，那么必然会侵犯到儿媳的生活边界。儿子跟儿媳夫妻感情不好，才会让婆媳矛盾有机可乘。

如果公婆与媳妇之间能够互相理解、尊重、体谅，就能相处好。请注意，是"互相"如果单靠某一方努力迎合，单方面强调某一方的义务，那么，无论是婆婆还是媳妇，早晚会有上房揭瓦的一天。

当孕期、产后抑郁遇上"婚姻危机"

001 ///

一听到"产后抑郁"这个词,很多人的第一反应是:"嗨,女人说自己产后抑郁其实就是玻璃心,是矫情。"

说这话的人,大概真没生过孩子。

对很多新手妈妈来说,生孩子除了产痛,更可怕的是紊乱的激素、孩子的哭闹、突然陌生的老公、过度侵入小家庭生活的长辈……这些,都很有可能把一个原本乐观开朗的女性压垮。

怀孕期间和生产后,女性体内的激素水平会像过山车一样发生变化。如果一个产妇对产后的生活拥有"高期待",而家人却只能给她"低支持",那这种期望落差会影响产妇心境,给产妇带来创伤感,使其产生绝望、悲伤、无助等消极情绪,如果这些情绪无法缓解则可能造成产后抑郁。

就我自己的体验来说,我觉得整个孕期、哺乳期是自己自卑感最强、情绪最低落的一个时期。我时常觉得自己都不再是一个体面优雅的女人,而只是变成了一头母兽。

怀孕到六个月的时候,我全身浮肿,鞋码变大了两码,用手指按压脚背,脚背就出现一个半厘米深的深坑。

怀孕七个月的时候,我手指缝、脚趾缝起了一层密密麻麻的小水泡,奇痒难忍。水泡溃烂以后,脓水流到哪里,哪里就又长出一层细细密密的水泡,痒得让人抓狂,用了很多药膏也不见效。

怀孕八个月的时候,我每天的出汗量是没怀孕时的两倍。那会儿是广州的夏天,我觉得自己又丑又臭,根本不敢照镜子。

情绪上,我变得敏感、易怒,以前能泰然处之的事情,那会儿就是不行。我时常觉得自己委屈,内心深处常常没来由地升起一阵阵绝望感。

现在回过头去看,真是不认识那个时候的自己,不明白当初自己怎么会那么容易暴躁和愤怒,每天心中都有一股无名之火,甚至真的有想过一了百了。

那会儿,我失眠很严重,跟前夫的感情非常不好。内心感到很不安的时候,我也会找他吵架,但这架永远吵不起来,因为他自始至终不发一言。我也曾给他写过长长的邮件、发过无数条微信,尝试着去跟他建立心灵上的联接,却自始至终起不到任何效果。

回想起来,整个孕期我几乎没有睡过一个好觉。哪天晚上要是能睡着三个小时,第二天早上起床我都能喜极而泣,因为这三个小时的睡眠时间对我而言简直堪称奢侈。

到了即将临盆的时候,胎儿压迫膀胱,我每天晚上需要起床六次上厕所。白天去上班时,无论做什么事情都觉得自己像在梦游。可就是这样,我依然坚持上班到了生产前一天,并且从未因为自己身体、精神状态不好而在工作上出什么差池。

生孩子的时候,我是"顺转剖",受了两茬罪,偏偏前夫选择这个时候出差了。那些无法用语言形容的生产之痛,让我早顾不得跟他计较些什么。再往后,该来的事情还是来了,我还是离了婚。那些孕期、产后不被善待的经历,为我做离婚决定加了砝码。

拿到离婚证当晚,我居然破天荒地睡了一个饱觉,并且从那以后再没有遭遇过持续性失眠的困扰。

如果让我用一个词来形容我离婚后的生活,我会用"来之不易"四字。我从来没有像现在一样喜欢自己,也从来没有像现在一样对自己的生活状态感到满意。那种感觉,像是你穿越了一条黑暗的隧道,进入了另外一个宏大而明亮的世界。我的心量、格局、眼界都变大了,人生从此开始有了豁然开朗的感觉。

只有经历过黑暗往事的人,才能明白"来之不易"这四个字的含义。有时候,我也会回想起那些日子,然后感到些后怕。我曾经离崩溃那么近,离抑郁症那么近,甚至离死亡那么近。而身边的那个最应该给我关心和温暖的人,却自始至终看不到这一切,未曾给过我什么回应。

庆幸的是,我还是靠自己的力量撑过了那段最难熬的时期,等到了柳暗花明。

002 ///

一个朋友生下孩子后不久,我去月子中心看望她。那个月子中心设在二十多层,环境很幽雅,服务很周到。奇怪的是,几乎所有的窗户都只能打开到拳头大小。我问月子中心的护工:"房间窗户这么设计,是怕产妇吹到风吗?"护工回答我:"不是。我们月子中心以前发生过产妇产后抑郁跳楼自杀的事件。"我恍然大悟,心领神会。

我以前住的小区也曾发生过一起产妇因产后抑郁跳楼自杀的事件。死者跳楼自杀时,孩子还不到四个月。我是在她死后三年,才听到了关于她的完整故事。

她和他是奉子成婚,两个人感情基础不深,也缺乏足够的了解。对于很多姑娘而言,结婚是幸福的开始,可对她而言,却是磨难的开始。

怀孕期间,她被查出"胎盘前置",不得已辞掉工作卧床在家全程保胎,生产前有大概七八个月的时间都是在床上度过的。当时,她很想让自己的妈妈来照顾自己,但她妈妈说:"照顾你,是你婆婆的责任。以后我是要靠儿子、儿媳养老的,所以我要留在老家帮你弟媳带孩子,不然惹你弟媳生气就不好了。"

无奈之下,她只好请婆婆过来帮忙。婆婆骨子里男权思想非常严重,认为自己人生最大的价值就是生了一个光宗耀祖的宝贝儿子,心态上觉得自己是"皇太后",而自己的儿子是"皇上"。这样两个人在家里朝夕相处,其中的矛盾可想而知。

早在她怀孕期间,她的丈夫就在婆婆的"熏陶"下,逐渐对她心生不满。每次她跟婆婆产生矛盾,她丈夫几乎都以"我妈是没文化的农村妇女,而你上过大学更应该明事理"为由,要求她做出让步。那时候,因为婆婆期待见到孙子,对她倒也不算特别刻薄。

生孩子当天,她差点因为大出血而命丧黄泉。孩子生下来以后,婆婆一见是女儿,当场就给她一个黑脸,并开始心疼为了救治她而花掉的医药费，数落自己的儿子为什么给她用昂贵的进口药而不是价格比较低廉的国产药。

生下孩子后，她变得暴躁、易怒，抱着孩子下楼晒太阳时，经常当人面失声痛哭。她的丈夫见她这个样子，选择了无视和回避。

听说自杀前半个月，她跟婆婆因为给孩子用纸尿片还是尿布的问题产生争执，最后战火升级，两个人越吵越激动，接着动了手。没有人说得清到底是谁先动了手，但最终的结果是：婆婆和丈夫满屋子追着她打。

她决定要离婚，带着孩子住进了酒店，可事后又被自己的妈妈劝回，被婆婆和丈夫接回。她妈妈跟她说："你好歹凑合着过吧，谁不是那么过来的呢？你要真离了婚，我可没法帮你带孩子。"

自杀当天，丈夫的婚外情人大着肚子找上门，于是，压死骆驼的最后一根稻草终于来了，她终于撑不住了。

她跳楼自杀的时间大概是半夜三点。警方接到报警后赶赴现场，在她的睡衣口袋里发现了门卡和手机。早晨七点多警察按响她家门铃的时候，她的丈夫和婆婆睡眼惺忪地来开门，完全不知道到底发生了什么事。

她应该是得了产后抑郁症的，只是没有引起任何人的重视。如果她能熬过那段时间，或许也就不会觉得眼前面临的难题必须要靠死才能了结。

003 ///

前面讲的是比较极端的情况。很多女性生下孩子之后，并不会产生什么悲观、绝望的情绪。即便婚姻生活过得很不如意，但母性的力量能超越这一切,她们内心里时常会升起一股力量:要把怀里这个小小人儿给照顾好。

只是,并不是每位妈妈都能情绪平和地度过这段时期。

我有一个朋友,刚生下女儿十一个月,就因为避孕失败又怀上了一胎。生第一胎的时候还好,生二胎时她就出现了严重的狂躁和抑郁情绪。小儿子出生时大女儿才一岁多,两个孩子都离不开她,小儿子体弱多病,而她跟婆婆的关系也挺令她烦心。

她几乎没空在微信上跟谁聊天,也从来不在朋友圈晒孩子,像是从我们的生活中消失了一样。有一天,我忽然想起她,然后发了一条信息过去:"亲爱的,你还好吗?最近心情怎样?"

过了很久很久,她才回复我一条信息:"还好。但是,刚刚看到你这句话时我哭了。在过去几个月的时间里,家里从来没有人问过我的感受,他们只顾着逗孩子、对孩子嘘寒问暖。真的,问我心情好不好的,你是第一个。我觉得自己快要抑郁了,有时候真的想过要自杀……"

幸运的是,她老公及时坐下来跟她沟通,并且开始慢慢关照她的情绪。现在,她心情渐好,不再狂躁抑郁,开始在微信朋友圈晒两个孩子的合影。

不是每一个孕产妇都会产生抑郁情绪,但我真的希望我们这个社会能意识到这世界上真的有"产后抑郁"这回事,然后学会关爱每一个孕产妇。特别是丈夫们,更应该给予妻子足够的爱和关心。

关于预防产后抑郁,我也想结合自己的体验给孕产妇们一些建议:

第一,如果自己没有独立养育孩子长大的能力,建议慎重考虑要孩子的事。如果确定要孩子，那么从刚怀孕时起就要做好身心准备，充分接受自己即将成为妈妈的事实，尽早进入母亲的角色。

第二，**多与宝宝交流，快速增进母子感情**。这点相信很多母亲能做到，因为它近乎是一种本能。就我来说，一见到那个粉粉嫩嫩的小肉团，再被冰冻过的心都要融化了。

第三，**有不良情绪要学会释放，与丈夫多沟通、交流，争取夫妻关系向良性方向发展**。如果人家不配合，也不必过分纠结自己不被爱、不被尊重这个问题。人活一世，什么糟心事都可能会遇到。命运从来不跟咱讲道理，那它给咱什么，咱就说服自己去接受。

第四，**既不以受害者心态自怜，也不以功臣心态自居，学会对自己的决定和人生负责**。没有谁能毁得了谁的一生，很多事情的发生也是自我选择的结果，所以要学会对自己的选择负责。即便是受了伤害，我们的人生也不全然是被动的，我们依然有选择远离伤害的主动权。

第五，**对抑郁，在战略上轻视它，战术上重视它**。大部分人孕期、产后都会有轻度忧郁的表现，正常情况两周之内就会消失，最长一个月左右也应恢复正常或者减轻，别动不动就觉得自己已经抑郁了，然后把自我角色设定为说不得、碰不得的"瓷娃娃"。如果发现自己的情绪反常持续很久，而且越来越严重，一定要加以重视，及时调适或治疗，必要时可以用药。

第六，**好死不如赖活着**。人生已经如此艰难，生命又只有一次，就别再让它染上惨烈的底色。

真心希望每一个产后抑郁患者，都能走出抑郁的阴霾，迎来"心"的阳光。

第六章

用信念面对万箭穿心的生活

女人最大的出息不该是抢男人、打小三

001 ///

椰子先生曾追求甘蓝小姐很多年,但或许是因为经济条件不大好,又或者是长相、性格不是甘蓝小姐喜欢的那一款,他始终没能讨得甘蓝小姐的欢心。到了适婚年龄,他觉得自己这辈子怕是只能与甘蓝小姐擦肩而过了,所以找了外在条件和自己相匹配的芥蓝小姐结了婚。

结婚几年后,椰子先生发了一笔小财,对甘蓝小姐依然念念不忘。一次出差的机会,他又见到了尚未结婚的甘蓝小姐。人到中年,甘蓝小姐日子过得也并不如意,忽见一个有钱的旧相识来追,自然也要抓住机会,然后两个人天雷勾地火,滚到一张床上去了。

出轨后,椰子先生回来跟芥蓝小姐摊牌,说他要离婚。他说得很清楚:"我已经不爱你了,家里的房子、共同财产都给你,我愿意净身出户。儿子最好让我带走,如果你坚持要,那我可以给他充足的抚养费。离婚以后,如果你遇到困难,需要我帮忙的话,我也可以出面。"

芥蓝小姐无法接受这种结果,表态说:"我只要你,你把所有

钱都给那个女人吧。离开你，我就活不了了，还不如带着儿子去死。"椰子先生斩钉截铁回答："不管你同不同意，这婚我离定了。"

芥蓝小姐气不过，把她和椰子先生的对话全部公开到了网上，又给椰子先生的所有领导、同事群发了邮件，控诉他出轨情人、背信弃义的行为。

两个人会闹到离婚这一步，一般情况下双方都做过伤害对方、让对方鄙夷的事情（也就是"黑历史"）。感情好的时候，双方的良性互动会让每个人都感觉美好，而感情不好的时候，几乎每一次互动都是恶性的，也最容易暴露出各自心灵中最阴暗、最狭隘、最不愿意被外人知的部分。现在，椰子先生的这些"黑历史"全部被曝光于人前，他脸上也挂不住，从单位辞职了。

芥蓝小姐不解气，带着一帮人打了已经怀孕的甘蓝小姐一顿，在大街上扒光了她的衣裳，还录了视频。视频里，甘蓝小姐躺在地上，被几个人按住，芥蓝小姐打她耳光、踩她肚子。芥蓝小姐大概也达到了报复的目的，终于消停了。

得知这些情况后，椰子先生二话不说把芥蓝小姐告上法庭，请求法院判决他们离婚。这一次，在财产方面，他不愿意做出任何的让步，一切交由法律裁决。法院判决下来以后，芥蓝小姐只分割到夫妻共同财产二十万元，椰子先生婚前买的房子、股权全部归他所有。

甘蓝小姐也把芥蓝小姐告上了法庭，理由是故意伤害和侵犯隐私权。经过一番折腾，双方达成庭外和解：芥蓝小姐赔偿甘蓝小姐一万元。

椰子先生前脚跟芥蓝小姐离了婚，后脚就跟甘蓝小姐结了婚。一场本可以通过好好谈判离成的婚，最终以这样的方式收场，令人唏嘘。

芥蓝小姐完全崩溃了，她完全想不明白：自己明明是无辜的受害者，为什么却要承受这样的结果，而失德者（丈夫的婚外情人）却拿着丈夫打拼来的大部分财产过上了幸福生活。小三抢走了本该属于她的一切——她的男人、财产、家庭，却没受到法律的惩罚。而她自己却因为带人打了丈夫的婚外情人成了被告，还得赔钱。

芥蓝小姐不知道的是，法律面前人人平等。小三只能在道德上受到谴责，她的人身安全也是受法律保护的。再说，法律上也不存在"净身出户"这种概念。因夫妻一方存在过错，导致夫妻感情破裂而离婚的，不影响共同财产的平均分割。只有一方隐藏、转移、变卖、毁损夫妻共同财产或伪造债务企图侵占另一方财产的，才可能会少分或不分财产。

一方出轨就应该少分财产或者"净身出户"，实在只是很多人一厢情愿的想象。法院绝对不以"出轨"作为影响财产判决结果的因素，你必须要形成非常完整的证据链证明伴侣与他人存在同居事实才行。

同居证据收集难度很大，因为出轨一般具有隐秘性，取证异常困难，甚至有可能会因为取证途径不合法或侵犯了他人的隐私权，导致法院不采纳。很多女人因为丈夫出轨而四处收集证据，想让丈夫净身出户，最后只白忙活一场。

法律讲的只是法律关系，而不是感情。这样的法律规定，针对的是所有人，不分男性和女性。在这个案例中，如果我们把芥蓝小姐和椰子先生的身份对调一下，判决结果也是一样的。这样的法律规定在某种程度上其实也有利于推动性别平等，能让更多的女性意识到：婚姻不该成为掠夺他人财富的手段，法律不支持你通过婚姻变成富婆。你经济越独立，离婚时才越不被动。

我同情芥蓝小姐的遭遇，也完全能理解芥蓝小姐的心情，但完全不能认同她的做法。丈夫出轨固然不对，但妻子为人处事不给对方留余地，非要搞个鱼死网破，对自己、对孩子其实也没多少好处。解气很重要，但气气也就过了，离婚时能为自己、为孩子争取到应得的权益和保障才是一个理智的人应该做的事情。

002 ////

芥蓝小姐的故事发生在南方某小镇，但我相信，这在中国绝不是特例。

每次网上出现"打小三"事件，以下这样的评论就特别有市场："法律不禁小三，所以被插足被怀孕逼宫只能忍气吞声吗？所以婚姻幸福与否只能凭男人良心了吗？以第三者的身份介入别人家庭并且怀孕了，有什么可怜的，小三是把自己当妾了，被打是活该啊。因为中国法律根本不惩罚，只能自己想办法解决。"

我不同意这套说辞，是因为它把最该对妻子的婚姻负责的男性，完全置于一个无辜者的角色，把一场男人该负起主责的事件演化为两个女人之间的战争。

打小三有什么用呢？更该打的难道不是那个出轨的男人吗？

你的婚姻契约是和那个男人签订的，现在他违约了，你最应该找他算账。

还有很多人认为："偷东西会被法律惩罚，为什么小三偷走别人的老公却不必被惩罚？"要我说，把小三偷人和小偷盗窃等同，逻辑上还真有点问题。小偷盗窃东西，盗窃的是无自主意识的物件，可你的老公不是物件，而是一个有行动力、有意志力的活生生的人，他自己长着脚。他若是对婚姻不忠贞、不把你当回事，那么，他不是被小三撬走，就会被小四、小五带走。你打倒了这个小三，还会有无数个小三。

我认识一个阿姨，就是"应该往死里打小三"的拥趸。她的老公出轨不断，而且毫无收敛、悔改之意，而她又迫于经济压力等种种原因不敢提离婚。网上曝出来哪个男明星出轨了哪个女明星，她就追着那个女明星骂个不停。这类事件，恰好给了她一个情绪发泄口。

她不敢骂自己的丈夫，因为他跟她依然是利益共同体，因此，除了把满腔的愤恨发泄到小三身上，她似乎已没有别的发泄情绪的渠道了。

每次网上出现这种新闻，她就把第三者骂个不停，几乎要把自己一辈子的委屈、压抑都要发泄出来……不知道为什么，有一瞬间，我忽然觉得她很可怜，甚至还令人讨厌。

诚然，有些第三者明知道别人有家有室还插足别人家庭，确实很不厚道，但一个内心强大的丈夫或妻子，若遇到了伴侣出轨这种事情，还可以有两个相对比较体面的选择：要么就手起刀落痛快离婚，要么就大度原谅。这两种选择的共同点是：不纠结于过往那些糟心事，不让过往阻挡住自己前行的脚步，专注于过好眼前的生活。

最差的一种选择，是成为一个怨妇。伴侣出轨的事实像是一根卡在她喉头的刺，咳不出来也咽不下去。只要外界一发生类似的事情，就触动了伤心事，被戳中了痛处，然后谩骂不已。

与其说她们是恨小三，不如说她们最恨的是那个连她们自己都不敢面对的无能的自己。

003 ////

如今，男性出轨已成为中国式婚姻的最大杀手。为了提防层出不穷的小三，"如何防止自己的男人被抢"的教程也成了广大原配们关心的一个话题。当然了，这样的教程一般都会取一个比较伟大、正义的名字：婚姻保卫战。

现实生活中，好像一直以来都是女人在争抢男人。宫斗剧里，一群女人在抢一个男人；现实生活中，为了一个出轨的男人，原配和小三打成一团。还有很多男人，面对红白玫瑰，迟迟不愿做决定，觉得舍弃了谁都是在割心头肉。

你看，看起来是女人在抢男人，是主动的，可事实上，女人永远处于被选择的地位。因为被选择，所以才需要去"抢"。

张爱玲曾说："女人这一辈子，讲的是男人，念的是男人，怨的是男人。"她还有另外一句更刻薄的金句："一个女人如果得不到异性的爱,就会被同性瞧不起。女人贱就贱在这里。"

为什么"女人总在争抢男人"?一方面是千百年来男权社会造成的,社会资源、话语权集中在男人手里,所以女人本质上抢的不是男人,而是生存权和各种资源。另一方面,女性的社会地位提高以后,还是摆脱不了这种自古以来就植根于脑海的"抢男人"的思维惯性,所以即便是经济上做到了独立,思想上还是没法解放。

好在,不愿意跟任何人抢男人的女性也不少。

需要你去"抢"才能得到的爱,一定不是好的。我不想跟任何女人抢男人,是因为我觉得能让你颜面扫地、吃相难看地去抢的男人,一定是不爱你的。

还是一个朋友说得好:在爱情领域里,还要靠缘分、个人喜好等因素,可遇不可求,不是"抢"就可以抱得良人归。也许你可以"赢",但是不一定就可以"得"!

著名编剧六六说:"我发现女人很在意自己在男人眼里什么样,而男人只在意自己在世界眼里什么样。因为这点区别,男人总在搏杀世界,女人总在搏杀女人。"

女人最大的出息,真不该体现在"抢男人"上。

抢赢了男人,并不等于抢到了幸福。

让自己随时随地变优秀,让自己随时有开始一段感情或结束一段恋情的能力,应该远比挖空心思去"抢"去"守"来得可靠。

"没钱可以结婚,但没钱真是离不起婚"

001 ///

我经常在公众号后台收到类似这样的私信:

"我也打算离婚了,他已经无可救药了,赌博欠下了很多钱。之前都是他的父母帮他还债,这次是真的没有能力偿还了,到了要卖房子的地步,我也死心了。可是娃娃才五个月大,我真的不忍心,可我又没有能力养活她,我的工资低,孩子跟着我,吃穿住都成问题,更关键的是我父母不愿意帮我带娃娃,他们爱面子,怕街坊邻居说三道四。我该怎么办?"

这样的求助,不计其数。

她们家境不好,父母又重男轻女,从小在家里没什么地位。上学的时候,她们因为天资不行、勤奋不够,没能靠读书改变命运。到了该嫁人的年纪,父母兄弟就天天盼着她们早日出阁,少占家里一间房,少端家里一副碗筷。于是,在最青春靓丽的时候,她们赶紧找个条件还算可以的男人结了婚。

嫁得好还好,若是刚好嫁了个泼皮无赖,那就像生活在地狱里了。

你让她回娘家吗？娘家根本没有她的位置。

你让她出去工作吗？她们除了做家务、带孩子几乎一无所长，而且因为受教育程度低，视野太窄、技能有限，她们对外面的生活充满了恐惧。

想来想去，觉得还是继续待在婆家受气最安全。

离婚的念头，在她们的脑海里只敢一闪而过。跟人求助时，她们的中心思想只有一句话：这样的婚姻让我痛不欲生，但我还是不想离婚。

如果不是这些真实的鲜活案例，我真的很难想象怎么会有那么多的女人在婚姻里的底线那么低，或者，更确切地说是没底线。

如果男方有嫖娼、吸毒、赌博等不良嗜好或者家暴行为，在我这里是一票否决的事儿，但她们总觉得只要自己忍耐一下，就一定能迎来光明而美好的结局。

人在经济上、心理上没法自立的时候，真的是可以忍耐很多事的。

002 ///

有句话是这样说的：结婚是穷人的刚需，离婚是富人的专利。

因为穷，所以需要通过婚姻节省生活成本，实现抱团取暖。

你手里只有一千六百块钱，那你找个手头有一千四百块钱的人结婚，两个人就有了三千块钱。

这样的婚姻，可以发挥"团购"功能，让两个人的生活成本都降低，生活质量都提高。

两个人合力，才能给孩子提供好一点的条件。

如果离婚了呢？单考虑物质因素，双方的生活成本都会上升，孩子的生活质量也会下降，甚至可能对于某一方而言，是噩梦的开始。

而富人呢？因为离开了对方，自己依然能过得好，不过就是每个月零花钱比过去少一些，所以他们有底气去做选择和取舍。又或者说，他们只是觉得：我要是跟你耗下去，会过得很痛苦，那我就牺牲点生活质量，换取内心的安宁、自由、平和。

富人拥有得越多，越有选择权。这条路不好走，就走另一条。而穷人，留给他们的路往往只有一条，或者只有"不好"和"更不好"两条。

以前，遇到那种在婚姻中过得特别痛苦的女性，我一般会劝她们离婚，并且鼓励她们勇敢地站起来，学会自立自强，把命运掌握在自己的手中，化悲愤为力量，拼搏出新的未来。

这些话，对一部分人来说是有效的；可对另外一部分人来说，是完全无效的。因为有的女人，若是离开了那个男人和那段婚姻，几乎是死路一条。一方面是因为她们自己不够争气，另一方面是因为现实的当头痛击。

003

有个朋友讲过这样一件事：以前她堂姐和老公在同一个工厂上班，后来工厂改制，效益下滑，堂姐被裁员了，而堂姐老公的工资只够每个月家里的最低开销。

生了孩子之后,堂姐老公嫌堂姐不赚钱,给他增添了很大负担,再后来,他的工资就再也不给堂姐了,只供孩子的基本花销。堂姐只能做点零工,挣点零花钱,但只够维持自己的生活,根本没有积蓄。

堂姐也想离婚,但离婚之后她连住处都没有,而且她也不想和孩子分开,最终还是这么将就着过了下去。

大家都劝她堂姐:"你都这么大岁数了,还离什么婚?凑合着过吧,不离好歹还有个地方住,还能见着孩子,再说你的老公也没有非要和你离婚!等熬到孩子长大了,就会孝顺你了,你下半辈子也就有着落了。"

她最后总结:"没钱可以结婚,但没钱真是离不起婚。"

今天,很多都市女性可以愤然离婚,而在底层,还有很多女性,最终选择了隐忍。

她们当中有很多人真的离不起婚,因为离了婚,她们没有去处,没有房子,没有收入,没有技能,甚至也有可能见不到孩子。当然,她们最缺的,是开始独立生活的勇气以及那种愿意为自己的人生拼一把的闯劲儿。

一些读者朋友给我来信说:"在这段婚姻里,我过得非常痛苦,但我真的不敢离婚,因为离婚之后我就一无所有了。你说我离婚之后会比现在好吗?我能活得跟你一样吗?"我只能回答:"只要你想过好,并且肯努力,应该可以过得很好的,至少不比现在差。"

可我也知道，对一些人来说，这只是一句轻飘飘的心灵鸡汤。

人生不是靠打鸡血可以撑下去的，更多时候，靠的是底气和实力。离婚后能不能过得比不离婚的时候好，看个人，也要看老天，没有人能回答这种问题。

我们只能呼吁：关注生活在最底层的女性的处境和命运，摒弃重男轻女的观念，让女性也能得到同等的教育机会，积极推进妇女权益在落后、偏僻地区的落实。

女性自身也要追求独立，一开始就不要有靠男人的想法，学会对自己的人生负责。如果发现苗头不对，及早离开，及早自立，不要试图靠生孩子的方式来博取男人的欢心，将无辜的孩子拖入一个没有希望、没有未来的家庭。

每个人的世界都像一所房子，生命中出现的不同的人就是这所房子的房梁，但这个房子里的顶梁柱，必须是我们自己，而不是除了自己之外的其他人。爱情是人生中重要的一件事，但它不能占据你生活的全部。

离婚本身不励志，是那个遭遇离婚后活得更精彩的人励志，而这样的人，不管离婚与否，都可以活得足够精彩。

我们都得先有不苟且的能力，才有资格杀伐决断，谈谈诗与远方。

幸福诚可贵，生命价更高

001 ///

曾经，一个妈妈因产后抑郁带着两个年幼的孩子跳楼自杀的新闻占据过各大网站头条。这位妈妈和两岁多的大娃当场死亡，几个月的小娃被送往医院抢救，但最终抢救无效，也离开了人世。她留下的那一封长长的遗书，看得我又是心疼又是惋惜。

她和丈夫是闪婚。怀第一个孩子的时候，她发现丈夫嫖娼，自此对他不再有信任。第一个孩子生下来当天，丈夫怀疑她得了性病，虽然事后证明只是虚惊一场，但给她造成了很大的心理压力。

夫妻俩的家庭条件一般，但丈夫坚决要求她辞掉工作，专心照顾家庭。丈夫对她的家务劳动要求很高，看不惯她做家务太少，还对她实施家庭暴力和冷暴力；公婆当然也不是省油的灯，对她各种挑剔。

她每天处于被指责和挑剔的情境中，终日活得狂躁而自卑，甚至陷入无穷无尽的自我攻击和过度反省。最悲哀的一点是，她向娘家人求助，但娘家人要她忍。

终于有一天，她跳楼自杀了，带着两个年幼的孩子。遗书中说是不想让孩子们留在这个家庭里受罪。她成了自杀者，也成了谋杀者。

在生命的最后一刻，她甚至都没有痛快地斥责那个不负责任的男人和他的家庭，而竟然肯定了他曾给过的好，然后反思自己哪些地方做得不够好。

看得出来，她在这段关系里活得极其扭曲和挣扎。

这位妈妈已经去世了，我们再指责她不够睿智和坚强早已没有意义。我只希望更多的女性从这件事情上至少学到一点：假设痛苦已成为一种常态，那必须要有断尾求生的勇气。

002 ///

曾经有一段时间，有一个绝望的家庭主妇每天都给我发私信。她跟我讲她婚姻的种种痛苦，然后说她想自杀或者把丈夫杀掉。她说她去找了一些情感专家，花了几千块钱，情感专家给她支的招就是去迎合自己的丈夫，但是她做了之后感觉更痛苦了，跟丈夫的关系更恶劣了。

在她向我求助的那一刻，她完全陷入了一种躁狂、抑郁的状态。她和丈夫的恶劣关系，像是一个巨大的黑洞，吞噬着一切，包括光亮。那一刻，她可能觉得自己已经完了。

我劝了她很久，跟她说千万不要做傻事，并打算给她寄去几本书。我跟她说，很多看起来比你还软弱的人都走过来了，你也可以。

再后来,她没有再回复了,我也不知道她现在过得怎么样。

这个绝望主妇给我发私信的那天,我有一个男性朋友死于车祸。他死的时候只有三十二岁,他的孩子才一岁。之后过了没几天,我认识的一个作者,也因病去世了,她甚至可能都没真正品尝过爱情的滋味。

比起这些因为意外或疾病而死去的人,这位婚姻不幸的家庭主妇所遇到的问题是有多背负不起呢?离婚后你只要肯去劳动,总归也是饿不死的。

"生命诚可贵,爱情价更高",表达的只是爱情的珍贵,并不是支持你为了爱情放弃生命。感情是很重要,但它是可再生的,而生命只有一次。感情的失败,双方都有过错。又或者,谈不上什么对错,只是彼此不适合。为一段感情去死,非常不值得。

也许是我观察偏颇,我总觉得为情自杀的男性在数量上比女性少很多。男性遇到情感问题,相当一部分人会选择绕过去,而女性则倾向于选择与之死磕。对男性来说,爱情只是人生中的一小部分,因为他们在婚姻和家庭之外拥有更广阔的疆场。而对很多女性而言,婚姻和家庭则是她们生命中最重要的部分,甚至是全部。

很多女性把婚姻看得太过神圣、太过重要,又把自己看得太过金贵,所以无法忍受自己在婚恋上的不顺或失败,拿毕生精力去追求一个不甚明确、不切实际甚至是不可理喻的目标,最后迷失自我,付出惨重代价。

003 ///

我们总说"要扼住命运的咽喉",但人到中年,我发觉这是一句很自不量力的话。命运其实从来都很强悍,还蛮不讲理。它在判定生死、幸与不幸的时候,或许根本没有做任何的调研和考量,所以,抓到谁就是谁。

我们能把握住的东西,其实并不很多,也正是因为如此,我们才会在命运的血盆大口下拼尽全力蹦跶,并努力发出些微芒。

年少时,我希望自己成为人生赢家;而今,我稳稳地走在人生路上,只是希望自己能够输得体面。

人生如此,婚姻也是如此。幸福从来都是天时地利人和的共生,缺一项都不行。到一定年纪的我们,应当保有对幸福的追求,但也要放下对幸福的执念。

漫画家几米说过这样一段话:"他们说爱情的花儿,不断从天上掉下来,寻找爱的人们如果在同一秒接住爱情花,将开始疯狂相恋,不分年龄、性别、时空,没有人可以阻挠。可惜两人爱情的花儿时效不一,缘断情灭后请继续仰头耐心等待……爱情花,不停地落下,有人一生应接不暇,有人终生漏接。"

既然人各有命,又何必苦苦纠结?那个因为生了重病而去世的作者朋友,那个意外死亡的男性朋友,可从来没有去问过为什么命运单单挑中了他。所以,我们又何必太过在意那一点点温存?

一个离婚后的朋友跟我说:"我曾经也在前一段婚姻中要死要活,但离婚后,才觉得自己那时候真是太傻了。现在的生活来之不易,每一天都像是白捡来的,我有一种劫后余生般的幸福感。"

"劫后余生"这四个字，只有经历过的人才懂得。这四个字用来形容一段感情的结束，可能意味着你终于不用彻夜辗转反侧地失眠了，终于不用以泪洗面了，终于不必无休止地怀疑、否定和攻击自己了，终于不会越来越自卑了，终于不会觉得人生看不到一点光亮了。

离开那个不爱你的人，这不是一件好事吗？为何因为那个人不爱你了，你就觉得天要塌了呢？要知道，幸福诚可贵，生命价更高。

除了感情，我们的生命中还有更宏大的世界。人生中遇到的这样那样的拦路虎，往远了看也不过是壁虎的一条尾巴。断尾巴当然是一件痛苦的事，但勇敢地断了它，你可以逃离危险和死亡，获得自由和新生。

你是活着去追求幸福的，那么，即便追求不到，也请活着回来。这或许才是我们不该忘记的"初心"。

好好活下去，比什么都强。

好歹爱过一场，离婚更该好聚好散

001 ////

玉米小姐一直想离婚，但现在都过去五年了，婚还是没离成。

她和丈夫是七年前结婚的，结婚后不久她就怀孕了。之后，男方就被外派去了澳洲，在那边找了女朋友。她生孩子的时候，他都没有回来。

玉米小姐一度痛苦不堪、伤心不已。心情平复后，她无数次要求男方回国办理离婚手续，男方也勉强同意了，但就是拖着不去办。这一拖，就是五年。

她也想过起诉这一条路，但一想到高昂的诉讼成本，就打了退堂鼓。这个诉讼成本，不仅仅包括钱财上的花费、手续上的烦琐，还包括心理成本。

在她的老公看来，成为"被告"是一件很耻辱、很不吉利的事，双方家人也不愿意看到他们为这么点事对簿公堂。

就这样，两个人都分居五六年了，也没能办成离婚手续。玉米小姐无数次对我表达过羡慕："我只想要一个离异的身份而已，可始终求而不得。"

我还有另外一个朋友，离婚时为房产的分割问题无法与丈夫达成共识，双方最终闹到法院才把婚给离了。

那套房子是她跟丈夫婚前一起买的，房产证上也加了她的名字。依照法律规定，离婚时她有资格分一半，但他的丈夫心里对她有气，明明白白跟她说："我知道这房子你可以分一半，但这些钱我不会轻易让你拿到。你起诉我吧！"

她没办法，只好起诉离婚，申请诉前财产保全、准备起诉资料、收集证据、等待开庭、等待判决、申请执行……她是职业女性，没空去处理这些事，只好请了律师。最后，她花了半年的时间以及 14 万元律师费，总算分得了一半房产的钱。

在我们身边，这种"想离但一时半会儿离不了的婚"其实挺多的。

发私信向我求助的网友中，很大一部分人纠结的问题是"我到底要不要离婚"，也有一部分人跟我倾诉的问题是："我已经打定主意要离婚，但因为对方不配合，始终离不成。"

很多人听到伴侣跟自己提离婚，反应是这样的：

"你想离婚啊？我杀死你全家！"

"你不是想离婚吗？我死给你看！"

"想离？可以啊！拿八百万来！"

"你自己去离吧，反正我是不会跟你离的！"

跟这样的人离婚，你需要拿出足够的勇气、魄力、决心和智慧，并且一般要通过起诉才能离成婚。

小丰就是这样一例。她跟老公结婚七年了，有一个六岁的儿子。她的老公最大的毛病就是好吃懒做。刚跟她结婚的时候，他还肯去亲戚家的店里跑跑腿、帮帮忙，拿点微薄的收入，可慢慢地，他就嫌苦嫌累不肯去了，一会儿说自己头晕，一会儿说自己腰疼。总之，他就是找各种理由怠工，后来被亲戚婉言劝退。

那时，小丰在超市打工，收入也不高。老公回家之后，她去做了地板砖销售，风里来雨里去地跑客户。渐渐地，她的工作有了些起色，一家人的温饱问题也算是解决了。令她郁闷的是，她老公回到家以后，从不帮着做家务、带孩子，每天最大的爱好就是找邻居打麻将，纯粹是一个连家里酱油瓶倒了都不肯帮着扶起来的主。

早些年，因为孩子小，老人又生病，她一直强忍着没离，后来实在是无法忍受跟老公在一起的生活，她提出要离婚。她的老公当然是不同意的，所以协议离婚这条路，根本就走不通。

她问我："羊羊，他现在威胁我说，如果我再敢告他，他就把孩子杀了，要死大家一起死。你说我该怎么办？"

这样的问题，我真不敢回答。如果你遇上的是一个烂人，你真的不知道他下一秒钟会怎么做，但一味屈服也不是个办法。一般来说，只要当事人离婚心意够坚决，上法院起诉总能离成的，只不过用法律手段解决手续问题、财产问题、孩子的抚养权和抚养费问题也需要时间，而且法律解决不了感情争端。

上述几个朋友的故事，不由得让我感慨：结婚当然不是为了离婚，但自己做个体面人，再找个文明人结婚，离婚时可以最大限度地做到体面，这也真算是不幸中的大幸了。

002 ///

在手续上，结婚是件很容易的事。两个人看对眼了，拿上身份证、户口本，拍张照片，去到民政局领个证、盖个戳，婚姻关系就算是成立了。

可离婚却不一样了。

如果一方不同意离婚，那么，离婚可能就会变成一场拉锯战。你单方面不想跟对方过下去了没用，你还得走程序，付出点代价，才能从令人窒息的婚姻关系里逃离出来。

比如，如果伴侣对你实施"家暴"这样严重的行为，但伴侣坚决不同意离婚，你可以对其提起离婚起诉。如果你希望法院能在你第一次起诉时就判决你们离婚，那你就需要在家暴发生后，及时、全面地收集、保存各种证据，包括身上的伤痕、带血的衣物、被打掉的牙齿、揪掉的头发、撕破的衣服，以及施暴者的凶器，如刀、针、铁棍、木棒、石头等。平时，你还要注意保留书证、物证，如验伤病历记录、警察笔录等，有时候还需要证人。如果平时你没有这种收集证据的意识，在法庭上拿不出被家暴的证据，而伴侣坚决不同意离婚，那你可能需要进行第二次起诉。

如果你遇上了对的人的话，结婚是一件值得期待的美好的事。倘若你遇上的是一个无赖，那么，你结婚容易离婚难。如果你真的想离婚，那就需要掌握点法律常识，因为如果伴侣有过错但他坚决否认且不同意离婚,你只有拿出强有力的法律证据,才有可能将痛苦的婚姻连根拔除。也正因为如此,我们对待婚姻才更应该特别谨慎。

如果你不幸遭遇了"离婚难"的问题,或许可以听听我给出的建议:

第一,当你在婚姻中感知到自己的权利受到侵害时,及时保留证据,及时向有关部门寻求法律援助。而不要相信有前科、有劣迹的伴侣的几句誓言。

第二,如果能和伴侣好聚好散,尽量协议离婚,实在达不成共识再走法律程序。如果对方坚持不肯离婚,那你要有足够的耐心和信念:只要你够坚持,你一定能离成婚,只是要稍微麻烦一些。切记不要走极端,没有什么是时间解决不了的问题。

第三,有些离婚问题是无法靠法律来解决的。人生艰难,离婚路上也有可能会遇到魔鬼,请注意保护好自己。

第四,迫切想离婚的一方,也不必太心急。"好饭不怕晚",一场漂亮的离婚也不怕拖。形式上、程序上到底有没有离成不重要,心理上已经割裂了就已经算是告一段落了。你越是抱有恨不得马上离婚的心态,越有可能没有耐心来看清楚整个状况。

特别要提醒的一点是:离婚谈判中一定会无法避免地出现争执,当你感觉自己的情绪开始紧张,心情开始烦躁,甚至愤怒开始在心中蔓延时,可以尝试不要再说话,尽量让自己冷静下来,或者跟对方再约时间,因为生气解决不了任何问题。

如果在谈离婚的过程中一味指责,以针锋相对的姿态跟对方

开战,谈判过程一定会很难看,也很浪费时间。有这样几句话,你或许可以用到离婚谈判里:

"如果我说错了,请你原谅。"

"感恩你陪我走过一程,如今缘分已尽,我希望我们好聚好散。"

"我希望在财产分配上可以更公平一些。"

"我想再确定一下,你这边的想法是什么?"

"我个人认为,另一个方案较为合理,对我们彼此双方都好的方法是……"

适当的时候,可以表达一下对对方的愧疚。因为一段破裂的婚姻中,一方对另一方毫无愧疚心的情况几乎是不可能的,哪怕对方伤你再深,你回忆起来的时候,也总能找到自己没做到位的地方或细节。一旦你开始表达愧疚,或多或少总能影响另外一方,让对方的心也跟着软下来。只有对方的心软下来了,他的委屈也得到了释放,他出于自我防卫而释放的攻击性才会减弱,事情才可能向好聚好散的方向发展。

不过,如果你遇上的是一个"纯无赖"且双方的分歧无法调和,那么,上述"秀才"手段可能会失效,可能你刚说第一句就被对方气得半死,双方的沟通完全无法进行下去,那就还是法院见吧。

至于那些对方都不愿意跟你过下去了,却依然不肯离婚的人,希望你们能想通这一点:婚姻关系值得我们用心经营和维护,但无可挽回的婚姻也需要体面了断。

很多人不愿意痛痛快快离婚的原因,不过是因为不忿、不甘,可是，离婚时最好不要问对错，而只考虑利弊。感情中的对错又有谁能说得清呢？你再好，付出再多，也总可能有人不爱你，不愿意跟你过下去，这一点无法勉强。到了必须要分道扬镳这一步，该了断就早点了断吧。"杀敌一万，自损八千"的报复方式，未免显得太过心虚气短、滑稽无聊，甚至有种"插刀自己，娱乐别人"的凄凉悲壮。当时再"意难平"，再心不甘，再想报复，忍一忍，过了几年，你可能连吐槽一下对方都嫌浪费时间，甚至都不记得对方姓甚名谁了。

　　一段婚姻，无论后来承载了多少欺骗与背叛、伤害与失望，起初也都是承载过爱意与信任、付出与期待的。看在初见那一刻内心雀跃的份儿上，就让这场婚姻好好结束吧。

　　我们尊重与对方的开始，也尊重与他们的结束。当一段婚姻走到尽头，曾经的佳偶变成怨偶，双方都已经两败俱伤，就不必再"伤上加伤"了。

　　离婚时，相互给对方留点余地，好聚好散，才不枉爱过一场。

让你破茧成蝶的，是你自己

001 ///

某日，我收到这样一条留言：

"羊羊，我发现离过婚的女人可以分为两种：一种是变善，越来越与人为善，敬畏生命，尊重感情。另一种会变恶，因为婚姻的伤害继而把伤害带给其他人，会表现为恶语相向、三观不正，曲解他人意图，甚至表现出被害妄想。真是太可怕了。"

我觉得这话虽然有点绝对，但也不是全然没有道理。

我身边的确有很多人因为离婚而找回了自我，变得更豁达更通透，活出了自己的精彩，并且又遇上了令人眩晕的幸福。但也有很多人，离婚后越过越糊涂，越活越潦倒。

一个长期在妇联工作的朋友跟我吐槽，很多来妇联求助的离异女性，自愈能力和生活能力都很糟糕。她们长时间郁郁寡欢、行为消极，深受失眠困扰，生活目标迷茫。超过一半的离婚咨询者怀疑生命存在的意义，有的甚至有自杀的意念，极少数还有付诸行动的可能。有的人变得更加阴郁、不可理喻，一直以受害者姿态自居，并且不自觉地与全世界为敌，要把自己受过的苦痛都加诸到别人身上。更有甚者，从此不再相信男人，视男人为玩物，开始乱性、滥交，玩弄男人感情，仿佛不这样活就显得不"女权"、不"自我"。还有一些离异女性，刚离了婚，就去当了别人的小三，而且一当就是很多年。

开美容院的闺蜜，就接触过这样一个女客人。

她的第一任丈夫出轨不断，还有赌博嗜好，赌得倾家荡产，她实在无法忍受，起诉离了婚，带着女儿搬出了出租屋。

一开始，为了养活女儿和自己，她也出去工作，但因为没什么技能，所以也找不到太好的工作；后来，她就去美甲店给人美甲，一有时间就去相亲。

在美甲店做了一段时间，她觉得很辛苦，而且做这一行没什么机会接触异性，后来她就跑去KTV推销红酒、洋酒，然后就在那里认识了一个已婚男人。两个人接触了两回，就互相看对眼了，然后滚了床单。后来她发现男人有家室，也不生气，心甘情愿地做起了他的婚外情人，并且，不再上班。

男人除了明确跟她说"我是不会离婚的"之外，对她也还算好。他给她买了一套郊区的房，给她钱花，甚至供她女儿上学。每到周末，他就来她这里过夜，周一到周五就在家陪老婆儿子。她得意扬扬地跟闺蜜炫耀："我现在的生活，比以前好了不知道多少倍。虽然没有婚姻，但比某些有婚姻的人要强。"

不料，她"强"了没多久，事情就穿帮了。男人的老婆发现了她的存在,怒而提出离婚,男人的房产赠予行为被法院宣布无效。当初他本就是靠着岳父母提供的资源发家的,现在岳父母一截断给他的公司输送的资源,并将他的"白眼狼"行为昭告天下,他立刻"现出原形",没法继续在那个行业混下去了。

她和他终于"有情人终成眷属",但之后的生活,到底是"贫贱夫妻百事哀"还是"贫贱夫妻相濡以沫"就只有天知道了。

我不无刻薄地问闺蜜:"且不说别的,她到底想给自己的女儿做个怎样的示范?"

闺蜜更刻薄地回答:"之前,人家想吃块地瓜都有男人来送,她当时觉得我们这样苦哈哈去地里刨瓜吃的人才可怜呢。没办法,她觉得一个女人有没有价值,就体现在有没有男人愿意供养她。"

坦白说,我多多少少为这样的离异女性感到一点遗憾。她们唯一的战场是婚姻,她们的"敌人"是同性(婆婆、小姑或其他女人),一辈子以击倒同性为乐。男性手里拿着分肉的屠刀,她们靠讨好他们分几两肉吃,一旦发现哪个女性独立起来去养猪或自己操起屠刀,她们就站起来嘲笑她:"你们快看她多可怜啊,都没男人愿意给她肉吃。"

002 ///

同样是离异,另外一个姐姐的经历就很令人振奋。

起初,她也是家里的"金丝雀",活得比《我的前半生》里离婚前的罗子君还"傻白甜"。

丈夫出轨，像一记惊雷打醒了她。她哭过闹过挽回过，后来还是冷静地离了婚，大女儿归她，儿子归前夫。

她前脚刚走出家门，丈夫后脚就把婚外情人领回了家。

《我的前半生》大热时，她给我留言："我就是现实版的罗子君啊！只不过没有那么多男人帮我。"

离婚时，她已经将近四十岁。由于之前在家里被保护得太好，所以到社会上之后她发现自己什么都不会。在这个年纪，在这样的废墟上爬起来，其中的艰难可想而知。

当然，她也不是一无是处。做全职太太期间，她最喜欢做的事情就是给家人缝制衣服，两个孩子的衣服几乎都是她买来布料自己缝制的。

她先是去卖童装，后来开始尝试着设计、缝制一些童装，居然很受欢迎；再后来，她被一家做童装的公司看中，成为童装设计师。

最后她辞职单干，开了一家童装公司，五十岁那年实现了财务自由。

美中不足的是，这些年她一直忙着拼事业、培养女儿，几乎无暇考虑婚恋问题，至今依然单身，但她跟我说："我以前一直觉得四十岁以后离婚的女人，这一生可能就完了。可今年我都五十岁了，却觉得现在才是一生中最好的时光。我有钱、有自由、有尊严、受尊重，不迷茫，内心充实而快乐。这些年，我敢说这些年我行得正、立得直，没做过伤天害理的事，这让我为自己感到自豪。别人怎么看我没关系，我自己开心就好了。"

诚然，不是每个女人离婚后在事业上都能有她这样好的运气，但活得和她一样自立、自尊、自强、圆融、良善，是可以追求的。

事实上，我认识的大部分离异女性，可能都做着一份"形同鸡肋"的工作，收入刚好养得起全家老小，过的并不是"人上人"的生活，但她们活得更明白，更通透，更与人为善，也更受人尊重。

003 ///

很多人会这么劝婚姻不幸的人：

"你们两个实在是过不下去了，就离了吧。这样耗着有什么意思？人生的大好时光不能拿来这么浪费！"

"你看看你们在一起，不是骂就是吵，不是打就是闹；一个气得胃疼，一个气得血压飙高；要不就是一个不回家，一个不说话。这样的日子谁还能过得下去？那是家吗？那是战场！那是地狱！那是活死人墓！"

"还说为了孩子呢？家里就是养个小狗小猫啥的也被你们吓跑了，或者钻床底下不敢出来。你们说说，这还是人过的日子吗？这还是人待的地方吗？孩子能在这种家庭里长大吗？"

"离婚以后，战争就结束了，两个人也清静了，清静之后也就清醒了，清醒之后也就独立了，长进了。虽然带孩子可能会累一点，但至少能给孩子一个和平环境，而不是战争环境。这对孩子也是好事。"

"你说离了能不能更好呢？凡是离婚后再结婚的人，肯定要比原来过得更好，因为原来过的不是人过的日子，再不好也得比原来好。再说了,离过一次婚,也体会到婚姻的重要性了,年龄也大了点,该谦让的也得谦让,该忍耐的也得忍耐,再婚更能过好日子,所以离婚之后的人,现在的日子一定会比原来的日子过得好!"

不得不说,这样的话非常在理,可也有很多人做不到这样,也达不成这样的结果。

有些人虽然也经历离婚,但往后的一生都卡在了那个狭窄逼仄的瓶颈里,前进不得,后退不能,反而越活越阴暗。不过,这样的人,即使他们不离婚,最终可能也会活成这样。

离婚,并不当然意味着解脱。

如果一个人离婚的初衷是"我想拥有更丰富的人生,不想困在不幸的婚姻里。我相信自己配得起更好的生活,也愿意为之而努力,所以我要离婚",那么他离婚后过得好的可能性会更大。

如果一个人离婚的动机仅仅是"除了离婚我不知道该怎么逃避这些痛苦",那么,那些逃避掉的痛苦可能有朝一日也会再次找上门来。

离婚考验的不是一个人的逃避能力,而是承担能力。

离婚不能让一个人重新爱上你,不能让一个人刹住出轨的脚步,不能让你对生活充满激情,不能让你事业平步青云,不能让你从此涅槃重生、实现逆袭。

离婚,只不过是离婚而已。

离婚之后,到底能不能活得比以前更好,取决于每一个当事人是一个怎样的人,而不是"离婚"本身。

真正能让我们活得更好的，是我们的"内生力"。

这种"内生力"，与独立、自信、勇气、担当、坚毅、良善、豁达、圆融等美好的品质有关，与离婚这件事无关。所以，不要再问别人"离婚后我能不能过得更好"之类的问题了，因为它只取决于你自己。

诗人巴托克曾经说过："挫折对于强者而言，是通往成功的垫脚石；而对于弱者，则是无尽的深渊。"在这个世界上，每个人都会有大大小小的烦恼，都经历过或多或少的挫折，离婚只是这些挫折中的一种。有的人能把挫折变成奖章，有的人因为挫折而身陷泥潭、无法自拔。

离婚不是灵丹妙药，没法一劳永逸地解决你自身存在的问题。如果一个人没法从一段失败的婚姻里获得成长，那离一百次婚也没用。因为让我们脱胎换骨、破茧成蝶的，从来都是我们自己，而不是离婚。

第三部分　遇见更好的自己

面对无穷无尽的孤独，面对失败的过去，面对一地鸡毛的现在以及不可预知的未来，我们终将要独自穿越黑暗，独自面对痛苦，独自实现蜕变和成长。

第七章

离婚并不可怕

我们为什么会那么害怕离婚

001 ///

我是 2013 年离的婚。领到离婚证当天,孩子离一周岁生日还差一个月。

结婚是深思熟虑后的一时冲动,而离婚,不过就是水到渠成的事情。这正应了那句话:相遇总是猝不及防,而分离多是蓄谋已久。

事实上,曾经有很长一段时间,离婚的想法一直在我脑子里酝酿,只是总觉得缺一个最佳时机。当这个机缘出现的时候,我二话不说就把婚给离了。

我离婚离得快,几乎就是手起刀落的事儿。虽然我内心里也感受过排山倒海的痛苦,但从来没为这个决定后悔过。

婚姻一事,很难说谁是谁非,反正离完了,再纠结是非对错都没有任何意义。走出离婚阴影后,我度过了人生中最为幸福快乐甚至堪称圆满的一段日子,有种劫后余生般的庆幸感。和孩子一起窝在被窝里看电影的时候,我觉得自己的人生像是得到了某种补偿,那些阴暗凄苦、不被珍惜的时光终于过去了。

到了上有老、下有小的年纪,作为家里唯一的顶梁柱,其中的焦虑和辛苦自不待言,但我甘之如饴。这一切,都是我主动选择的,也是我乐意承担的。

如今,我已离婚多年,和前夫相处得像半个亲人,我们对彼此再无男女之情但保有朋友间的仗义。有时,路过当年我们办过"袖珍婚礼"的那家小餐厅,我也不免会有物是人非之感,但更多时候是坦然、淡然、安然。我感谢生活,也感谢命运的剥夺或赐予,知道再艰难的时刻都会过去。我拥有的东西不多,但我没觉得自己贫瘠,我努力地经营着自己的生活,在残酷的现实中自得其乐。

离婚这件事儿,又或者可以说,我们整个人生中要跨越过的那些沟沟坎坎,都不过是一块令你成长的跳板。面对跳板,最辛苦的不是跳下去的那一刻,而是跳下去之前的那些内心的挣扎、犹豫、无助和患得患失。曾经,我们都以为自己跳不过去了,但只要你心一横,眼一闭,鼓起勇气,纵身一跃……你会发现,有些事"也不过如此",并没有想象中那么难。

002 ////

这些年,经常有女性读者给我留言,倾诉自己的情感和婚姻状态,其中有发现丈夫出轨、嫖娼的,有发现丈夫性取向比较特殊的,有婆媳关系恶劣得几乎要磨刀相向而丈夫无原则地站婆婆那边的……

但我们之间的对话一般是像下面这样：

她："羊羊，我想跟我老公离婚，因为他……我实在是过不下去了。"

我："那就离呗！"

她："可是，目前我的情况是这样……真的不适合离婚。"

我："那就忍。"

她："我过不下去了啊。"

我："那就离。"

她："可是如果离了，我的生活会变得更糟糕。"

对方在跟我倾诉这些问题的时候，心里其实是有答案的。

对于这类问题，任何人都没法给当事人任何具体的建议，因为每个人面对问题的勇气以及解决问题的能力都不一样。求佛不如求己，能拯救你的只有你自己。

面对同样的困境，有的人能很快站起来，有的人需要很久，这得看悟性，看你的内心有多独立、多强大，也得看你是不是有离婚的底气和资本。**如果你是一个有自我成长渴望的女性，如果你的心够软但脊梁够硬，那么，不管是否离婚，你的未来一定不会太糟糕。**

在中国，很多女人害怕离婚，视"离婚"这件事为洪水猛兽，除了主观上无法承受离开一个男人的结果外，还有很多客观上的原因，例如，可能要面对舆论的压力和各种各样的骚扰。

一个女人离了婚，如果父母支持且她的经济条件不错，那还好，但如果她自身及娘家的经济条件差甚至娘家人反对她离婚，那离不离婚对她而言都是炼狱。就算勉强带着孩子住回娘家，可能也得不到好脸色，有可能还没过多久就被逼着去相亲，还有可能被性骚扰。

我一个朋友生活在三线城市，银行职员，人品、长相都相当不错，可自打离婚以后，身边各色人等都开始打她的主意，甚至连小区保安都开始托媒人来向她说媒。尽管我不认为人可以按照职业分成三六九等，可这也体现了离异女性在婚恋市场上的劣势。

无独有偶，我曾经收到过这样一条私信：

"羊羊姐，我也离婚了。离婚之后，日子虽然过得清苦，但身心比没离婚之前舒畅了太多。我觉得离婚对我而言，是一个正确的选择，但令我颇为烦恼的，是我要承受一些男人的骚扰。他们当中，有的是我的领导、同事、朋友、老乡、老同学，但大多是已婚男人。我离婚之后，他们总是时不时给我打电话、发微信叫我出去坐坐，说他一个人在哪里等着我。还有的人直接问我，你不会寂寞吗？你没有性需求吗？说真的，离婚后感到最难的，不是走出离婚阴影，而是要面对某些男人无底线的骚扰。我长得还可以，而且没有孩子，但难道就因为我离了婚，这些人就认为我很空虚寂寞，很性饥渴，很需要他们解救我于水深火热之中吗？"

她的遭遇并不是特例。离异女性有时候比未婚、单身女性更容易遭受到某些已婚男人的骚扰。这些男人去骚扰未婚、单身女性以及已婚的女人，多多少少都是有点顾虑的。

　　社会对离异母亲则更为苛刻，尤其是对她们的感情生活，苛刻到近乎洁癖，因为传统文化都在赞美无私奉献型的母亲。

　　于是，很多青春不再的中国女人，即使她的婚姻名存实亡，她基本上是能凑合就凑合，能不离就不离，因为她们担心离婚后没出路，再嫁无门。

　　毕竟还是男权社会，在婚外恋这出上演了数千年也亘古不衰的悲剧中，男人扮演的多是肇事者的角色。女人呢？几乎都是受害者。

　　这么一分析，离婚这件事儿对女人来说的确有点像是灾难现场，可我们不得不承认的一点是：离婚之后到底过得好不好，还是要看你是一个怎样的人。毕竟为数不少的女性在离婚之后越活越通透，越过越精彩，越老越幸福。

　　说到底，纵然大环境对离异女性不大有利，但离婚之后你是过得更好了还是更差了，并不取决于离婚本身，而是取决于你究竟是一个怎样的人。

　　在婚姻中，如果伴侣让你变得越来越糟糕，越来越讨厌自己，那你就是找错了人，不一定非得将就着继续这样的生活。如果再因家暴而危及生命安全，则更是不值得。

　　婚姻不是儿戏，离婚不能随意，但真过不下去了要离婚，也没什么大不了。不要因为害怕离婚，而丧失了远离痛苦、追求新生的勇气。

如何处理伴侣出轨带来的离婚创伤

001 ////

我以前住的那个小区,有一家我经常光顾的沐足店。一来二去,我就跟那家店的老板娘熟络了起来。在她的介绍下,我认识了一位在银行工作的单亲妈妈。

她的故事非常简单:

她跟他相识于高中,后来两个人考上同一所大学,大学毕业后,顺理成章地结婚。这期间两个人当然也经历过一些考验,但他和她都走过来了,感情不可谓不深。但就在她怀孕这一年,她的老公出轨了。

她有过不安的感觉,但一直找不到证据,直到有一天,她即将要生产,一个姑娘大着肚子找上门来……两个挺着大肚子的女人对对方的存在感到无比的讶异。看怀孕月份,找上门的姑娘怀孩子的时间就比她晚三四个月。

她二话不说跟丈夫离了婚。而我,也亲眼见到一个笑起来眼睛像是一枚弯月的姑娘,眼神逐渐变得阴郁、失去神采。有很长一段时间,她的眼神都是灰的。

她用了整整四年的时间才消化完这些情绪，变回以前那个开朗爱笑的她，但这种心理创伤还是存在的。比如，当有比她小的男同事开始追她的时候，她第一反应是感觉非常害怕，然后不假思索地选择了拒绝。

伴侣出轨的确会带给我们创伤，但最终我们都会释怀，继续笑对人生。只是，当时的创伤感也是真实的，这一点无须否认。

很多人在得知伴侣出轨之后，非常痛苦，像经历了一场突如其来的情感大地震。这种感受，没有亲身经历过的人不一定能明白。

对于当事人来说，要处理这样的心理创伤，并不是一件容易的事，特别是如果你真心爱过、全力信任过的话。

当情感累积到一定程度，却又突然失去或者遭遇背叛的时候，就像毫无防备地中了毒，怎么努力都笑不出来，动都不想动，话也不想说，仿佛五脏六腑在一点点炸裂，七窍流血。好像全世界都抛弃了你，你对谁都无法再信任。遭遇这些伤害后，受害者体验到创伤的感觉是正常的，并不能说受害者是心理脆弱、没有成长或者心理不健康。

不管最终当事人选择原谅还是远离，这种创伤都会持续很长时间，几个月，或者几年。大多数人要达到真正痊愈，还能像以前一样信任异性，至少需要两年。

既然是创伤，就会有疼痛，只不过疼痛的感受会随着时间减弱。

刚开始，你脑海里每天都会出现伴侣正在伤害自己的画面，之后一个月"闪回"几次，再后来是一年几次，越来越少。而且，每次"闪回"的创伤体验持续的时间会越来越短,感受到的疼痛感也会慢慢减轻。

处理伴侣出轨的心理创伤,不同人面对不同情况会用不同的方式,所以这个问题没有标准答案,但有一点几乎是可以确定的:远离伤害自己的人,比继续跟对方在一起要更容易处理创伤,但你也需要同时处理彻底失去对方、远离所熟悉的环境和生活习惯的创伤。

因此,这种事一旦发生,不管你怎么选择,你都会经历比较长时间的痛苦,这几乎是一定的。

002 ////

研究显示,有高达 90% 的人会因为伴侣的出轨而得抑郁症。

面对配偶的不忠,被背叛者是怎样一种体验?

我相信大多数经历过这些事情的人,也有过类似的感受:

第一阶段,你会感到无比的震惊和愤怒,同时夹杂点不愿相信,你不相信对方真的会舍得这样伤害你,你也不愿意承认自己当初眼光不行,择人有误。

第二阶段,你会失去对自己的认同感,你认为自己在婚姻中甚至在生活中所做的努力都得不到承认。你变得无比自卑,陷入自我贬抑与自我惩罚的恶性循环,自卑到极致的时候,你甚至会想办法希望能赢得配偶的回头。

第三阶段,你失去控制自己想法与行动的能力,你开始逃避与他人的联系,觉得自己活得像是一具行尸走肉。还有一些人因此失去人生目标，甚至是生存意念。对你影响最深远的是，那些你曾经相信过的价值体系全面崩塌，你可能会丧失对整个世界秩序与正义的基本定义和判断，你会认为老天对你极不公平，甚至怀疑身边每个人都可能出轨过，包括自己的父亲。你根本不知道要如何重建对他人乃至对男人这个群体的信任。

第四阶段，你慢慢接受了现实，慢慢消化，慢慢释怀，然后，慢慢痊愈。

当然，被背叛者并非都会经历这几个阶段。被背叛者心理压力的大小、走出背叛阴影并最终释怀的时间，也因事因人而异，但如果因为老公出轨而离婚，无论是被离婚，还是主动离婚，"自我否定和贬抑期"一定会有。

因出轨而离婚带给人最大的伤害，不是离婚本身带来的各种现实问题，而是那种挫败感以及自信心的崩塌。在大地震过后的废墟上站起来，对眼前的世界建立相对客观不偏颇的认识，重拾对自己、对未来的信心，这到底有多难，只有当事人知道。

离婚后，有很多人会进入反省过度的误区。

自省当然是好的，但是在不恰当的时期自省，很容易导致过度自省。一方面，你越是自省，自己又想不到更好的改善方法的时候，通常会越来越自卑，一发不可收拾。另一方面，过多的自省会让你没有精力去考虑很多外界以及他人的事情，会对你认识自己、理解他人造成困难。从某种意义上来讲，这种"自省"得不偿失。

对自我的反省是必要的，但得找对时候。有悟性、不自大的人，基本都会在事件彻底平息以后，反思自我，审视那段关系，寻找自我救赎之道。比如我的自省方式是，想了无数个日日夜夜，最终将那些心路历程写成了书，并分享给有需要的人们。

003 ////

曾经有一些刚刚离婚的朋友问我："怎么样才能快速疗愈自己？"

坦白讲，我觉得疗愈这件事儿是没有捷径可走的。就像是手术过后的疼痛一样，没有灵丹妙药，你只能熬过去，硬撑过去。

你要庆幸，离婚真的不是一场悲剧，它只是在结束一场悲剧。离婚就像割除了长在身体里的一个恶性肿瘤，如果不割除，它有可能会毁了你的灵魂与人生，甚至能要了你的命。痛是正常的，但再痛你也不可能蠢到把切出来的肿瘤重新放回身体里去。而我能给出的唯一建议只是，伤口不是拉链，不可能快速缝合和复原。痛苦来袭的时候，你要像忍耐手术后的伤口一样忍着，咬着牙挨过去，时间长了总会好的。

感到痛苦的时候，你可以选择接受、面对它，而不是回避、害怕它，因为你越是拒绝、越是回避，它就越能轻易地伤害你。"怕什么就来什么"是有心理学基础的。

你所要做的，只是接受失去，接受这些痛苦，接受自己是不完美的，接受偶尔会犯糊涂甚至犯贱，也常常会被不幸打败的自己。也许接纳这一切是很不容易的一件事，但在无法承受的时候，不学会放过自己，人生何以为继？

转移注意力是一个有效的办法，但它并不是万能药。该来的情绪始终还是会来，而我能给你的建议是，每次当你感到很痛苦的时候，比如当愤怒、沮丧、自卑、怨恨等情绪涌来让你辗转反侧、无法入眠甚至痛彻心扉的时候，你可以对自己说："痛吧，痛死我吧，我倒要看看到底能让我痛到什么程度！"然后，就像是等待大浪过去一样，静静等待这段情绪过去。

就这样，痛苦再来一次，你就接纳它一次，大不了痛哭一场。痛苦当然会反复，但它出现的频率和程度会越来越低，到后来你会发现，你已经能越来越轻松地应付它了。直到有一天，你都不记得它上一次来拜访你是什么时候，那么，你基本算是痊愈了。

如果有人让我以过来人的姿态对离异女性说几句话，我想说的是：受害者心态，几乎是所有不幸的根源，它会使人习惯性地拒绝反省自身的责任，总感觉自身很无辜，然后理直气壮地要求别人为自己的命运负责。

一个有受害者心态的人，必定也会成为迫害者，绑架别人为自己的选择买单。有了这种心态，人会变得刻薄、偏激，不平和，伤人伤己。因此，舍弃受害者心态，用悲悯的眼光看待曾经的伴侣或许也是一种可行的自我救赎之道。

每个人都该对自己的命运负起全责，怨不得别人，所以，宽恕和放下，是一个让你停止自我虐待的途径。你要明白，造成今天这样的局面，你自己也是有责任的，你也是自己命运的缔造者，必须对自己当初的选择负起全责。

狭隘的人，看到的都是他人的愚蠢；慈悲的人，看到的都是他人的难处。到一定年纪之后，我们会发现：万事皆可原谅，谁人都可悲悯。

慢慢释怀以后，我们甚至会很感恩对方曾陪自己走过一程，也很感谢对方因背叛或放弃给自己带来的历练之恩。若没有过去那段经历，我们一定没那么快实现蜕变，成长为今天这个更好的自己。很多时候我会很惊讶：原来离婚还能激发我这么大的能量。

　　如何穿越离婚后的这些心理困境，几乎是每个离异人士的必修课。

　　成长真的不是光靠拜师、磕头、诵经或者四处找过来人求助等行为就可以有所成的，最重要的还是看人在困境当中的表现。

　　每一次遇到困境，我们都需要问问自己：当生命把我们不想要的结果呈现在我们面前抑或是夺去我们不想失去的珍宝时，我们是否还有凤凰涅槃的勇气？

　　离婚了，世界依旧如常运行，天也没塌下来，太阳每天照常升起。经历过那些蜕变的痛苦之后，你会发现：离婚就是一个破茧成蝶的过程，痛苦，但能让你得到新生。

　　我们需要战胜的不是问题，而是对问题的排斥和抗拒。像我这样怯懦的人，都可以实现蜕变和成长，你当然也可以。

该不该"为了孩子不离婚"

我曾经被一个所谓的"过来人"教训:"孩子就是你的天。为了孩子着想,父母没有什么不可以牺牲的。一味强调自己的感受,而不顾及孩子的成长,是自私的体现。"

我离婚后,周遭也有不少人问我:"你怎么就离了呢?就不会为了孩子忍忍吗?你自己离了倒是轻松,但孩子呢?孩子没有完整的家了呀。"我回答:"完整不是目的,幸福才是。"

我几乎就没有考虑过"为了孩子不离婚"这个因素,因为形式上的完整对我和孩子而言并不那么重要,那都是过给别人看的。如果"家庭完整"不如"离婚"更让我们感受到幸福,那就真的没必要为了追求所谓的完整而强迫自己在一段痛苦的婚姻中垂死挣扎。站在孩子的角度考虑,我也不愿意她拥有一个不快乐的妈妈和一个不愿回家的爸爸。

不过,我也知道,和我一样的单亲妈妈,会听到很多类似的说教:

"你看那谁,真不容易,丈夫都出轨了,但她为了家庭和孩子坚持不离婚,对丈夫选择了包容和接纳,现在人家一家子多幸福啊！她是个伟大的女人，有大智慧！"

"为了孩子，真的不能离婚。孩子不能生活在单亲家庭，单亲家庭的孩子都有心理问题，都是犯罪分子预备役！"

"离婚？你想过孩子的感受吗？离了之后你上哪儿去给孩子找个爸爸？你倒是离婚了，你的孩子会被歧视的你知道吗？"

几乎每一个要离婚的人都收到过类似的规劝，甚至你都离了婚，过上了自己甘之如饴的生活，还有人不遗余力地劝你"为了孩子，复婚吧"，俨然有了孩子后你还离婚，是一种无法饶恕的罪恶。

其实，"为了孩子，不要离婚"这话有一定道理，但不适用于所有的情况。

如果一个女人经常被丈夫暴打，随时随地可能被剥夺生命，也要为了孩子不离婚？如果一个丈夫嫖娼不断，还把性病传染给妻子，妻子也要为了孩子不离婚？如果一个丈夫面对的是一个好吃懒做、天天打麻将度日的"甩手掌柜"老婆，也要为了孩子不离婚？

对不愿意在一段痛苦的婚姻中凑合下去的那一方而言，"为了孩子你不能离婚，离婚便是自私"之类的话是赤裸裸的"道德绑架"。难道一个人当了父母，就连离开一段痛苦的婚姻关系的权利都被剥夺了？"吃了痛就放手"是人的一种本能，当了父母后，想要离开一段痛苦的关系，就要被贬斥为"不顾及孩子"和"自私"吗？

婚姻中出现问题，对任何一对夫妻来说都是很正常的事情。在中国人的婚姻中，不少夫妻是属于"为了孩子凑合过"的。凑合的结果，一个是向好，一个是向坏。

如果双方一路凑合着过日子，某天忽然觉得不该这么下去了，双方都产生了积极解决问题的意愿和力量，继而像打怪兽一样实现感情升级，风雨之后迎来彩虹，无疑是最好的结果。可现实中"为了孩子"凑合的婚姻，大多是问题已经严重到了不可调和的地步。

如果夫妻已貌合神离，婚姻名存实亡，那这种"为了孩子"的婚姻当如何演绎下去？

光想象一下，我们都会觉得这样的情形很尴尬。在孩子眼里，自己的父母到底在干什么呢？他们在跟对方说话的时候到底是真情还是假意呢？大人自欺欺人地认为孩子不会感觉到什么不对劲，以为孩子都那么好骗，是不是太低估孩子的觉察力和智商了？

为了孩子的成长，夫妻应该慎重择人、尊重婚姻，努力经营婚姻，但万一这段婚姻关系难以为继，持续下去对自己或对双方而言都是一场消耗，那我们当然可以忠于自己的内心做出离婚选择，并对孩子付出足够的真诚和尊重。

真诚地跟孩子沟通，让孩子拥有对父母离婚这件事儿的知情权，离婚后给孩子积极正面的教育和引导，给孩子提供良好的生活氛围，比苦大仇深地"为了孩子"跟一个自己根本不爱的人联手表演幸福的假象，更有助于孩子的成长。

父母离异对子女的影响，并不是单一性的坏影响或好影响。这种影响是正面的还是负面的，视原先婚姻的品质以及离异后孩子的生活品质而定。

如果原先夫妻双方关系非常恶劣，已形同陌路甚至恶语相向，那么不如干脆离婚，因为离婚对夫妻双方和孩子来说，都是更好的选择。

关于这一点，国内曾经有人做过问卷调查，并得出两个重要的结论：第一，父母婚姻品质不好的青少年，其负面心理症状的出现频率远高于其他青少年。第二，若父母原先的婚姻品质不好，四年后，父母仍维持在同样婚姻状态内的青少年，其心理焦虑程度居高不下；相较之下，这段时间内经历父母离婚的青少年，原先的高焦虑倾向消失了，负面心理症状大幅减少。

事实上，国外的研究结论也与以上分析结果一致，说明以上结论并不因国情、社会文化之差异而有所不同。

一个冰冷的、空壳的、看似完整的家，并不能给孩子带来幸福感。真正带来幸福感的，是家庭里盛满的爱。

为了孩子委曲求全，孩子未必会感激你。为了摆脱痛苦或过得更幸福、更开心而选择了离婚，孩子未必会责怪你。

单亲家庭的孩子是否过得幸福，跟父母离异后孩子的生活品质有很大的关系。

如果我们离异后依然能过得好，能采取比较适当的方法妥善处理与前任、孩子的关系，并且帮助孩子正面认识并适应父母离婚后的新环境，将离异对孩子的伤害降到最低，那么，单亲家庭的孩子未必过得不幸福。

伤痛是强者的垫脚石

"没有深夜痛哭过的人,不足以谈人生",这句话流传极广。"少年不识愁滋味"的时候,看到这句话我会"为赋新词强说愁";现在,当我也真正尝过深夜痛哭的滋味的时候,再看这句话,却只有沉默,只有叹息。

我不相信这世界上存在从来没在深夜痛哭过的人。那些别人在我们面前表现出来的坚韧、独立、果敢、云淡风轻、举重若轻,可能都是人家在无数个黑夜里用痛苦和眼泪换来的。

常常会有一些年轻的读者跟我说:"羊羊姐,我有时挺佩服你,因为你内心强大。"

我跟她们说:"那是因为你没见过我深夜痛哭的时候。这世界上哪有真正勇敢和强大的人呢?有些人不过就像植物一样,即便跌入泥淖,也努力想在绝处开出花来罢了。"

末了,我还不忘自我调侃一下:"如果没有深夜痛哭过就不配谈'人'生,那我岂不是早就配谈'从'生了?而那些经受的磨难比我更多的人,岂不是早就配谈'众'生了?"

站在时间的桥上往回望,我随手也能拾捡起几片关于"痛哭"

的回忆碎片。

7岁，家里养了一群小鸭子，小鸭子很爱吃浮萍，我每天放学后就跑去村口荷塘边捞一些浮萍回家喂它们。

那时候我学习不好，家境也不好，没什么小朋友愿意跟我玩。有一天回家，一帮女同学手拉手跟在我后面，一遍又一遍齐声高喊着口号侮辱我，说我家穷到连喂鸭子的钱都没有了，所以才会跑去别人家的荷塘里偷浮萍。她们人太多了，声音太大了，在取笑我这件事上也表现得空前团结，我根本回不了嘴，自始至终沉默着，然后把捞起来的浮萍放塑料袋里带回家，悉数倒到小鸭子游泳的小水潭里。

那天，我再没有心情看小鸭子游到水潭里抢食浮萍，而是满腹委屈地坐在小凳子上，哭得上气不接下气，内心里充满了屈辱感。

16岁，我上高二，弄丢了300块钱生活费。作为一个连150块钱军训费都需要去借的穷孩子，当时的300块钱对我甚至对我家而言，简直是巨款。自责、内疚、委屈等情绪涌上心头，我在宿舍里抱着枕头哭了一下午，不知道接下来几个月该如何度过。

17岁，我只身去北京上大学，只带了路费。到了学校，需要申请助学贷款才能完成学业，岂料签合同时因为我当时未满18岁，需要法定监护人（父母）的签名，而我的父母当时远在云南。我以为自己贷不到款要辍学了，捏着贷款合同躲在厕所里痛哭了一个中午。

21岁，我大学毕业，和同学一起南下广州找工作，兜里只揣了两千块钱。我们在污水横流、嘈杂不堪的城中村里住了两个月，钱已经花光了，而工作却没有着落，还差点被骗进传销窝点。看到同学们相继找到心仪的工作，我感到万分的焦灼、茫然、无助和挫败，对着这个巨无霸城市里辉煌的灯光，我痛哭了无数场。

刚参加工作那会儿，一个人住八层楼中的一套楼梯房。每次爬楼爬到家，我都会汗流浃背，热不堪言。那时我工资不高，还要偿还国家助学贷款和供弟弟上大学，根本没钱买空调，只买了个落地风扇。为省打车费，我自己把那个近20公斤的落地扇从超市抬到小区，再从小区门口抬上八楼，抬回家以后自己安装。安装了一个小时后，我居然还是找不到头绪，然后坐在地上大哭了一场。哭完，擦干眼泪继续安装，直到电扇成功运转。

24岁，遭遇人生中第一次失恋。对那个年纪的我而言，一场失恋就像是经历了一场大地震。一夜之间，我觉得整个城市变成了废墟，随后，它变得空空荡荡。我日日伤感、夜夜悲啼，哭了足足三个月。之后，反复纠缠、分分合合，我因此患上了非常严重的"失眠症"。

2011年，我遇到了一个以为可以执手走一辈子的人。领了结婚证的第三天晚上，我梦见他要离我而去，醒来后发现自己安然地躺在他的怀里。一悲一喜间，我竟然泪流满面。

那一年，雀跃着筹备了小半年，已经广发了请柬的婚礼被长辈取消后，我痛哭了三场，咬牙切齿发誓要把丢掉的"面子"给捡回来。

2011年到2012年我怀孕，身体的变化、婚姻的不稳定等导致我失眠愈发严重。极度脆弱时，我在公共餐厅吃着吃着饭，眼泪猝不及防地就掉下来，大颗大颗掉进饭碗里。我干脆放下筷子跑到厕所失声痛哭，哭完再挺着大肚子回到座位上，把饭菜吃光。

2012年7月生孩子时，我是"顺产转剖宫产"，遭了两茬罪，而那时的丈夫（现在的前夫）竟选择出差而未在我身边。阵痛来袭时，疼痛蔓延到身上每一个毛孔和骨头缝里，我全身控制不住地发抖。剖宫产手术后，因为医院床位紧缺，我被安排到了刚坏了空调、热得像蒸笼的走廊口。炎热的7月里，疼痛让我无法动弹，汗水把我浸成腌菜，我觉得自己像是一条被放在烤箱里炙烤的鱼，生不如死，整个人处在半昏迷状态，分不清是梦境还是现实。但孩子被抱来让我哺乳的那一刻，我哭了，不知道是因为心酸还是因为感动。

2013年，一记惊雷令我惊醒，我选择了离婚。逃离婚姻战场后、惊魂未定前，我也骂过、哭过、怨过、失态过、狼狈过。离婚后，我换了房子搬了家，搬家时我丢弃的那两个枕头，吸收过我不少眼泪。

离婚后，我拿出所有积蓄买了车。一开始，停车技术很不佳。有一次，我停了将近40分钟，依然如同困兽一样在原地打转。夜已深，我又找不到合适的人来教教我或帮帮我。严重的挫败感，让我又一次坐在车里泪如雨下。

那段时间我感受到了很多来自熟人的伤害。"要不是你有问题，人家怎么会那样对你？"有段时间我经常听到这句话，这让我非常痛苦，甚至怀疑人生。

在无数个辗转反侧的深夜、无数个无助飙泪的瞬间之后，我开始慢慢明白：不是我不靠谱，是我太弱小，是我不够自信，才会让那些本不是恶贯满盈的人敢跑上前来插我两刀，才会让那些只是为了"秀智商"的人说的话伤害到自己。

从怨毒到释怀，从彻底自我怀疑和否定到逐渐找回自信、活出自我，从惧怕因为离婚而受歧视、指摘到最终能坦然面对所有人的目光，我整整走过了一年半的漫长岁月。当然，这里也有孩子爸爸"君子绝交，不出恶声"配合的结果，真不是我多强大、多有悟性、多有能耐。

我也常常在想，没有过去摔倒在河中央浑身湿透的狼狈，就没有现在站在河岸上云淡风轻的潇洒。

成为一名单亲妈妈后，我也有特别抓狂无助的时候。某次，我冲孩子大吼了一顿，起因只是我累得只剩半条命回家，却发现家里散落了一地的玩具。看着她缩在墙角，边怯生生地回答"知道了"边收玩具，我立即冲上去抱着她，任由眼泪"唰唰唰"掉下来。

爱情上，我是摔过跤、碰过壁的人，职场上也是。

有一段时间，工作特别不顺，我下班后并不直接回家，而是先找个安静的地方蹲下来抱着腿痛哭一场，等情绪平复后再慢腾腾地走回家。一路上，我看着大街上走着的人们，觉得他们每个人都坚强得像机器人，而唯一能容我脱掉盔甲当逃兵的场地，不过是写字楼和家之间这几百米的路而已。

从小到大，在大白天痛哭的回忆有很多，而我现在能记起来的，也无非就是这些。数不清、记不住的，都是发生在夜里的痛哭。我甚至都想不起来为什么哭，只是记得自己真真切切地在深夜痛哭过。

仔细想来，深夜痛哭虽然看起来多多少少显得心酸而狼狈，却是一件美好的事。一个人能流出眼泪，说明那一刻他的心是软的。

哪一种人生是容易的呢？谁的命运又能一帆风顺？谁不是带着伤口和眼泪在奔跑？

我们都是普通人，都有自认为扛不下去的时候，都有在漫长黑夜里感到悲哀、无助的时刻。阳光下，我们可以咬牙坚持，但每个人都需要有那么一刻，脱下盔甲，在漆黑无人处，尽情释放自己的屈辱、悲伤、恐惧和无能为力。

我最好的朋友，几年前送别了她的父亲。她父亲患上癌症的时候，她一想到他时日无多，常常在半夜哭醒。治疗了一年多，她的父亲还是走了。有一天，她跟我讲起她父亲走的那天，她说："他躺在车里，像是熟睡了一样，我就那样抱着他的头。我没有哭，只是忽然觉得心里不再害怕了，我再也不用担心会失去他了……"她说这些话的时候，是笑着说的，像在说别人的事。

她还说："那些深夜痛哭，回头想来并不是毫无意义。"

还有一个朋友，他的母亲因严重抑郁而跳楼自杀。如今，他讲起母亲跳楼那一天发生的事，像是在讲一段故事，他笑着讲着，眼眶就湿了。

我想，人类的痛苦是不相通的，也是无法比较的。也许我们经历过的那些痛苦,在别人眼里不值一提,但那些曾经让我们痛哭的往事,在当时,每一件都有让我们痛哭的理由。我从来不觉得那些深夜痛哭的人,显得特别愚蠢而孱弱。

每个人都会遇到艰难的事,每个人都有当时以为自己根本攀爬不过去的高墙,而这种艰难、痛苦和绝望,别人不可能感同身受,也不可能跟你分担。

我们都会有觉得自己被全世界遗忘、被所有人不理解的时刻,而这时候,我们唯一能做的,只是在深夜痛哭一场,然后,静静地,忍耐着,等它过去。

众生皆苦,有情皆孽。人生不是要吃这种苦,就是要吃那种苦。那些当时以为过不去的沟坎,现在回头看,也不过就是人生旅途中的一段必经之路。那些曾经让我们痛哭的事情,一桩桩,一件件,时过境迁后我们都能笑着讲出来。

噩梦虽长,醒来就好;
万千伤害,释怀就好;
悲欢离合,习惯就好。

这世上既然没有永恒的幸福,自然也就没有永恒的痛苦。

不管你正在经历什么样的痛苦,生活终究会让你知道:只要你还活着,就没有承受不了的苦难,虽然有些痛苦真的令人难耐,但它终将化为流水东逝去。而那些让你痛哭的事情,终有一天你也能笑着说出来。

伤痛,终有一天,会成为你未来成功路上的垫脚石。

第八章

做内心强大的自己

离婚不是丑事,不该被歧视

001 ////

作为一个喜欢上网"码"字的离异女性,我经常会收到很多这样的评论:

"你居然有这种认知!我明白你为什么离婚了!"

"我发觉你这人很有问题!怪不得你离婚!"

"你这人心胸狭隘!怪不得你前夫要跟你离婚!"

"作为一个高学历女性,你对两性关系的认知这么白痴!你女儿跟着你,以后迟早也会跟你一样离婚的!"

作为作者,这些评论已经看到麻木。只要我的言论稍微不合对方的意或者在某个问题上与对方的看法不同,他们就能把"怪不得你离婚"这句话丢出来。他们总是没办法就事论事,所以只能靠攻击别人的私生活来占据点儿心理优势。

这类人潜意识里认为离婚是一种耻辱,以为把"怪不得你离婚"这话说出来就能伤害到我,殊不知离婚对我而言只是一种经历。它对我的杀伤力,不过就像是动了一次甲状腺肿瘤手术,而且,那肿瘤还是良性的,割了它,我会更健康。我从来没把一场手术视为我人生的耻辱,当然也没把离婚这件事儿当成什么耻辱,更不觉得自己因为离了婚就比人低一等。

我领到离婚证当天下午,就给朋友们群发了消息,告诉大家:"我离婚了,以后请多多关照。"

我是觉得,既然这种事儿最后大家都会知道,那我还不如主动坦白。这世界上没有不透风的墙,到时候所有人都知道了但大家以为你很介意,都对你三缄其口,怕触碰你雷区一样有意无意避过这个话题,那样的相处氛围会很怪。再说了,既然我敢把离婚这件事儿公开,就有能承受所有非议的脊梁和胸怀。我不是阿Q,我不会介意头上那块疤。离婚是我人生的一部分,我完全能接纳它。

每次有人把"怪不得你离婚"这话扔出来并且以为能伤害到我的时候,我总想起金庸小说《侠客行》里的石破天:他被父母的仇人收养然后长大,仇人连名字都不给他取,只叫他"狗杂种"。日后,石破天学成武艺行走江湖,每次遇到有人骂他"狗杂种",他丝毫不以为这是侮辱。

上高中时,一个男生嘲笑另外一个个子矮的男生是"矮冬瓜",就在我们所有人都以为那个矮个子男生会怒的时候,他说了一句:"我妈也叫我'矮冬瓜'啊,这称呼听着亲切。"

很多事情,你不在乎它,它就伤不到你。离婚也一样。

002 ////

离婚人士还特别容易引人同情。

一个网友看了我的文章后,给我留言说:"你真的离婚了啊?好可怜哦。"

这条消息看得我哭笑不得,我都不知道该如何回复。我一时兴起,把这条消息截屏给闺蜜看。闺蜜看完以后,哈哈大笑:"可能对她而言,你失去的东西像天一样大,所以她才会对你产生同情心。也可能是她年纪太小,只看得到你离婚,却看不到你经历这些事后的蜕变和成长。"

作为一个离婚女人,其实对这种言论几乎是见怪不怪了。你自己完全不觉得离婚算是个事儿,但总架不住别人会戴着有色眼镜看你。

一个女人离婚了身边还带着个孩子,在周围人眼里,她的命运就变得悲惨了起来。人们纷纷为她担心:"哎呀,你看她一个女人家家的,离婚了又带着个孩子,以后怎么过?家里没个男人,很容易被欺负的。"

我发自内心地感激他们的好意,但心里也不免会嘀咕:"我们有什么好值得大家同情的呢?就因为离婚了吗?我跟没离婚的女人一样挣钱养家,一样带孩子,一样快乐地生活,有什么需要别人同情的呢?"

只是对你表达同情心也就罢了,有的人对离婚女人则是赤裸裸的歧视。作为一个主动公开自己离异身份的作者,我承受到的来自网络上的恶意可能超过大家的想象。在社交媒体上,我经常收到这样的言论:

"再优秀又能怎么样?还不是个二手货。"

"你离婚了？寂寞空虚冷吗？我追你好不好？"

"你再婚了吗？如果没本事再婚，你离什么婚？"

习惯了被陌生网友花式谩骂的我，看到这种言论真是连怼回去的冲动都没有。他们内心是有多虚弱，才会把离婚视为人生污点，才会认为离婚女人值得同情或活该被鄙视，才会认为拿离婚这件事儿攻击我就能让我痛哭流涕、心如刀绞。

003 ///

很多人看不起离婚的女人，大概是因为他们觉得离过婚的女人都有问题，要不好端端的怎么会离婚？要不为什么别人没离，就你离了呢？

如果你有一个孩子，还是毅然决然地选择了离婚，那他们会觉得你自私，认为你丝毫不考虑孩子的感受。尤其是那些自己出过轨但最后回归了家庭的男人，特别容易对遇到老公出轨就离婚的独立女性感到恐惧。他们无法处理这种"代入心理"带来的恐惧心理，就特别喜欢拿"为了孩子"的名头说这类女性任性、自私、不懂得关照孩子的感受……总之，他出轨的时候可以不考虑孩子，老婆因为他出轨而提出离婚时，他就说你不考虑孩子了。

还有一些人，认为女人离婚是因为不懂得宽容，因为不懂得经营婚姻。更有甚者，在不了解任何实情的情况下，就阴阳怪气地评论："你真以为离婚就万事大吉了吗？不认识到自己身上的问题，下回你找了谁都会离婚！"

在他们的眼里,"离婚女人"等于"缺乏解决问题能力的女人";在他们看来,只要你会经营婚姻,那么不管你遇上怎样的伴侣,你的婚姻都不会失败。

我很奇怪为什么会有人有这种认知!难道"离婚"不可以等于"有掌控自己生活的能力、有独立生活的底气、有追求更美好生活的勇气"吗?

婚姻不是卖身契,每个人都有掌握自己人生的自由。过得舒心,咱就过下去;过得痛苦,咱就分开。

离婚可以是一件伤心的事,一件无奈的事,一件遗憾的事,而不是一件需要别人同情的事,更不是一件令人鄙视的事。

离婚之后的女性到底会不会成为一个怨妇、弃妇,完全因人而异。事实上,自强自立的女人都不怕离婚,她们一碰到不合适的人、令自己陷入痛苦的关系,就有勇气和底气离婚止损,反而过得更好。而不自强不自立的女性,即使身处婚姻围城,也不见得会过得幸福,不见得不会成为怨妇、弃妇。

离婚后的女人,真的也有过得不那么好的,特别是一些带着孩子艰难生活的单亲妈妈。但你考虑过吗?如果她们身边能有一个知冷知热、懂得体谅她们辛苦的男人,大多数女人不会走到"成为单亲妈妈"这一步。没有哪个女人愿意做单亲妈妈,更没有哪个女人希望自己的孩子成长在单亲家庭里。

如果不是因为对那个男人彻底绝望,绝望到她们觉得再不离开那个人,连自己都要被那段痛苦的婚姻关系吞噬,被摧残到尸骨无存,再没有能力去保护孩子了,很多人真的不愿意走出这一步。

人家刚刚从一个痛苦的大坑里爬出来，满身泥污都还没来得及洗净，你上去就拿人家的离异身份说事儿，是不是有点"落井下石"？

单亲妈妈的困难确实不少，但是其实真的不是充满悲情的。用我一个朋友的话说："早知道离婚这么爽，早就离了！只是不知为什么总会有人同情甚至鄙夷我们呢？都什么年代了，这社会对一个女人是否成功的评价标准竟然还是她有没有幸福婚姻？"

是的，单亲妈妈不是受害者或弱者。我们只是离了婚，不是缺胳膊少腿，也不是遭受了不白之冤。我们的工作和生活一样有条不紊，没给社会和他人带去一丝负担和不便。虽然离婚了，但我们当中很多人有房有车有工作有孩子有鼻子有眼，仍然拥有健康的身心和完整的尊严。

离婚是我们自主选择的，没有受到任何人的胁迫，也不是被抛弃。我们已经是成年人，知道哪些选择是趋利避害的。这就像你选择跟一个人牵手过一辈子一样，我们选择不过下去，这种选择也值得被尊重。

004 ////

很多单身女士、离异女性、单亲妈妈，总是特别在意别人异样的眼光，可这些眼光，就像是一顶帽子，只要你不愿意把它戴在头上，它就影响不了你的形象。

如果你如何看待自己，取决于别人怎么看待你，那其实就相当于你主动伸出头，把这顶帽子戴到了头上。别人觉得你离婚了好可怜,你就觉得自己真是可怜、悲惨透了;别人觉得你离婚了低人一等,你就开始自卑。这不就是给自己戴了个"紧箍咒"吗?别人一念经,你就开始头疼。

你要知道,不管别人对你施予同情还是鄙夷,都是带有某种居高临下的优越感的,别让他们得逞。这个"紧箍咒",你完全可以拒绝戴头上,甚至可以一脚把它踢开。

你认为自己配得上一切,觉得自己不低人一等,那么,别人怎么想并不重要,甚至慢慢地,他们也会因为看到你的蜕变而对你的印象有所改观。

也希望世人不再以同情、鄙夷的眼光去看待离婚女人,她们不需要谁来怜悯,因为她们活得并不比谁低一等。谁也不希望自己离婚,但不是谁都有勇气、有底气离婚,并且在离婚后还能把日子过好。

一个人活得好与坏,令人钦佩还是令人鄙夷,只取决于他是一个怎样的人,而不取决于他拥有怎样的身份。我们都得先成为一个人,先把别人看成一个"人",再去研究"身份"这个光环和标签。若是反其道而行之,就是典型的"本末倒置",不是吗?

一个人有没有素质和教养,也体现在他是不是能平视他人和自己。面对他人,不管什么身份,都能做到平视,平等相待,"己所不欲,勿施于人";面对自我,不管自己是什么身份,也能做到平视,不自卑,不自鄙,不自亢,不自傲。

笑人就是笑己,所以先学会敬人也敬己吧。

离异单身并不意味着不幸

001 ///

现代社会,婚恋价值观已经趋于多元,但很多人还是顽固地认为"只有结过婚生过子,才是完整的人生;如果你单身,那你一定过得很悲惨"。接着,一波针对单身人士的歧视悄然兴起。

单身人士都很难相处,单身人士没有性生活所以喜怒无常,单身人士很有可能是同性恋……这就是人们对单身人士常有的负面印象。

即便没有这些毛病,这些歧视单身的人想要表达的中心主题也无非是:你真失败!你真不幸福!你真可怜!你肯定很孤独、很不幸福!

一旦对方有了这种思维,那接下来我们不管跟他谈什么都是对牛弹琴。你若说"我觉得单身生活挺好的",他也会觉得你在伪装。

我相信,大家身边一定有很多这样老是不停劝你要去找一个伴侣的人。善意一点儿想,他们可能觉得婚姻很美满,值得追求,希望你能够获取这种幸福,所以出于好心对你加诸言语。又或者,他们觉得自己婚姻很美满,看到你单身,产生了某种优越感,所以故意这么说来强化内心深处那些莫名其妙的虚荣心和优越感。

不论结婚还是单身,都只是一种生活方式,一种人生选择。结婚只是一个人生阶段的开始,并不是"幸福终点站"。一个人过得幸福与否,与结婚与否并不成"正相关"的关系。

结婚 = 幸福,单身 = 痛苦,这样的论断未免太过武断。

现代社会,网络的便捷性减少了人们对他人的依赖和需求,丰富的休闲娱乐方式也部分取代了某些人际交流的需求,所以结婚不该成为人类标配。对女性来讲,只要你有点儿钱,很多事情都可以取决,搬家可以找搬家公司帮忙,出行可以打专车、出租车,马桶坏了可以找维修工人,购买大件物品有人给送货上门还包安装……

这么说不是在讴歌单身的好。每个人只要找到适合自己的生活方式,并能为自己的选择买单就好。我反对歧视单身,并不等于我要嘲笑已婚。

奥地利作家茨威格说:"当我思考什么是真正的异端的时候,**我只能发现一个标准:我们在那些和我们观点不同的人们的眼里都是异端。**"在很多人看来,那些无论是主动或是被动打着光棍的人们都是"异端",可是在越来越多的人选择做"异端"的时代,谁还会觉得打光棍低人一等呢?

如果你依然这么认为,只不过证明你狭隘罢了。

002 ///

一个离异的女性朋友在朋友圈里表示:以前我觉得敢离婚的

人好勇敢，但自己也走过这一遭之后，只觉得敢结婚的人好勇敢。

这个朋友的婚姻经历，用她的话来说，"就像是一场噩梦"。结婚之初，两个人当然是奔着白头偕老去的。起初两个人感情也算好，他还热情地让她怀了孕。

岂料她的丈夫后来做了几个大单，买了一辆车，手里头也有了些钱，就立刻显现出了原形：开始夜不归宿。

她那会儿并不知道他出轨了，所以也经常会为他总是夜不归宿、婚内无性等问题吵架，而婆家人则毫无例外地站在他那一边，指责她没本事留住自己的男人。

孩子生下来以后，丈夫没有管过一天。婆婆看她拿自己的工资买化妆品，都会拿着瓶子跑去商场去问价格，然后回来就说她太败家。每年过年，公婆都逼着她跟他们一起回老家，如果她不从，就把一顶"你太强势、不孝顺"的帽子扣在她头上。

每一个丈夫夜不归宿的夜晚，她都觉得时间变得黏稠而漫长。那张双人床变成了一口煎锅，每多在上面躺一分钟就多被炙烤60秒。那几年，她失眠症非常严重，最后发展到一到晚上就害怕、一看到枕头就紧张……

真相大白后，她果断提出离婚，但离婚过程并不顺利，男方给离婚设置了多重障碍。最后，通过去法院起诉，她离成了婚，并争取到了孩子的抚养权。

判决书下来当天，她就睡了个好觉，从此夜夜好梦。她说，她选择离婚，不是为了再婚，而是为了摆脱痛苦。也正是如此，她无比珍惜现在的单身生活，觉得这一切真是来之不易。

给大家讲这个真实的故事，目的不在于恐吓，只是我们该明白：结婚并不当然会幸福。婚姻从来不是必需品，美好的婚姻则是奢侈品。谁都不敢保证自己结婚后一定不会离婚，所以不必把结婚等同于幸福。结婚只是人生道路上一个不可逆的选择，有人求仁得仁，也会有人黯然神伤。

003 ////

找寻幸福的方式有千万种，选择跟另外一个人缔结婚姻只是其中之一。

事实上，就我自己的体验来说，离婚后的路并不很难走，单身生活过久了居然也会上瘾，因为可以随心所欲地按自己喜欢的方式去生活，可以痛痛快快地做决定而不必考虑另一个人的意见。

每一天，日子都过得很充实。或许偶尔我会内心惶恐，但我学会了站在更高的角度去看待。或许偶尔还会想起从前，但我已学会了放下和感恩。

我是真正地享受着这种自由的状态，并没有被所谓的孤独、凄苦所笼罩。

我不需要谁拯救我于"水深火热"之中，并不意味着我排斥男人和婚姻。如果他日出现一个看得上我、我也看得上的人，我相信自己也能为他的生活增彩。

也有人会说："你现在还年轻，所以当然会这么说。将来等你哪天生病要做手术了,身边连个帮你签字的人都没有,就会后悔现在不及时找一个了。"

我说:"结婚了,你动手术的时候也未必有人来帮你签字啊。我有一个朋友,五十岁得了乳腺癌,结果她老公转身就出去找了个小三,跟她提出离婚,这对她而言可真是双重打击。所以你看,靠谱的是某个人,而不是婚姻。"

如果我们本身内心虚弱,就更不该期待某个男人来补足。如果你把爱情视作救命稻草,把男人视为雪中送炭的人,那么,你可能会承受更多的失望。但如果,你只是把爱情视作"锦缎上的花",是一味调剂品……那么,没你,我可以潇潇洒洒地过;有你,生活便是"锦上添花"。

我一个人可以过得很好,但如果有机会和另外一个人开启更丰富有趣的人生,我也不排斥。我随时准备与一个人天荒地老,也随时准备一个人快乐到老,而且并不觉得这有什么不好。

有你,最好;没你,也行。

一个人过得是否幸福,应该以他自己内心的感受为准,而不是该由这种所谓的常识、那种所谓的理论或者是"别人认为怎样"来定义。

简单粗暴的分类方式永远都不能带领我们走近真理,尊重我们和别人之间的不同以及每个人的独特性,才是解决困惑最好的路径。

人到中年,各有各的不容易。结了婚的,有结了婚的烦恼;单身的,也有单身的苦楚。有些烦恼和苦楚,是生而为人所必经的,跟你是已婚还是单身无关。

004 ////

也有一些年轻姑娘会问:"那我一辈子都不结婚可以吗?"

在我看来,这个问题跟"我一辈子都不学骑单车可以吗"本质上是一样的,答案当然是见仁见智。

有人喜欢骑单车,能从骑车的过程中体会到乐趣,那就去学;若是平衡能力差,对骑单车完全提不起兴趣,那就不要去学。

有没有学会骑单车,对我们的人生会产生重大影响吗?不会。

同样的,婚姻不是人生的全部,夫妻恩爱、儿女绕膝的快乐也不是人生全部的快乐;你不结婚也并不代表你的人生是不完整的,是失败的。

每个人都有适合自己的生活方式。如果你喜欢跟伴侣在一起热热闹闹地生活,那么就去找一个良人,择一城终老。如果你想要将单身进行到底,旁人也不必因着世俗的偏见而各种劝结婚甚至逼婚。

从小,我们都会被灌输"另一半"哲学,仿佛自己是个半圆,必须要找到另外一个半圆,我们的人格、人生才能完整,其实这些说法经不起推敲。

为什么我们不可以是一棵树,自己长自己的"圆满"?如果另外一棵树能跟你一起并肩迎接风雨雷电自然更好,但如果没有,似乎也没什么大不了。

一个人,只要能照顾好自己的身体、安放好自己的心,独身和结婚又有什么区别?漂泊旅行是修行,结婚生子也是修行。如果都是修行,那就没有任何区别。

如果让我给抱定主意单身一辈子或者因为暂时没找到合适的人而保持单身的姑娘说一句话,那我会说:听自己的!在结婚这件事上不着急,不害怕,学会厚脸皮。其他的,爱谁谁!自己开心就好!

亲爱的姑娘,不要因为别人那些狭隘的言论而轻易地否定自己,谁也没有资格评判你没有好的未来。明天究竟会发生什么,现在我们谁也无从知晓。除了婚姻和爱情,人生的征途还有星辰和大海。

好好欣赏这个五彩斑斓的世界吧,树是绿色的,花是鲜艳的,风是透明的,你是特别的。希望你能见识到更大的世界,认识更多奇妙的人,汲取更广博的知识。你根本不需要在乎别人怎么评价,因为只有你自己知道你能过得有多好。

再婚后又离婚,很丢人吗

001 ////

薄荷小姐讲起自己面临的难题,无比愁闷和纠结。

两年前,因为和前夫性格不合,她离了婚,带着儿子单独居住。在父母的催促下,她通过相亲认识了另外一个离婚的男人。刚开始,她觉得对方很成熟睿智,懂得照顾人,虽然也有令她不满意的地方,但她觉得再婚不可能要求那么高了,就和他结了婚。婚后,她偶然发现丈夫吸毒,还瞒着她在外育有一私生子。她想离婚,但又觉得一个女人离两次婚很丢脸,所以始终迈不出那一步。

薄荷小姐的顾虑,完全可以理解。一些单亲妈妈或离异女性再婚后,倘若过得不幸福,有大部分人会和她一样难以决断、不敢离婚,甚至最终选择隐忍。

在潜意识里,她们认同"离两次婚的女人都是草"的思想,对一段恶劣的婚姻关系的忍受阈值确实较一般女性要高。如果再次遭遇不合适的人,她们甚至会做这样的自我安慰:或许换了任何一个对象,也不过如此。维持现状,至少还能拥有一个完整的家。

再说了，我已经离过一次婚了，再离一次都不知道人家会怎么看我，就这么凑合着过下去吧。

当她们发现第一段婚姻是个错误的时候，选择离婚、离开，会比较容易得到身边人的声援和谅解，可是，当她们再婚后不巧还是遇到不合适的人时，往往不敢再离婚。她们会觉得离两次婚很没面子，也害怕人们的唾沫星子把自己淹死。若不是心脏强大点儿、皮糙肉厚点儿，很多二婚女人（单亲妈妈）即便遭遇丈夫家暴、出轨，也不敢离婚。

很多人对二婚女人确实不大友好。网络上时不时会出现"二婚女人能不能娶""娶个二婚女人到底会付出怎样的代价"之类的话题；"谁二婚还大办婚礼啊"这话，大家说来也特别溜，仿佛风光大嫁是初婚女人的专属权利，二婚女人再婚时就得像过街老鼠一样缩着头从人们面前走过。

一个离异男人娶了一个头婚女人，没人觉得这有什么问题，但若是一个头婚男人娶了一个二婚女人，总免不了会有人替他觉得遗憾：可惜了，这么好一个男人，居然娶了个二婚女人（或单亲妈妈）。

二婚女人（单亲妈妈）如果再婚，却依旧遭遇了不幸福，旁人可能会这么说："第一次婚姻已经失败了，第二次婚姻你就应该慎重，不能随随便便结婚。第一次离婚，你可以说你不懂婚姻的真谛，那第二次离婚还能这么讲吗？我不怀疑这种女人的品德，但我会怀疑她的智商。众所周知，即使毛驴也不在同一个地方摔倒两次的。"

恋爱十八次的人，人们可以原谅，但离婚两次的人，往往会被鄙视。说到底，人们不过就是认为婚姻比恋爱更严肃，离婚比失恋影响范围更广。可是，恋爱就可以乱谈吗？恋爱难道就不该认真、严肃、慎重吗？如果都是把感情当儿戏，那不管是失恋很多次还是离婚很多次，都应该一视同仁地"被鄙视"。

一个人，可以因为自己玩弄别人的感情、把感情当儿戏、对婚姻缺乏敬畏而被鄙视，却不该因为分手、离婚的次数而被鄙视。如果你认认真真对待每一段感情，对待每一个你爱过的人，那么，在一起、分手、结婚、离婚都无可厚非。

跟一个人在一起觉得幸福，就在一起，在一起的时候，好好珍惜；如果感到不幸福甚至痛苦了，就离开。活得简单点，难道不好吗？

至于"二婚女人是否值得娶"这个问题，我觉得是个伪命题。你是要娶一个女人，还是要娶一个群体的女人？如果只是一个，你只需考量这个人就行了，而不是强行给人家归类，不然你跟搞地域歧视的人有何区别？

002 ////

那些鄙视二度离婚者的言论，预设了这样一个绝对的前提：幸福婚姻是可以靠一个人的努力得到的，不幸婚姻的种子是可以在一开始就被扼杀的。

在结婚之前，谁都以为对方是能给自己幸福的人，所以才选择跳进婚姻这片海里的，但不管是头婚还是二婚，两个人相处实在存在太多的变数。

每个人都会变,彼此的价值观也在变,谁能保证自己再嫁的那个人能对自己好一辈子?如果你跟对方在一起相安无事走过了很多年,但到了你得了绝症的时候,二婚伴侣弃你而去,逼你离婚,你离不离?

如果跟二婚伴侣认识的时候,两个人如胶似漆、举案齐眉,但过了几年,因为他事业惨败或是别的什么原因,他忽然对你实施家庭暴力,对你拳脚相向,又或他爱上了赌博、吸毒、嫖娼,你离不离?

有时候,我们需要跟一个人相处很长很长的时间,才能认清一个人的真面目。仅仅凭两次离婚的结果,就把智商低、眼光差、不懂婚姻真谛、不懂反省、不适合结婚等词加诸到第二次离婚的人身上,似乎有失公允。

离过婚与否、离过几次婚,都不该成为被人鄙视或自我矮化的理由。人生很复杂,婚姻也不能想当然,越是"一刀切"的评判方式,越是要不得。

想想我们中国人活得有多累?你一辈子不结婚会被歧视,你离婚会被歧视,你再婚后又离婚也会被歧视……大多数人为世俗的眼光所累,无法从中脱离,无法活得自如潇洒。

人们认可的幸福模式很单一:找到一个对的人,然后和那个对的人终老。一旦这中间出个什么岔子,别人在你面前立刻就能找到优越感。

我有个朋友,离婚两次又再婚,现在不知道过得多幸福。对于很多人的不解。她说,"人家理解不理解的有什么关系?日子是我自己的,我自己的感受才最重要。一辈子只短短几十年,为了个所谓的面子、世俗的眼光不敢去追求幸福甚至不敢离开痛苦的婚姻,太不值得了吧?"

是啊,别理睬那些爱嚼舌根子的人怎么说,过日子的是我们自己,能为自己的选择买单的也只能是我们自己。

幸福的标准,只能在我们自己手里,而不该由其他人来定义。

对待婚恋,不管什么时候,都要"拿得起,放得下"。我们该慎重,但更该勇敢。

几多风流，几多折堕

001 ///

兰姐是非常贤惠的传统女性，待人无比仗义、热忱，在工作和生活中责任心非常强、格局也挺大。可就是这样一位完全有资格拥有好婚姻、好家庭的女人，却有过两段失败的婚姻。

初婚时，她丈夫忽然觉得自己不适合婚姻生活所以跟她提出离婚。事发突然，之前毫无征兆，当时她觉得很意外，感觉天都塌了。哭了很多场以后，她还是成全了他，跟他和平离婚了。孩子归她抚养，两个人一起买、一起供的房子则折算成孩子的抚养费归她所有。他则去了上海发展，没过多久就在上海找了一个女友。

离婚后，她一个人带着孩子生活，后来遇到一个离异男人，两个人组建了新的家庭。起初两个人还挺幸福，她也完全尽到了妻子、继母、儿媳的本分，可这个男人后来还是勾搭上一个开美容院的女老板，向她提出了离婚。

第二段婚姻结束后，她一滴眼泪都没掉，但我知道这给她造成了很大的打击。她也曾有过无数个自我怀疑、否定的时刻，觉得自己一无是处，自信心以及一直坚持和信奉的价值观几乎全部要坍塌。

她问我:"我真的很差劲吗?为什么两段婚姻都会失败?我今年已经四十好几了,以后的人生该怎么过呢?"

我通过微信给她发了长长一段话:"真的不是你不好,只不过没有遇到合适的人。婚姻的和谐,起始于互相吸引和欣赏,但能否持续下去,很大程度上取决于双方的修养和成熟度,不是靠你一个人可以撑得下去的。你看看民国时期的张幼仪、于凤至,哪一个不是相貌、才华、人品过硬,但偏偏她们遇上的是徐志摩、张学良,所以也要经历坏婚姻。世界上最没有王法、最不讲道理的,便是婚恋。到了一定年纪,我们都会明白,即便我们会择人、会做人、肯努力也是不够的。想拥有一份好婚姻,还需要老天成全。"

她发过来一个猛点头的表情,没再说话。再之后,我们有好长一段时间没有联系。

后来我再联系上她,她跟我说她的故事有了续集:她的第一任丈夫跟那个女朋友分手了,加之在上海混得很差,工作上也毫无建树,所以灰溜溜回了深圳。回到深圳以后,他发现自己竟无处可去,父母已经不在世,世上唯一的亲人就是未成年的儿子,就以"想弥补儿子"的名义投奔了兰姐母子俩。

离婚时,他把两个人共同买的房子给了她,抵扣了孩子的抚养费。这几年,深圳房价涨了很多,她看他那个落魄样子,想着当初离婚时他在财产上待她不算薄,就把自己后来买下的那套小公寓借给了他住。

现在,他们两人的关系就像是房东和租客一样,他们只有在谈到儿子的教育问题以及水电费、物业费等费用缴纳问题时，才有几句交谈。他的那些过去，他不好意思说，她也压根儿懒得问。她说："我收留他，是因为儿子需要他。何况夫妻一场，看他落魄成这样我总不能不管吧？"

她第二任丈夫的情况也不大好。这个男人当初之所以抛弃她，是因为爱上了那个挥金如土、过着光鲜亮丽生活的美容院女老板，结果他跟女老板结婚以后，才发现对方拥有的不过是个花架子，实际上早已负债累累。

与女老板结婚的时候，他家里所有人都反对，因为女老板自己也是还没离婚就跟他在一起了，甚至曾为了逼他离婚而谎称自己有孕。他的父母知道这些情况后，苦口婆心地劝诫他一把年纪了不要再胡闹，说兰姐才是他的良配，要他好好珍惜。他当时没听，执意要"冒天下之大不韪"和女老板结婚，闹了个鸡飞狗跳、众叛亲离。

如今，他每个月还得帮女老板还贷，经济上经常捉襟见肘，家里一有点儿大的花销就得找人借钱。女老板又有个很蛮横的弟弟，一听说他有离婚念头就给他一顿胖揍。现在的他，当真是骑虎难下，估计也只能老老实实被女老板套牢，不好意思也不敢再离婚了。

兰姐跟我说起这些事的时候，心情非常平静。她说："当你步入我这个年龄，你会慢慢发现有些事情其实早已有了它的走向。当初那些抛妻弃子追逐新生活的男人，几乎没有一个过得好的。"

002 ////

兰姐的故事,让我想起老家一个邻居叔叔。

这位叔叔是教师,年轻时长得挺帅,也挺会讨女孩欢心。婶婶嫁过来那年,全村都轰动了,因为婶婶长得很端庄,出身也比较好,知书达理,待人接物很温和。往农村妇女中一站,显得气质特别出众。

起初,两个人过得还算比较幸福,一共养育了两个女儿。有时候,我站在我们家二楼露台上,还能看见叔叔和婶婶在他们家的院坝里翻晒稻谷,两个人有说有笑。

或许是因为婶婶一直没能生下儿子的缘故,叔叔慢慢开始嫌弃她,两个人开始频繁吵架。叔叔后来开始找情人,把家里的农活、家务以及养育孩子的重担统统丢给婶婶一个人。

大概是因为过得太艰辛,婶婶性情大变,时常为点鸡毛蒜皮的事情在田间地头跟其他人吵架。她头戴草帽、一手叉腰一手拿着锄头骂人的样子,全无往日端庄优雅的风度,跟性情乖张的普通农妇已没有任何差别了。

我上高中的时候,听说叔叔婶婶离婚了。那会儿,他们的女儿都已长大,有了各自的工作甚至已经成家,婶婶终于无法忍受叔叔在外面胡来,坚决离了婚。他们把留在我们村里的房子卖掉,再把土地都承包给别人耕种,一办妥离婚手续后,就彻底离开了这个村庄。

婶婶去了县城,跟女儿们住一起,帮大女儿带孩子,过得倒也怡然自得。而这个叔叔呢,大概是留给女儿们的印象太差,他的两个女儿都不肯认他,所以他只能自己在县城买了套小房子单独住。再后来,我听说他找了个年龄不到二十岁的老婆,又生了个儿子。村里人当时听到这个消息都觉得很震惊,因为当时他已经六十一岁了。

老夫嫩妻的婚姻模式,终难圆满。没过几年,我们听说他的嫩妻也跟他离婚了。他在县城的房产作为抚养费抵扣给了嫩妻,他则净身出户,靠退休工资维持生活。

我最后一次听到他的消息,是说他现在晃荡在L市,见到跳广场舞的大妈就上前跟人家搭讪。搭讪是经典的三段式:第一句是夸人家跳舞跳得好,第二句问大妈是不是单身,第三句是问人家是否愿意跟他一起过。

我粗略算了下他的年龄,发现他今年应该有七十岁了。

婶婶离婚后没有再婚,晚年的她和女儿女婿们住在一起,深受孩子们的爱戴,所以活得越来越滋润、快活,气色也越来越好。她说她现在终于不用再伺候那个男人的饮食起居了,不用整夜辗转反侧等他回家了,也不用再为他的风流债生闷气了。对她而言,嫁给叔叔可能是一场灾难,但离开他,绝对是一次新生。

003 ////

再说一个我的远房亲戚的故事。

年轻时,他看上一个姑娘,姑娘的父母本不同意,于是这傻丫头做了一个让她自己后悔一生的决定:和他私奔。

后来,他们结婚了,还生了一双儿女,可是,男人总喜欢去舞厅等交际场所并且认识了很多各色女性,从此家无宁日。

他不怎么管孩子,有了钱就带着新认识的情人到处去旅游。20世纪90年代,农村很多人根本没见过飞机,可他最远飞到了新加坡。

他的妻子过的却是另外一种生活。她一个人含辛茹苦地把一双儿女拉扯大,孩子上学没学费,她就上砖窑去背砖,一天只赚五块钱。可能是因为委屈,也可能是因为愤恨,又可能是因为积劳成疾,未及儿女成家立业,她便得了绝症含恨离去。

妻子的死并没有让他悔改,四十八岁那年他和一个在夜场认识的女人结了婚,刚开始几年过得还算不错,因为她这个妻子很想得开,只要他拿钱回家就行,并不喜欢太约束他。那几年,他发了一笔小财,又娶了娇妻,觉得自己志得意满、风光无限,却依旧对跟前妻生的儿女们不管不顾。一儿一女被寄养在亲戚家,尝尽寄人篱下的滋味。

好景不长,后来他得了癌症,他的娇妻一开始还照顾着他,可最后还是厌倦了这种生活,另攀高枝去了。

可能是他觉得孤独了,也可能是实在承受不了高昂的医疗费用,他想起了他的儿女。可他的儿女在得知他父亲得病的时候,没有一个把他的病情放在心上,甚至一分钱也不愿意拿出来,更不愿意去照顾他。

在他临终的那一天,他的儿女还是来了,但是没有对他进行安慰和鼓励,也没有伤心和哭泣,只是说了很多狠话,话里话外的意思无非就是"这是报应,一切都是你自找的,我们恨你",

像是长久的压抑终于导致了火山爆发。

据说在他离开人世的那一刻他还流着泪。我不知道这泪水代表什么？后悔？痛苦？心酸？还是解脱？但是我知道他一定觉得自己很寂寞吧。前半辈子的玩乐，终究弥补不了自己最后的寂寞。

这些故事，真实地发生在我们身边，并且屡见不鲜。

004 ////

社会上有一种很流行的说法，说的是女性黄金年龄是二十五岁以前，在这个年纪之前她们拥有最佳的选择权，之后，便不具备年龄优势了。

认可这种说法的人，大概是还没有活到四十五岁、五十岁甚至更老的年龄。当我们到了兰姐的那个年纪之后，或许也会产生和她一样的感悟：身边状态越来越好的女性比比皆是，特别是在年轻时就遭遇过风霜的这一批，年岁越长越显坚韧。而男性的抗压能力似乎变弱，也变得更加依赖家庭和女人，依旧意气风发的少之又少。

前面讲的这几个真实故事中的男主人公，在当初抛妻弃子追求新生活时，一定以为等待着自己的将是光明万丈的前程和花团锦簇的幸福，比如升官发财、事业有成；比如得娶如花美眷，幸福得春光满面……他们侥幸地认为自己一定不会是过得失意的那一个，哪里想过自己也会有那样落魄的一天。

这类男人，年轻时像个猎手一样，最大的志向就是跑去森林里打猎。他们认为，这些猎物能给自己带来充足的安全感，能保证自己下半生衣食无忧、精神富足。他们沉浸在猎取猎物的满足感中，在自己亲手制造的幻觉中不可一世，毫不顾及身边人的感受。

待到身老病残受挫之时，他们才发现：原来年轻时猎取到的猎物会腐烂，会贬值，会跑掉。再加之身体越来越差，亲人朋友没几个在身边，而死亡的阴影如影随形，他们发现自己必须要依赖别人才能获得点儿安慰了，再没办法自给自足了，然后，悔之晚矣。

抛弃糟糠原配不顾一切地去找年轻小姑娘谈恋爱的中老年男人，若运气好，老来时身边多了个"贴心保姆"；若运气不好，老来时身边那位就是只"索命老虎"，也不知道最后他会不会被压榨得渣都不剩。

有一句粤语民谚，说的是：几多风流，几多折堕。大概就是说日子过得太好，天天吃喝玩乐，不知为将来打算，自然就会有一堆苦日子等着自己。细想想，多少衣轻乘肥的富家子弟，风流过后，都是折堕。年轻时胡来，老了以后依然过着安详富足生活的人毕竟是少数。

两个过不下去了的夫妻选择离婚，一点儿错都没有，但如果仅仅是因为贪多、因为追求刺激而不顾身边人的感受，伤害了别人又不做好善后，最终的结局真的不一定会很好。

有鉴于此，我们真不希望看到年轻的男士们过分"作"，不把身边人当回事。人在江湖，难免有身不由己的苦处，但若是狠断不足、定力不够，就很容易万劫不复。也许目前看来，你是有很多胡来的资本，但能胡来不能说明你厉害，只能说明你对生活、对命运并不具备最基本的敬畏之心。这个结论,其实不过是世人早就诠释通透的道理。

"响鼓不用重锤敲"。以后的路该怎么走,那是每个人自己的事情。人生很长,也许生活真正残酷的一面其实远未到来。我们羡慕那些晚年互相搀扶着走在风雨里的夫妻,却少有人想到:他们能修得携手到老共白头的缘分,大多是因为两个人年轻时就互相扶持着,走过了不知道多少风风雨雨、沟沟坎坎。

既然我们和我们爱的一切,都会失散于无常,而且,再也不会重逢,那就还是"怜取眼前人"吧,谁知道未来有怎样的风浪等着我们呢?

放下，便是世间自在人

001 ///

他和她相识于十几年前，两个人都是那个年代的大学生，毕业以后就结婚了。婚后二人感情甚笃，还生了一个女儿。

前几年，他升职了，去异地任职高管，跟妻女两地分居。没过多久，他就出轨了，婚外情人怀了孕。她没吵没闹，只是平静地提出了离婚。而他则把房产留给了她和女儿，后来娶了婚外情人，当了第二个孩子的爹。

那些跟他的前妻、现妻都打过交道的亲朋好友，都觉得他眼瞎了才会丢了发妻，找了那样一个完全跟他不匹配的小姑娘。

他的前妻长相端庄、举止优雅，特别知书达理，闲暇时间喜欢画水墨画，是一个非常有才情和内涵的人，跟他相依相伴走过十几年的艰难岁月。在他还只是一个小职员，去到哪儿都没人把他当回事的时候，他曾遭遇一场车祸。当时，孩子还小，她一边忙工作一边照料孩子，还得腾出手来跑医院照料他，最忙的时候一天只睡三个小时。

他的现妻呢？说话带刺、举止轻浮，每天最大的兴趣爱好就是上街购物,去免税店比去菜市场还勤。见过她的他的亲朋好友,多多少少对她是看不起的,大家对她最多的一句评价是"浅薄",虽然在他看来那是"单纯"。看他们的相处模式,很多人几乎都能猜到他们的未来,但他却不以为然,只说:"人到中年,日子过得像是白开水,她让我觉得刺激。"

这种俗套的故事,几乎每天都在中国发生,情节千篇一律:年轻时候,两个人走过共患难的岁月,一旦男人功成名就、飞黄腾达,便觉得眼前的女人俗不可耐。他总觉得自己好不容易爬到这个位置,再往后看看,好像也没多少时光可以挥霍了,此时不"享受人生"更待何时?然后风风火火把轨出,让感情洗牌重来……

老男人的恋爱,就像是老房子着了火,根本救不了。纵然旁人觉得那只是一个温柔的陷阱,一个熊熊燃烧的火坑,一个大写的利益互换……他还是义无反顾爱上了,而且总觉得自己跟"那些人"不一样,自己遇到的这一位也跟"那些人"不一样。

某一次,我约了几个人吃火锅,大家私下里聊起这个故事,也想不通他为什么会有这种审美,席间很多人对此唏嘘不已:各花入各眼,也许他就喜欢那样的呢。就好比有的男人,家里已经有那么美貌性感的妻子,但他就是喜欢嫖娼,没道理可讲的。我们都觉得去高级餐厅吃鹅肝更有格调,但有的人就是喜欢蹲在路边吃麻辣烫。感情如人饮水,冷暖自知,外人无法揣度。

倒是一个四十来岁的中年男人听了我们的谈论后,连连摇头:"我觉得他们不会有好结局的。你别说他已经快五十岁,就拿四十来岁的我来说，这两年，我明显感觉到自己折腾不起了，生活节奏趋于缓慢。现在的我，更愿意回归内心的平静，而不是寻求外界的强烈刺激。这种心态上的变化，我老婆跟我是同步的，所以我们之间可以互相理解。我认识的几对老夫少妻，没几对过得好的，老婆不愿意提前进入暮气沉沉的中老年生活，所以经常抛开丈夫，跟同龄人结伴出去玩。玩得多了，少妻也会出轨，然后，老男人还不好意思提离婚。年轻时他们可能觉得自己什么都能搞定，可当他们逐渐老去，发现金钱、权势也无法挽救他日渐老去的身体、日益恶化的健康状况，他们会发觉原来自己也有很多搞不定的事情，不安全感非常严重。"

我说："各人有各人的缘法。人生还很长，故事中的主人公谁都还没走到最后，谁知道上苍最后会给每个人怎样的结局呢？现在下什么结论都为时过早。"

话虽这么说，但我觉得他说得也挺有道理。

002 ///

社会对幸福和成功的评判标准总是多元化的。在这个高管的嫩妻的生活圈子里，她才是"励志"范本、人生赢家：年纪轻轻就把一家公司的高管擒获在床，然后顺利转正，生下儿子后自己在婆家的地位也大涨，以后儿子也不用自己带，做美容、去健身、买名牌衣服和包从不需要心疼钱。在世俗人眼里，高管的前妻则是"输家"：人到中年失去婚姻，想要再寻找爱情，自然是难上加难。

只是，站在他前妻的角度来看，离婚似乎真算不上是一件坏事。

他最靠谱、最值得信赖的年岁，是和她一起度过的，那些日子里的快乐是真实的，感情也是真挚而纯洁的。而他开始变得不靠谱以后，她已经离开了他，不必再花时间和精力跟烂人烂事纠缠，对她来说何尝不是一种幸运？

事实上，在失去婚姻之后，她反而找回了自我，活得越来越随心所欲，内心也越来越充实。他们的女儿去年上了大学，她没了家务事的牵绊，也不需要再伺候公婆，开始有了大把的时间做自己的事情。她开始徒步，学游泳和驾车，并加入了书画协会，水墨画、山水画画得越来越好，越活越自由，气色、状态更胜从前。

以前我看杨绛先生的故事，了解到她于1997年和1998年先后失去爱女和丈夫，觉得到这个年纪遭遇这些简直糟糕透顶，换我可能都撑不过去了。可后来，我慢慢明白为什么杨绛一个人能缓缓地、平静地生活了二十几年。她并没有活得孤单单、凄惨惨，是因为内心丰盈，懂得如何与自己相处，与世界相处。

人应该向植物学习。

植物与动物不同，植物所需极少，只要有泥土、水、空气和风便可以了。一株植物，靠吸收阳光、雨水，自然生长。

你看，一棵树生长在那里，它享受着阳光，也沐浴着风雨，有虫蚁捣乱，也有鸟儿陪伴，不管是长在高山，还是长在平地，抑或长在岩石中，它就站在那里，一动不动。它们该开花时开花，该结果时结果，该落叶时落叶，该冬眠时冬眠，它们内敛、清净、和谐，没有丝毫的肤浅、浮躁、张扬，看起来活得比人类更接近于"道"。

如果你崇尚的是"随遇而安"的生活方式，可以像野草一样活着。每年都在成长，每年都在吸收雨露阳光，尽可能活得灿烂。虽然渺小，虽然平凡，但也有自己的价值。如果你够有能耐，便可以像树一样成长。即使你现在什么都不是，但只要你有成为一棵树的潜能，那么，即使你被踩到泥土中，依然要努力去吸收泥土的养分，自己成长起来。当你长成参天大树以后，人们就能看到你，走近你。你能给人一片绿色，你能为人遮风挡雨，你活着是美丽的风景，死了依然是栋梁之"材"，你的存在本身就是一种价值。

人生的每一步都是不可逆的，没法丈量，也没法计算我们走过的路哪一步值得，哪一步不值得。走过什么样的路并不重要，"走"这个行为本身就是意义。所以，上苍给你什么，你就过哪种生活，反正每条路上都有风景，也都有磨难。

某个年纪之前，我们学习攫取；但某个年纪之后，就该学着放下。

你每放下一些，就能多腾出一些空间，去盛放那些以前没在意过但实际上也很美好的东西。而当你陆陆续续路过生命中那些墓碑，走向人生尽头时，或许会发现：放手那一刻，往往最轻松、最感自由。

不能改变的，就 let it be（让它这样好了）；
已经逝去的，就 let it go（让它逝去吧）；
若能一切随它去，便是世间自在人。

第九章

离婚,拼的是格局和眼界

离婚后如何处理与孩子爸爸的关系

001 ///

离婚后，该如何处理跟孩子爸爸的关系？很多单亲妈妈都会为这个问题感到烦恼。

每一次有人问我这个问题，我都会推荐她向某知名女演员学习，因为在这个问题上，她给我们做了一个非常好的示范。她有一万个痛骂前夫的理由，但争取到女儿抚养权之后，她从未在公开场合说过一句孩子爸爸的坏话。

某媒体曾直击她的前夫带现任妻子和女儿外出吃饭，只见"继母女"俩人又牵又搂，有说有笑，相处融洽。我们可以试想一下：如若她不够有肚量和胸怀，又如何能教育得出这样的女儿？如果她一直给女儿灌输前夫的斑斑劣迹，女儿又如何能与父亲以及继母相处良好？

很多人认为，为了孩子不得不跟那个伤害了我们的前夫联系对自己而言是一件很痛苦的事，但我觉得这件事儿其实可以换个角度来看待。

就我自己来说，前一段婚姻里经历的那些伤害以及离婚本身，曾给我带来了很大的心理困扰,但若没有孩子,我不一定会释怀得这么快。是孩子的存在,让我能以更加温柔、谦和的态度去审视过去那段关系,也让我觉得自己有责任尽快放下过往,努力向前看,向前走。如果没有孩子,那些负面情绪或许会在我心里堆积、发酵很久。

从离婚那一天开始,我就知道,我如何对待前夫、如何向孩子提及前夫、如何对待离婚,对孩子的影响非常巨大。

作为一个单亲妈妈,我觉得自己做得最到位的事情是:我从来没有在女儿面前说过半句她爸爸的坏话,而且,我也影响了我的家人,让他们也做到了这一点。

让我印象比较深的有这么一件事。离婚半年后,我带女儿去超市买呼啦圈。她拿着呼啦圈问我:"妈妈你会吗?"我说:"妈妈不大会,转得不大好。"她再问:"那爸爸呢?"我很客观地回答她:"你爸爸能转很多圈哦,你可以让他教你。"

女儿现在还小,我还没有认真、系统地跟她聊过父母离婚这个话题,但我早就想好了措辞,等时机成熟就会告诉她该怎么看待父母离婚这件事。

002 ///

刚离婚那阵子,母亲对我的前夫多多少少还是心里有气的,她曾跟当时刚学会说话的女儿说过:"你爸爸不爱妈妈了。"女儿听了,摇头晃脑地回答:"我爱!我爱妈妈!"

母亲自豪地把这话转述给我,本意是想说明孩子很爱我,没曾想却挨我一顿批评。我认真地跟母亲说:"以后这种话不要跟她说,也不要逼她表态更爱爸爸还是更爱妈妈。她爱妈妈,但不一定要以排斥爱爸爸的方式来呈现。你看外公外婆都走了这么多年了,如果有人问你,你更爱他们两个中的哪一个,你又如何回答?"母亲听我陈情利弊后,非常尊重我的意见,以后类似的话再没跟孩子讲过。

心理学上,不管在什么情形下,孩子都会本能地想向父母寻求认同,或者寻求与父母相似的部分。这种"求同"是基因里带来的,潜意识里指向的是:"看吧,我真的是你们生的。"

也正因为如此,我们不能强迫孩子表态,也不能让他压抑对父母任何一方的爱和认同感。像"你更爱爸爸还是更爱妈妈""你爸妈离婚了,你站谁那边"这类问题,除了满足大人可笑的虚荣心和控制欲之外,对孩子几乎没有任何益处。

003 ///

从个人情感角度来说,面对一个曾经让我遍体鳞伤的前任,我当然是希望能"老死不相往来"。但有了孩子,就由不得我们这么任性了。

离婚,改变不了前夫是孩子父亲这个事实。不管我们多么爱孩子,母爱终究不能代替父爱。如果孩子的父亲愿意爱她,却因为我的自私、狭隘、独霸欲让孩子无法坦然接受,那我就不是一个合格的母亲。

他或许曾经伤害过我，从我个人的角度来看是可恨，但我不想恨他，更不想让孩子反感他。恨是一种很强烈的情绪，需要消耗很多心力。恨一个人多累啊，我懒得恨。

从个人情感上，我和他已经切割开了。对这个人，我不会再产生爱情，过去发生的那些爱恨情仇也不会再让我萦怀。可是，因为孩子的缘故，生活上我不能和他切割。离婚后，我只把他当成"孩子爸爸"，一个"离异父亲"，甚至是一个全新的人。

当你的期待降到够低，当你对过往能够释怀，自然就不会因为他曾经做过什么事而觉得现在的他不值得、不配得到我的尊重。退一万步讲，万一哪天我英年早逝，孩子爸爸是最适合扛起抚育她的重任的人。友善对他，也是为自己和孩子积累福报。

004 ////

离婚可能会对每个单亲爸妈造成心理冲击，而如何不把这种冲击带来的负面影响延续到孩子身上，如何做好孩子心灵的"减震器"，让他们学会正确看待父母离异的这种不幸，值得每一对离异父母深思。

在西方国家，很多离婚后的父母依然可以为了孩子在一起聚会、郊游，甚至再婚后的两个家庭都可以带上孩子相约去郊游，只是为了让孩子享受到"爸爸妈妈都陪伴着你"的亲子时光。但在大多数中国人的传统观念里，这简直是不可思议的事情。你若这么干，即便你对前任已经没有丝毫爱意，旁人看了也会认为你想复婚。因为在我们中间，能做到"一别两宽，各生欢喜"那样文明的离异男女，毕竟是少数。

很多中国夫妻有了一定矛盾后，首先想到的是忍耐。在很多人的传统思维中，"一忍再忍"才是经营婚姻的秘诀，而两个人要闹到离婚的地步，必然已经是水火不容、你死我活了。

为了给孩子一个完整的家庭，很多人宁可失去婚姻中的"自我"，也要成全一桩外表无损的婚姻。在这样的婚姻里，人们强调的是单方面的忍耐，而不是双方的"融合"。

忍耐的后果是什么呢？你的心灵负担不会消失，负面情绪依旧在不断累积，到了一定程度就会爆发。

"融合"呢？是拿"我的自我"跟"你的自我"去"融合"，我不需要你忍耐我，我也不必委曲求全。两人之间若是出现了什么问题，那就合力逐个攻克、解决、消融。消融不了，也不强求，融合得了就是幸福，融合不了则是孽缘，那就好聚好散。

这种"融合"不会让夫妻双方有付出感和亏欠感，大家心无挂碍地相处，离婚之后也不会觉得谁欠了谁，自然也就能淡然地看待这段已经结束了的关系，然后得以站在"为孩子好"的角度，去经营与前任的关系。

许多离异夫妻因为孩子的教育等问题，不得不经常联系沟通，时间一长在不知不觉当中就建立了一种以孩子为中心的新型关系，在这种关系中他们发现彼此反而比以前更加能够理解对方、谦让对方了，像半个朋友，也像半个亲人。我觉得和前夫相处得像一起抚育孩子的合作伙伴，但又不至于让人产生"暧昧联想"是最好的。

我的一个朋友，刚开始跟前夫离婚的时候，曾经咬牙切齿地说希望这辈子都不要再见到他。为此，她甚至主动申请调去了分公司。离婚三年以后，她又被调回总公司。那年，她和前夫两个人所在的部门合作搞一个活动，见到已经再婚的前夫忙前忙后布置会场，她主动迎了上去，拍了拍前夫的肩膀说："你怎么变得这么胖了？这周末记得来接孩子啊。"

那天，她在电话里兴奋地跟我说："当时我跟他说话那口气，完全像是在跟一个多年未见的老朋友打招呼。曾经我觉得一辈子都无法释怀的事，早在不知不觉中都成了过去。"

是啊，这世界上真的没有人值得你恨那么久。不管你内心里有多少怨毒和愤恨，那个人、那段关系已经远去了，我们不能带着这种"被伤害感""被亏欠感""被辜负感"过一辈子。

005 ///

我倡导所有单亲妈妈放下往事、尽快释怀，为了孩子跟前夫维持一段良好的关系。但我也深知，一段友好关系并不是靠单方的努力就可以达成的。

任何一段两两关系，都需要双方共同经营，如果对方对经营这样的关系无心也无力，你也不必过分苛责自己。孩子和爸爸之间有怎样的缘分，那是他们双方的事。作为单身妈妈，我们唯一能做的，便是永远不要将自己对前夫的喜恶、爱憎强加给孩子，他们父子（女）如何相处让他们自己做主，我们大度配合就好。

我们没法改变别人，最多只能影响别人。若是影响不了，能怎么办？我们只能处置自己，改变对现实的解释方式，学会站在糟糕的废墟上看从头顶倾斜下来的阳光。

　　特别要提及的一点是，很多单亲妈妈会觉得离婚给孩子带来了伤害，所以恨不能要把自认为"对孩子最好的一切"都争取过来给孩子，这是典型的"过度补偿"。它所折射出的镜像，并不是孩子的现实需要，而只是你的内在焦虑。

　　过分夸大单亲对孩子的负面影响，过度干预和控制孩子的成长，很容易陷入"爱之过甚、担心过度"的泥潭。你放轻松点，自己不把它当回事，孩子自然也就不会觉得这算是个什么事儿。

单亲妈妈怎么跟孩子谈"爸爸问题"

001 ///

　　一位女性朋友前段时间和平离婚了,刚满八岁的儿子归她抚养,目前她还没有对孩子说出父母已离婚的真相。她很迷惑,跑来问我:"怎么和孩子说父母离婚的问题呢?"

　　无独有偶,我的一个未婚妈妈朋友忽然在微信上跟我讲起一件事。她说:"前几天,孩子忽然跟我说,她要找爸爸。她问过就没事了,却搞得我失眠了一夜。"当年,她冒着所有人的反对,坚持要生下这个孩子。她的这个决定惹怒了孩子的爸爸,他拂袖而去,从此杳无音信。孩子从出生以来就没见过自己的父亲,脑子里根本就没有"爸爸"这个概念。

　　早些时候,我女儿也曾经说过类似的话:"妈妈,我希望爸爸下班后来我们家住。我们三个人住在一起,就跟大头儿子一家一样。"她当时说完就没事儿了,而我当时听到这席话,却是好一阵鼻酸。

　　我只能告诉她"妈妈知道啦",然后把她的愿望再重复一遍,表明她表达的心情我知道了。对这个阶段的孩子而言,我这样的反应或许已经足够,她知道自己表达的情绪能被妈妈理解、接纳,也就不再纠缠这个问题了。

后来,极偶尔的,她也会表达这种愿望。与当时不同的是,我内心不会有什么波澜,跟她讲个小故事,母女俩嘻嘻哈哈乐一顿,这件事儿也就过去了。

我最常讲的是这样一个故事:

"小鱼生活在水里,它最喜欢游泳,最开心的事情是跟其他鱼类玩耍。小鸟生活在树林里,它最喜欢飞翔,最快乐的事情是跟其他的鸟类玩耍。小鱼和小鸟是不大可能成为好朋友的,因为小鱼不会飞,体会不到飞翔的乐趣,它要飞向天空就会渴死;小鸟不会游泳,也体会不到在水里游泳的乐趣,它要是游到水里就会被淹死。

"小鸟去池塘边喝水的时候,可能会遇到一条小鱼,然后两个人在一起玩了一会儿,但随后都要回到自己家里去找妈妈、找同伴,不可能长久地住在一起玩耍。只有回到自己的天地中,小鸟和小鱼才会更开心。

"我们人也是一样啊!有的人像小鸟,有的人像小鱼。爸爸像小鸟,妈妈像小鱼,我们都要住在自己家里才开心,也会活得更好,所以你也希望爸爸妈妈开心对不对?你也是啊,幼儿园里那么多的小朋友,每个人都不一样,但是,你也会更愿意和那些喜欢你、能跟你一起玩、能让你感到开心的小朋友一起玩,是不是?"

女儿听了,似懂非懂地回答:"哦。我喜欢和让我感到开心的小朋友在一起玩。"

更多的时候，往往我还没讲完，她的关注点已经转移到了"小鱼为什么离开水就会死""小鸟为什么会飞"这一类我需要绞尽脑汁才能糊弄过去的科学问题上了。

很快，我发现，女儿其实也就随口那么一问，并不很纠结这些问题的答案。我能给出的答案，也只是她这个年龄阶段的孩子能听得懂的答案。等她再大一些，如果再问起这个问题，我会再给出与她那个年龄段相符的答案。毕竟人生是变幻着流动向前的，一个答案管不了一辈子。

002 ////

前一阵子，女儿的同学问她："你没有爸爸吗？怎么从来不见你爸爸在你家里？"

女儿不卑不亢地回答："我有爸爸啊，只是他不跟我们住在一起，但他每个星期都会来接我。"

她的同学追问："为什么啊？你的爸爸妈妈吵架了吗？"

女儿回答："没有，我爸爸妈妈从来不吵架，只是离婚了。爸爸妈妈分开住，我两边都可以住。这样住，我们三个人都开心，开心最重要。"

她的同学再问："那你为什么不跟爸爸住，而跟妈妈住呢？"

女儿回答得毫不犹豫："因为我爸爸妈妈觉得我是世界上最好的奖品，他们两个人都想和我一起住，可我只有一个，怎么办呢？他们俩开始玩'石头剪刀布'，我妈妈出了剪刀，爸爸出了布，我妈妈赢了，所以我跟妈妈一起住啊。"

两个好朋友聊到这里,早已经玩起"石头剪刀布"的游戏来了。

几年前,我被女儿问"爸爸为什么不和我们一起住"这类问题时,之所以会觉得像是中了一枪,是因为那时我心里很在意这件事情。那时我觉得孩子不能成长在完整而幸福的家庭里,是一个天大的缺憾。而现在,我之所以能举重若轻地回答这个问题,并趁机跟她讲这个故事,是因为我从内心里觉得:这真的不能算是个事儿。

也正是因为如此,当有朋友为这些问题烦心然后问我该怎么办时,我一般都这么回答:"你想过没有?其实真正在乎这个问题的,并不是你的孩子,而是你自己。孩子的问题,引发了你内心的焦虑和惶恐,所以你才会这么在意。"

很多缺失,如果我们自己能轻描淡写,孩子也会跟着泰然处之;如果我们自己很在意,孩子也会跟着在意,甚至会将这种缺失感无限放大。那些天天把单亲家庭的标签贴在脑门儿上的孩子,很大可能是跟他生活在一起的父母刻意强调这种缺失而导致的。

如果一个母亲不管做什么事,不管面对什么人,脸上永远写着"我是单亲妈妈""我的孩子成长在单亲家庭里""我受过伤,所以我要坚强""我的孩子是单亲孩子,他很特殊"……那她的孩子在面对单亲这个问题时,可能也会认为自己是一个特殊的、需要人特别体恤和照顾的孩子,甚至在别人提及他的单亲身份时会表现得特别受伤或富有攻击性。相反,如果父母内心丰盈,能把正能量传达给孩子,举重若轻地面对单亲问题,孩子内心的缺失感自然也不会太强,或许反而可以用平和、积极的态度看待和接纳父母离婚这件事。

003 ////

几年前,有这样一句话特别流行:"我渴望被一个人收藏好,妥善安放,细心保存。免我惊,免我苦,免我四下流离,免我无枝可依。"我的一个恨嫁的闺蜜曾把这句话作为自己的QQ签名。我看了以后,泼了她一瓢冷水:"大姐,能做到这样的男人只有你的父亲。甚至有时候,你的父亲也做不到。"

我不大赞同女人在婚恋关系中,总想把自己放在被疼爱、被照顾、被呵护的地位,这种公主心态怎么看都不成熟。为人妻子,为什么你非要把自己放在一个从属地位呢?丈夫和妻子,应该是平等的关系,就像森林中并肩生长的两棵树,一棵树倒了,另外一棵树还是能活得好好的,并且还能庇护脚下的幼苗。

能为自己的人生、情绪负责,是为人父母最基本的素养。离婚,是我们自己造成的,跟孩子没有关系。离婚的负面情绪只能我们自己去消化,离婚的伤口只能我们自己去疗愈,真不该让离婚对大人的影响传导到孩子身上。

孩子需要接受的,只是一个事实:父母离婚了,分开了,我没有跟爸爸(妈妈)生活在一起。这个事实显得很特殊、很值得同情吗?不是的。

有人做过一个粗略的统计,统计显示只有不到30%的家庭才是生活富足、父母俱在且恩爱的三口之家。其他的,有单亲家庭、留守儿童家庭、空巢老人家庭、孤儿家庭、婆媳不和家庭、贫困家庭、父母再婚家庭、家有病人的家庭，还有虽然双亲健在但终日争吵的不和睦家庭……单亲家庭，只是万千种家庭模式之一。

人生不如意十之八九，能与人言者不到一二。人生的缺憾无处不在，绝对的完美只是一厢情愿的幻想。我们总想给孩子最好的一切，但却不得不承认每个人从出生起，就注定要与各种各样的缺憾相伴。

换言之，缺憾的人生才是真实的人生，才是人生正常的状态。不管我们多么努力，不论我们做了多少精细的准备，总是有不尽的缺憾与我们相伴，所以，真的大可不必为了某些缺憾而怨天尤人。每个人都需要跟命运过招，无一可以幸免。除了生死，其他形式上的东西都是小事。人生中的缺失那么多，样样都在乎的话还怎能活得开心？

004 ////

这两年，很多文章不停在强调父亲对孩子教育的重要性。人们认为，父亲对孩子的影响主要表现在品格培养、智力发展、社会心理以及坚强、自立、勇敢等性格的确立上，这是母亲在家庭教育中较缺少的。还有人说，在男孩和女孩的性别角色发展过程中，父亲比母亲所起的作用更重要。

上述理论存在一定的道理，很多单亲妈妈因此产生极强的焦虑感，担心孩子若是得不到父亲的足够关爱，将来会长成一棵"稗子"。可是，凡事并不绝对。

父慈母爱、各有分工的家庭固然值得艳羡,但不管是父还是母,说到底都是人。一方能给予孩子的宠爱、鼓励、信心、安全感以及精神引导,另一方也能给到,只是表现方式略有不同。

关于父母离异是否必然导致孩子心理不健康的问题,我们可以做这样一个假想:

一户人家有三个女儿,她们从小生活在父母无休止的吵闹当中,因为她们的爸爸频繁出轨,妈妈经常彻夜痛哭却没勇气离婚。成长在这样的家庭环境中,三个女儿因为性格不同,形成了不同的价值观。

大女儿看到父母的婚姻,心理活动是这样的:"妈妈太可怜了!我以后不要嫁爸爸这样的男人。"长大以后,她每次交男朋友,一旦发现对方有不忠的苗头扭头便走。她极力避开像她爸爸那样的男人,最后嫁了一个忠厚老实的男人过了一辈子。

二女儿心想:"结婚真没意思,我长大了才不要结婚!"长大后她不停换男友,却一直没有结婚。

三女儿从父母婚姻中得到的启示是:"看来男人都那样,女人睁只眼闭只眼,这辈子也就过去了。"她后来结了婚,嫁的老公也出轨,她选择复制妈妈的人生,委曲求全过一辈子。

这样的故事只能停留在假想层面上,但"龙生九子,各有不同"的现象是普遍存在的。即使三个女儿的家庭环境完全相同,但因为性格、思维方式、机遇等因素的不同,她们每个人未来的人生也会和其他姐妹不一样。

原生家庭对我们的影响是很大，但并不是所有的人生失败都要让原生家庭来背锅。孩子的成长是一个多因素相互作用的复杂过程，单一往哪方面归因都不妥当。

所有专家、学者、热心网友、七大姑八大婆给出的关于"单亲家庭如何教育孩子"的建议，本质上都是在教育单亲父母应该怎么做，但我觉得，如果单亲父母摆得正自己的心态，其实是不需要这些特殊建议的。别人家怎么教育，我们也可以怎么教育。万变不离其宗，我并不认为在孩子教育问题上单亲家庭需要特殊化。

对于孩子的教育问题，我们做好该做的事就好了。至于将来孩子会成长成什么样，这还真不是我们所能掌控的。在这个问题上，我一直秉持这样一种态度：尽人事，听天命。不过度焦虑，也不过度松弛。言传不如身教，我自己过好了，孩子耳濡目染，也会"有样学样"的。

我们生养他们，教育他们，责任已尽，而能给孩子最好的礼物，不过是一些解释生活、顺应世界的方法。至于将来他们会变成什么样，只有顺其自然了。

以上只是一些分享，不是"放之四海而皆准"的真理，但它对单亲爸爸或许同样有用。至于如何跟孩子谈单亲问题，每个家庭情况都不一样。如果你的内心足够丰盈、想象力足够丰富，相信你一定也能找出更巧妙的方法。

还是那句话：Take it easy（别紧张）！儿孙自有儿孙福，莫为儿孙作远忧。

夫妻散了,亲子关系不能断

001 ///

她和他离婚后,女儿跟着她生活。

离婚时,两人私下约定:"女儿跟着母亲生活,抚养费、医疗费、教育费等费用,都由母亲一人承担;离婚后男方不得探视女儿,以后也不能要求女儿赡养。"

离婚后,女儿跟她姓,从此跟父亲再无瓜葛。说得通俗一点,这就是"断绝父女关系"了。

现实中,这样处理离婚关系的男女,比比皆是。

离婚后,抚养孩子一方就把孩子视为自己的私有物、附属物,不抚养孩子的那一方就与孩子划清界限,这样做,既不合法,也很不讲情理。

父母对孩子的探视权以及子女成年后对父母的赡养义务,都是法律明确规定的,与父母是否离异没关系。

离婚双方私下签署协议,约定"断绝父女关系"是违反法律规定的,也是没有法律效力的。父母和孩子的关系不是法律所赋予的,而是血缘决定的。

亲子关系和婚姻关系不同，结婚是双方在法律上缔结了夫妻关系。既然是法律赋予的人身关系，那当然可以用法律的方式去终止。可是，亲子关系是基于血缘而发生的，是永远不可能改变的事实，不可能谁发一个声明就可以断绝这层关系。

于情于理于法，夫妻离婚后，不管有几个孩子，孩子抚养权怎么分配，双方都还是孩子的爸爸妈妈，都需要对孩子负责。

002 ///

很多夫妻离婚时，通常抱有这样一种思想：夫妻散了，孩子跟了谁就是谁的，跟另一方没关系了。也有不少离异夫妻把孩子当作惩罚报复对方的武器，拒绝对方探视孩子。

我的一个同学离婚后，男方死活不让她见儿子。她思子心切，跑到男方家要求看看孩子，可男方就是不让她见孩子一面，先是不开门，后来干脆把小孩转移到别处。每次想孩子的时候，她就茶饭不思，睡不着，工作时也常常出神。她牵挂孩子，孩子也想她，可男方就是不让她见孩子的面。她咨询了律师，甚至起诉至法院，但男方"躲猫猫""打太极"等招数层出不穷，总有办法让她见不着孩子。

无独有偶，我的一个同学六岁时她父母离了婚，她跟随母亲生活。她父母当初离婚的主要原因是她父亲出轨，被她母亲抓了个正着。两人离婚后，她母亲由此对她父亲恨之入骨，离婚之后依然对他咒骂不止，并剥夺了他对女儿的探视权，也拒绝接受他给孩子的抚养费、礼物。

整个童年时期,她一直生活在母亲不停说父亲坏话的阴影里,也一直认为父亲是世界上最"坏"的"坏人",是一个为了过上好日子忍心把妻女"抛弃"的负心汉。母亲的苦情让她不自觉地充当起了那个保护母亲的"小大人",对父亲一直怒目相向。

成年后,她知道了当年父母离婚的原因,也明白了这么多年父亲其实一直都牵挂着她、默默保护着她。

某年春节,已经结婚生子的她回老家去探望年老的父亲。她的父亲已经老了,头发花白、脚步蹒跚,见她肯来看自己,竟高兴得像个孩子。

父女俩毕竟多年没什么往来,感情上显得很疏离,场面略显尴尬。她坐了一会儿,跟父亲寒暄了几句,就找了个借口说要早点回家。

她的父亲舍不得她走,一路送她到了村口。村口有家音像店,忽然传出来一阵歌声,是《爸爸去哪儿》的主题曲,里面有这样一句歌词:"宝贝,宝贝,我是你的大树,一生陪你看日出。"

她的父亲听到这一句,忽然绷不住了,这个将近七十岁的老人在众目睽睽之下忽然号啕大哭。从小一直羡慕别人有父亲疼爱的她,也被歌声、被父亲的哭声触动了心事,抱着父亲泣不成声。

后来,她跟我说:"我不怨恨妈妈,也许她也有自己背负不动的痛苦,但对我而言,真的很遗憾,而且这份遗憾几乎是没法弥补的。"

我还有一个老乡,因为前夫出轨而离婚,离婚后她带着孩子住进了城中村。她前夫一直想补偿她和孩子,但她拒绝了前夫给的所有帮助,连前夫给孩子的抚养费也不肯要,发誓要过一种"有骨气"的生活。

她自己收入不高,除去房租外所剩无几,她自己舍不得吃穿,儿子吃穿用度在同龄人中也是最差的,但她内心里觉得特别自豪,因为她没让儿子花前夫一分钱。或许,她是真的觉得自己既悲情又伟大吧?但对这种"有骨气"和"自豪",我没法表示认同。

前夫给你的部分,你可以不接受,但作为母亲,你有什么资格和权利替孩子拒绝他在法律和情理上都应得的那部分抚养费呢?你和前夫的恩怨是你跟他的事儿,可孩子跟父亲的亲缘关系,你有什么权利阻断呢?说到底,她也是把孩子跟自己捆绑在一起了,并没有把孩子当成一个独立的个体看待。

离婚后,单亲妈妈拿前夫给孩子的抚养费天经地义,于情于理于法都应该拿,甚至该积极争取,因为那是孩子该得的。为了证明自己有志气,拒绝前夫给孩子的钱,怎么想怎么觉得有点傻。双方都已经离婚了,你若真的放下了,就会懒得跟前任在气头上争输赢。

夫妻恩怨是一码事,父母与孩子之间的关系又是一码事,两者一码归一码,不该混为一谈,孩子真不该成为父母报复彼此的工具,不该成为父母赌气的牺牲品。

003 ///

1995年,电视连续剧《孽债》一炮打响,大街小巷都在传唱《孽债》的主题歌:"美丽的西双版纳,留不住我的爸爸;上海那么大,有没有我的家。爸爸一个家,妈妈一个家,剩下我自己,好像是多余的……"

这首歌用来形容那些父母离婚后"爹不疼,娘不爱"的孩子的心情,再贴切不过。

一些夫妻离婚后,或许是因为经济上的原因,或者是考虑到再婚问题,都把孩子当成了包袱累赘,你推过来他推过去,使孩子成了"多余人",小小年纪就尝到了世态的炎凉。

还有很多父母在处理离婚关系时,总是喜欢把"个人对前任的恩怨"和"自己和孩子的关系"搅和在一起,甚至将孩子作为报复和要挟前任的工具。每当孩子身上出现一些问题和缺点,就认为孩子是继承了对方的劣质基因,更有甚者,试图争得孩子对自己的心理支持,然后在孩子心中播种仇恨……

还有一些父亲或母亲,离婚之后就对孩子不管不顾,还美其名曰"不愿去打扰他们的生活",以此规避自己作为父母的责任。

这种想法、做法,都非常要不得。

孩子不是财产,不能像分割财产一般来分割、对待。

孩子生下来以后,就是一个独立的人,不是任何人的附属、翻版或队友,把他当成一个独立的人去尊重和看待,即使离婚了也要尽到父母该尽的责任,才是离异父母应该做的。

离婚废除的只是你和伴侣的契约,切除你与前任的情感联系,但在抚养孩子这件事上,你们依然是合伙人。你怎么对待事业上的合伙人,就该怎么对待曾经的那个人。

西方国家很多父母认为,自己离婚或者再婚的原因和孩子无关，目的只是为了追求幸福。他们会明确地把夫妇两人之间的事和孩子的事分开，让孩子知道双亲感情不和或离婚与子女完全没关系，孩子依旧是最值得父母疼爱的天使。在这样的国家，我们很少会看到，父母离婚后一方不付孩子的抚养费，不尽为人父母的责任的现象；也很少见到父母离婚后，以孩子为棋子，互相要挟，不让对方见孩子。除了法律的强制和保护，当事人在心理上拥有"离婚离掉的只是夫妻关系而不是亲子关系"的自觉，也是一个重要的因素吧。

孩子是父母共同带到这个世界上来的，那么父母就应该共同承担抚育孩子的责任，无论到了多么艰难的境地，哪怕非分不可，都要尽最大努力保护孩子幼小的心灵不因父母离婚而受到更大的伤害。

离婚是大人的选择，孩子不能决定，却要承受后果，他们才是最无辜的。因此，请不要把孩子的事情也搅和到离婚双方的恩怨之中，要学会"一码归一码"。

离婚后，为了孩子与前任相处，其实也是一种很艰难的修行。你需要克服和压制内心深处那些几欲喷薄而出的阴暗情绪，尽量去考虑大局、追求双赢，或者，至少不要双输。

离婚后，有人纠结爱恨，有人权衡利弊；有人癫狂，有人理性；有人成魔，有人成佛。真心希望你是懂得权衡利弊，能够理性处理问题，最后"成佛"的那一方。

别把生活过得像一场战争，因为最重要的不是打败谁，而是战胜自己、放过自己，并把离婚对所有波及的人的伤害降到最低。

听说你复婚是"为了孩子"

001 ///

葡萄小姐离婚的原因很俗套：男方出轨。

和大部分离婚女人所不同的是，她一年前为了给孩子一个完整的家，选择了回去，但是并没有办复婚手续。

当时的她认为前夫会改变，不会再结交那些狐朋狗友，不会再整天无所事事、不思进取，他也是这么保证的。葡萄小姐说："虽然我对他的感情早就不剩半点了，但我觉得感情是个奢侈品，我早已不敢奢求，只要孩子好就行。而且，这辈子，跟谁过不是过？我们的父母不也是互相嫌弃、相濡以沫了一辈子？当时我就是这么想的。"

事实证明，她大错特错。没有感情的婚姻非常痛苦，前夫虽有所改变，但远未达到她的预期。她自己也说："要一个满身恶习的人一下子改变怎么可能？目前这样的日子对我而言是一种折磨，心情不好的时候，我甚至会拿孩子出气。这让我不由得怀疑，当初我为了孩子选择回来，真的对吗？孩子并没有因为我的这个决定而过得更快乐。"

桂圆小姐给我讲的故事,也跟葡萄小姐遇到的情况类似。

她当年是校花,不但人长得漂亮,能歌善舞,学习成绩也不逊色。这样一个各方面都非常优秀的女孩,追求她的人不计其数。

在众多追求者中,她选中了她的白马王子,毕业工作后不久就顺理成章地跟他结婚了,并很快有了可爱的儿子。

桂圆小姐和丈夫是学生时代就一路走过来的情侣,本该更加稳定,可是就在儿子满一岁的时候,她发现丈夫和公司前台小姐的关系"非同一般"。她跟踪了他几天,抓到丈夫出轨的铁证以后,愤而提出了离婚。

离婚时,两个人在孩子抚养权归属的问题上产生了分歧,经过漫长的诉讼流程,法院判决孩子由经济条件更好的父亲抚养。

如今两年过去了,虽然也有不少人追求桂圆小姐,但她一直没有再婚,甚至都没有再恋爱,而她的前夫也没有与公司的前台小姐在一起。

桂圆小姐的前夫觉得"儿子的老妈还是原装的好",所以动了想复婚的念头。桂圆小姐听了前夫的表态,也在考虑要不要"为了儿子"而复婚。

她说,儿子现在四岁了,因为父母离异,一直与爸爸以及爷爷奶奶生活在一起,性格有些孤僻,攻击性也比较强。她希望通过复婚给孩子一个完整的家,让他感受到多一点的母爱。

我不评述这两位女士的选择,因为每个人面临的情况不一样,想法也不一样。大家都已经是成年人,都能为自己做的选择负责就好。我只是想探讨一个问题:"为了孩子复婚"真的好吗?

无数的研究和实例早已经证明:如果夫妻之间已经没有了感情,那么不如干干脆脆离婚,因为离婚对夫妻双方和孩子来说,都是更好的选择。一个看似完整但实际上千疮百孔的家,并不能给孩子带来幸福感。真正会对孩子的成长造成影响的,是离婚后父母对孩子的态度。

"为了孩子不离婚"这样的借口,换作是为了父母、工作、金钱、地位、名声等,其实也说得过去。只不过,扯上"孩子"作为大旗,似乎更能显出自己富有伟大的母性、父性光辉。"为了孩子复婚"呢?本质上也是一样的。既然当初有孩子也能离婚,说明问题可能严重到了双方都坚持不下去的地步,现在"为了孩子"复婚,以前的问题就不存在了吗?

离婚对孩子已经产生了伤害,如果复婚后,生活又回到以前不愉快的状态,可能会让孩子对生活、对父母感到更失望。

一个父亲或母亲,只有让自己幸福了,才能承载孩子的幸福。如果为了谁委曲求全,那么,这种不幸福积累到一定程度之后,必然会变成对"所为之人"的索取。那些"为了孩子"这样那样的父母,最常对孩子说的往往就是这样的话:"当初我就是为了你才不和你爸(妈)离(复)婚的,可你个没良心的,今天居然这么对我!"

这是一种多么可怕的"孝心绑架"!暴露出的不过就是这样一种心态:我的人生,应该你来替我负责。

002 ///

"为了孩子复婚",也是可以的。我只是觉得,除了为了孩子,更应为了感情、为了自己复婚。

不可否认,有的人在经历过离婚这一场波折之后,可能会有所改变。如果你慢慢意识到自己在前段婚姻里的错处,并且意识到因为自己年轻时的轻率和不成熟而错过了一个非常美好、值得自己疼惜和真爱的人,并且愿意为曾经的错过而付出弥补的行动,那么,这样的复婚未尝不可。

我的一个学弟,就是和妻子离婚之后又复合的。

两个人当初离婚,是因为婆媳矛盾。她无法忍受他的愚孝,选择了离开,带着孩子独自生活。

离婚之后,他的母亲傻眼了、后悔了,虽然之前她曾经多次搅和进他们的婚姻里,但她也不想看到一个家庭的破裂。而他呢,也开始反思自己身上的问题,并且跟我说了这样一段名言:"忤逆老妈,老妈不会真的生气,她永远是自己的老妈;但得罪了老婆,老婆分分钟变成别人的,孩子分分钟会成长在单亲家庭里。"

学弟的前妻呢?内心里并没有完全放下学弟,他的一举一动还是会牵动她的心。两个人当初选择离婚,感情上并没有完全破裂。当她听到他说"就是得到一个水蜜桃,直到现在还会第一个想到跟你分享"时,终于下决心和他复婚。

复婚后,婆婆退居老家,只在节假日过来看看外孙女,再不掺和小夫妻的家事,一家三口的幸福时光终于降临。

"为了孩子"复婚的,我也见过两对。

一对是初中同学小芳的父母。她的父母离婚后都各自再婚了,但为了老人和孩子的期望,又分别离了婚,跟对方复婚了。结果,她的父亲照例出轨不断,而她的母亲也想着"事已至此,就这么凑合过下去吧"。几十年过去,母亲得癌症去世,父亲都不在身边。临终前,母亲跟小芳说,复婚就是一场悲剧。

或许,她的母亲到那一刻才明白:除去冲动离婚的情况,能离成婚的两个人几乎都是存在各式各样不可调和的问题才离婚的。真要复婚了,之前那些解决不了的问题大概率上还是无法解决。

另外一对复婚的朋友,是我的同龄人。他和她在工作后相识,随后携手走入婚姻殿堂。孩子出生后两年,俗套的剧情发生了:他出轨了,和他的初恋。

他提出了离婚,她同意了,孩子跟着他生活。不能和孩子住在一起,她每天想起孩子就心如刀绞,孩子也非常思念妈妈,但他和他的家人都不同意孩子跟她生活,而她连养活自己都有点困难,确实也承担不起孩子的各项花销。

就这样过了一年多,当前夫提出"为了孩子"希望她回来的诉求时,她同意了。两个人又像是夫妻一样住到了一起,但相处得非常别扭。

时间久了,他又出轨了,还是跟他的初恋。这么一折腾,她也断了"为了孩子"跟他凑合的念头,彻底搬离了他的家。

复婚在某种程度上将让离婚的代价变低，有时还会传递给对方这样一番信息："原来你跟我离婚是闹着玩的啊。我都这样伤害你了，你做个样子生气一阵就能原谅我了，原来你的底线可以一降再降。"

都说"江山易改，本性难移"，除非是发生"非死即残"等改变命运走向的事件，让当事人发自内心地做出转变，不然一般人在前段婚姻是什么样子，复婚后还是什么样子。

如果一个曾经劣迹斑斑或曾狠狠伤害过我的人，跟我提出来要为了孩子跟我复婚，那我可能会在心里嘀咕："是不是你实在找不到更好的下家所以才来找我？如果是这样，那我自己岂不是很不值钱？如果复婚后你遇到更好的，岂不是又要渣给我看？"

"为了孩子"而复婚，能让人重新建立对前任的信任吗？能让彼此重新找回失去的幸福吗？复婚后的家庭能让孩子感受到家的温馨和幸福吗？能让孩子成长得更好吗？

未必。

不管你复婚的初衷有多么伟大，待得你真正跟人家相处起来的时候，才会发现：人很难欺骗自己的内心。不爱就是不爱，不被爱就是不被爱，装都装不出来。努力维持这种幸福的假象，你自己累，别人也累。

再说了，孩子其实没有大人想象得那么脆弱，也没那么傻。孩子并不是一个物件，而是一个有感知能力、有灵性的人，当他们知道自己的父母是为了自己而勉力维持一种幸福的假象，知道父母是出于为了让他有一个完整的家而如此忍辱负重的话，不知会做何感想？

　　社会舆论总是夸大单亲家庭对孩子的危害，殊不知父母身处"僵尸婚姻"对孩子的伤害更大，而离婚，是"两害相权取其轻"的结果。其实，不仅仅是单亲家庭，无论哪个家庭，都有它不易道出的难处，"家家有本难念的经"并非是虚言。家庭是单亲还是双亲并非那么重要，因为那不是我们能掌控的，我们只需要把自己相对最能把握的部分尽力做好就可以了。

　　无论是结婚还是复婚，初衷都应该是发自肺腑地想和对方在一起，而不应该把这些事情扯上孩子。

　　你当然可以因为不想堕胎而结婚，也可以为了让孩子成长在完整家庭而复婚，但这都是你自己的决定，和孩子无关，更不要有付出感、牺牲感。再说孩子是否需要你的这种付出和牺牲，尚未可知。你是否真能心平气和、任劳任怨地"付出""牺牲"下去，也未可知。

　　今天依然有很多人在纠结"完整家庭"的问题，人们把"面子"看得太重要，却很少去关注"里子"到底怎样。很多人终其一生都在为孩子、为父母、为别人的眼光、为别人的价值观和评判标准而活，却很少问问自己："这样做，自己到底是幸福还是不幸福？"

　　仔细想想，谁的人生没有缺憾？有人天生残疾，有人丧父丧母，有人身患疾病……就像这世界上没有完美的树叶一样，谁都没法拥有完美的人生。

　　学会面对缺憾，是人生的必修课。对你、对孩子而言，比起外在的完整，内在的幸福感更重要。

再婚家庭里,如何与对方的孩子相处

001 ///

一个姑娘问我:"我对老公和前妻生的儿子很有敌意怎么办?我们已经结婚了,可一看到老公对他和前妻生的儿子好,就很吃醋,也很心痛。我也知道不对,可我就是控制不了自己的情绪,甚至偶尔听到老公讲他跟孩子的事,就觉得心里很痛很堵,总觉得那孩子分走了老公对我的爱。一看到那孩子,心里就说不出的烦。"

这个姑娘才二十岁出头,学历不高,阅历也不深。她老公大她十岁,经济条件非常不错,她结婚后就成了家庭主妇。在她问这些问题的时候,我感觉是一个没长大的小姑娘在向丈夫索取无条件的关注和宠爱。

夫妻之爱和父子之爱并不是一种相同的情感,实际上是可以并行不悖的。丈夫跟前妻有孩子,是她结婚之前就知道的事实;孩子跟爸爸保持该有的亲子互动,是人性的最低要求,也是法律所保障的权利。她明明从心底里就无法接受这种事实,却又看重这男人的其他方面勉强跟他在一起,并且为此吃醋不止,实在不大妥当。

到底是什么原因让这位姑娘对一个小孩子产生那么大的敌意？她的丈夫在这个过程中是不是也起到了推波助澜的作用？

我们先来讲一个真实的故事吧。

荸荠先生离婚后，娶了比自己小六岁的莲藕小姐。大概是出于一种补偿心理，荸荠先生对跟前妻生的孩子特别好，这让莲藕小姐觉得自己备受冷落。

孩子不在场时，她和荸荠先生的感情还算好；只要孩子在场，她就变成了透明人。荸荠先生对莲藕小姐说的最多的一句话是："你怎么能跟一个孩子吃醋呢？"

最令莲藕小姐抓狂的是，荸荠先生曾说过："孩子跟我有血缘关系，走到哪儿我都是他爹。孩子永远是自己的，而老婆分分钟就是别人的了。"

莲藕小姐在家里没什么话语权，不敢对荸荠先生有微词，就把所有的怨气都撒到了那个孩子身上。荸荠先生在场的时候，她对孩子表现得还算友好，一旦背过身去，就对孩子各种冥落、白眼。

荸荠先生跟前妻有一个孩子且他对孩子非常好，这一点莲藕小姐婚前就知道，也能接受。婚后，当她发现自己在家中的地位远远赶不上那个孩子时，心理就不平衡了。她不愿意失去婚姻，所以将那个抢走自己丈夫的孩子视为眼中钉、肉中刺，恨不能除之而后快。

莲藕小姐当然有她自己的问题。如果她够聪明，大可"曲线救国"：好好对那个孩子，时间久了，自然能赢得孩子的友好和丈夫的认可。夫妻双方在这个问题上立场相同、行动一致、利益统一了，夫妻关系就和谐了，后妈也就不难当了。

可荸荠先生的处理方式恐怕也有问题。一个合格的丈夫，这种时候不是应该引导孩子正确看待与后妈的关系，顺势让孩子跟后妈培养感情吗？

中国人很容易将父母、孩子等关系置于夫妻关系之上，可无论是初婚还是再婚，夫妻关系都应该是第一位的。荸荠先生每次都将亲子关系置于夫妻关系之上，难怪莲藕小姐会心生不忿。如果他平时能多关照一下莲藕小姐的情绪，让她在家庭中感受到浓浓的爱意，莲藕小姐或许就不会把孩子当成"假想敌"了。

对荸荠先生而言，跟前妻生的孩子和现任妻子都应该是生命中无可替代的重要角色，不该厚此薄彼。让双方实现和睦相处是家庭幸福的基础，也是衡量夹在中间的这个男人是否有能耐当好双方的"黏合剂"的重要标准。只可惜荸荠先生似乎却在人为制造一种对立局面，他的言行传达给现任妻子和孩子这样一种信号：你们双方的利益是冲突的，我顾得上这头就一定顾不上那头。

有人说，婆媳关系的好坏，取决于中间那个男人。其实，孩子和继父母之间的关系，也跟婆媳关系类似，孩子和继父母之间相处得如何，很大程度上也取决于夹在中间的那个人。如果中间人当不好这个"黏合剂"，再加之孩子和继父母都不愿意为促进和谐关系而努力，那很有可能"家无宁日"，身处其中的每个人都很痛苦。

002 ///

再婚家庭如何处理好与继子女的关系？我身边有一个非常暖心的案例。

闺蜜小雪嫁给了一个孩子归前妻抚养的离异男人，她老公与前妻生的女儿小Q一周来他们家里住一次。每次小Q来家里，她都将此视为培养感情的好机会，不断向小Q释放她的善意和友好，但从不试图替代小Q的妈妈，以免引起别的麻烦。

后来，她也有了自己的孩子，但给小Q的热情并未改变。每次小Q来，她都带两个孩子一起出去玩。久而久之，两个同父异母的孩子也相处得特别融洽。

你以为小Q跟她相处得还算好，是因为小Q的妈妈教导有方的结果？并不是。小雪和丈夫结婚之时，小Q的妈妈为了阻挠他们在一起，几乎用尽了所有的手段，包括去小雪的公司散播谣言，说她作为第三者插足别人家庭。后来，又不止一次地以各种理由跟前夫讨要抚养费。后来，她总算消停了，因为她发现自己发起的这些破坏行动反倒使得小雪和丈夫的感情越发坚固了。

小雪的丈夫在引导女儿小Q与小雪相处的过程中，也做得特别好。他时刻观察双方的相处情况，出现问题就及时疏导。小Q一开始对小雪这个后妈充满敌意，是他苦口婆心地跟女儿摆事实、讲道理，一点点消除了她的戒备心。

如今，小雪和她老公感情甚笃，人见人羡。小雪跟我说：

"他的过去，也是他的一部分。我爱这个人，自然就会体谅他的处境、理解他的心情。哪些事情是我该做的，哪些事情是他该出面摆平的,我心里分得清。分清了,就不要越界。当后妈,说难也难,但说简单也很简单,懂得与人为善、换位思考就行了。

"现在,我也有了自己的孩子,就更加能理解他的心情。我的孩子成长在一个完整的家庭里,可他和前妻的孩子不是。一想到此,我便会生出恻隐之心。我始终觉得我对外释放的友好、善意,最后都会以某种方式反馈回我的身上。我这么做不是为他,其实是为我自己。

"我没有刻意去做这个后妈,平时还是很随心所欲的,总的感觉很轻松。只要彼此都拿出真心,后妈还是很好当的。在家里,我们经常是四个人笑在一起、打成一团。我觉得之所以有今天这种和谐,是因为现在的孩子情商都很高,他们很会察言观色,也懂得怎么做对自己更有利。估计是看到她爸爸也很尊重我、关心我的缘故,她也挺懂得尊重我的。

"还有另外一个原因是来自我自己。我始终觉得,只要心中有爱,自己快乐,也会感染别人。我从没有把小Q看作是别人的孩子,只是把她当作一个孩子,这个孩子需要健康成长,需要爱,需要尊重。她妈妈有的时候来电话跟老公交流孩子的事,我从来没有什么不适,这一点可能是因为我缺心眼。不过,最重要的还是我活得很自信,我希望自己的生活一直由我来掌控。我老公可以爱很多人,爱他的父母,爱他的孩子,爱他的事业,但他的爱情只能给我。我自信谁也抢不走我的爱情。当然,我也不怕被抢。

"直到现在都还有人问我,二婚男人能不能嫁?我觉得这是个伪命题。一个人只能代表他自己,不能代表整个群体。我认识我老公的时候,他已经离婚两年,当初我考察他的时候,还着重观察了下他对小Q的态度,看他会不会因为我而不顾及孩子,或者因为孩子而不顾及我。后来我发现他是一个很有爱的人,他很懂得照顾我的感受,也很懂得呵护小Q。如果他连对自己的孩子都不好,那么他在我心里就是一个没有人性的人。一个对自己的孩子都狠得下心的爸爸,即便现在对我言听计从又怎样?谁知道他将来又会以怎样的手段对我?因此,比起容易变质的爱情,我更愿意相信人品。"

像小雪这种情况,算是比较圆满的。生活中大多数人跟继子女相处,就是三个字:过得去。

我有个老乡离婚后,带着三岁的儿子嫁给了一个离过婚带着个六岁女儿的男人。她离婚的原因是前夫对她实施家庭暴力,且对孩子不管不顾;她丈夫跟前妻离婚的原因则是前妻出轨,他无法原谅。

两个人结婚后,带着各自的孩子搬到一起住。起初,一家人融合得真是不容易,因为这种融合已不仅仅是两个人的事情,还涉及继父母和继子女的问题,哪个问题处理得不好就"牵一发而动全身"。

现在几年过去了,一家人也算和乐融融。儿子与继父情同亲父子,继女对我老乡虽不亲近,但礼貌有加,她觉得一家人能相处成这样已经足够了。

有人问她后妈好不好当,她就一句话:"什么后妈不后妈的,其实就是做人。"

小雪的故事,让我感触颇多。

人活一世,每个人都要承受这样那样的不完美,但每一种不完美,也都给我们带来了成长的机会。世事纷繁复杂,但人和人之间相处,总结起来也无非就那么几个要诀:与人为善,互相尊重,换位思考,谋求共赢以及"合则聚,不合则散"等。

如果你已经跟离异有娃的人士结了婚且对目前的婚姻状况不满,那么,最该行动起来的是你自己,最该找来沟通的人是你的伴侣。跟伴侣的前任、他跟前任的孩子、他的父母相处不好,很大程度上是因为你们的婚姻出了问题。除了伴侣之外,没有任何人有义务为你的婚姻负责,你很有可能归错因、恨错人了。

如果你自己都还是个需要全方位的关注、宠溺,需要别人为你的人生负责的"巨婴",那你可能胜任不了任何一种角色,不仅仅是继父母。

每个人扮演好相应的角色,与他人保持清晰而灵活的边界,需要智慧,需要能耐,也需要运气。活到一定年纪以后,就当"容人忍事少树敌",因为,人生少个敌人少堵墙,多个朋友多条路。

与君共勉。

后 记

往事如风,自在人间

离婚后,我时不时会谈及"离婚"这个话题,可每次一谈离婚,就有人开始揣度:"你老提起离婚这个词,说明你根本就没放下。都过去这么久了你还这样,你真是太可怜了。"每次看到这种评论,我都哭笑不得:"哎,我又被可怜了。放没放下这种事儿,什么时候当事人自己说了都不算了?"

如果换作另外一个没有离婚的作者讲起"离婚",人们不一定会产生这种联想。即便人家天天谈离婚,他们也不会觉得人家是"意难平"或是"放不下"。

我们往往会根据一个人的经历,去给他的所思所想下一个定论,并推导出"对方会这么想,完全是因为经历了什么"的结论。于是,一个离异人士谈离婚是因为他自己放不下,一个没结过婚的人谈夫妻相处之道就是"纸上谈兵"不靠谱，一个富裕的人谈创业理财是"何不食肉糜"，一个过气的演员从专业角度批评某部火爆电影是"吃不到葡萄说葡萄酸"……这种惯性思维，本身就是一种不易被觉察到的歧视或偏见。

在某些情境下，屁股确实能决定脑袋，一个人的身份能决定他的立场。但也不尽然，有时候，有的立场不是由身份决定的，而是由高度决定的。林肯是白人，但他为了种族平等奉献了一生，你能说他背叛了自己的种族吗？当然不能，只是人家的理念、胸怀、格局跨越了种族和国别这样的界限。当我们指责别人的思想必然受他的立场制约的时候，是不是也该反省一下，自己是不是一不小心已经陷入偏见的漩涡了呢？

离婚是个形容状态的中性词，可只要你谈起它，就不免会被认为是在散播"负能量"。这大概也是人和人对不同事物的理解不同、接受度各异所致，比如有的人从来不谈死亡这个话题，认为一谈就不吉利；可有的人，早早就把自己的棺木买好，每隔几年就给棺木刷上一遍新漆。比起那些一谈起死亡就觉得很不吉利而要回避这个话题的人，那些提前预习死亡、思考死亡的人就更悲观、更放不下"死亡"这件事儿吗？当然不是。

编剧李樯曾经说过一句我很认可的话："我恰恰觉得悲凉这个东西是最励志的，如果你连悲凉都可以抵御的话，那励志就不是个问题。励志在某种程度上也可以称之为一个积极向上的自我催眠。我觉得人更多的是在绝望当中、悲伤当中勇敢地站起来。我觉得更大的励志，就是有目击悲伤的能力。乐观不见得能净化人的心灵，但悲伤可以。"

过度自我保护和过度袒露内心，都是心理不够成熟的表现，但有时候，敢于直面悲凉、暴露问题的人，反而更勇敢。谈论问题其实就是承认问题的存在，而承认问题是解决问题的第一步。如果你不愿正视心头的伤口，它可能永远都不会痊愈。

道家经常讲"无为"，我的理解便是：并不刻意回避，也不天天挂在嘴边。事情来了，你可以有反应，但不必过分执着。一切随心所欲，坦率自然就好。

离婚多年后再谈及离婚这个话题，真不一定是因为内心有太多负能量、放不下过往，而是真的很想为离异人士、单亲爸妈说说话，想从两性关系的角度出发聊聊婚姻中的那些事儿，聊聊人应当如何在情感劫难中获得成长。分享自己的心路历程，能引发情感共鸣，让人产生思考、更新观念，帮助很多身处迷茫中的姐妹，可以更加正确地看待、处理好婚姻这件事，可以更加正确地看待、处理好婚姻这个谜题。

在这本书里，我跟大家分享了很多真实发生过的离婚故事。这些故事，多来自当事人的自述，信源比较单一，所以不能将其当成新闻、小说来看。没有一个作者能讲出一个滴水不漏的故事，将全部的真相囊括其中，我只能尽力地、忠实地将这些故事和心路历程记录下来。你可以把整本书当成是一个老朋友在跟你诉说自己的经历和体悟，也真心希望它能帮助你、温暖你。

最后，我要感谢每一位提供素材的朋友，谢谢你们的信任；感谢一直以来支持我的读者朋友，希望我们都少些挫折磨难，多些平安顺遂。如果有一天，你我都老了，慢慢跟不上年轻人的步伐了，只能戴着老花镜了解这个变化万千的世界了,希望我们依然能聚在某个空间里,说说贴心话。我希望那时我还能保持旺盛的创作力,还能写出点可能被年轻人嘲笑"老掉牙"但在你看来依然算是"写到了心坎儿上"的文字。

生命中有太多匆匆过客,但陪伴过自己一程的人,我们很难淡忘。往后,我希望你好好的,也希望我自己好好的,因为我们还要一起变老。